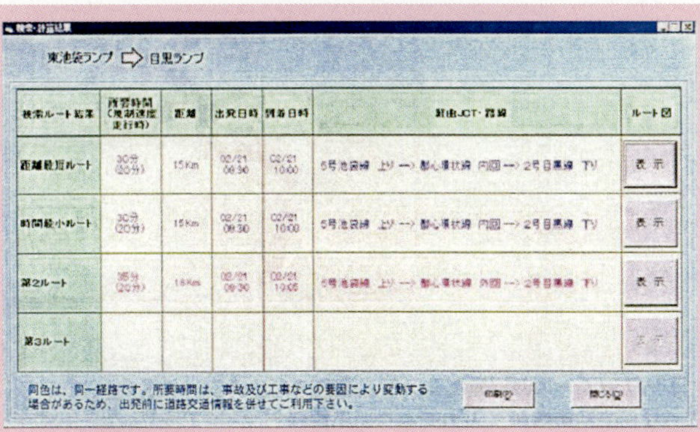

図 11.3　2002 年運用開始当初の経路・所要時間検索画面

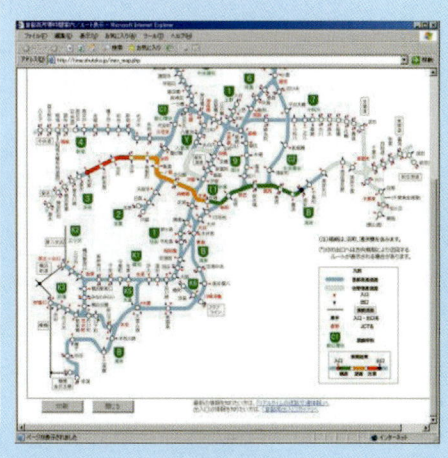

図 11.4　第 2 期の経路・所要時間検索画面

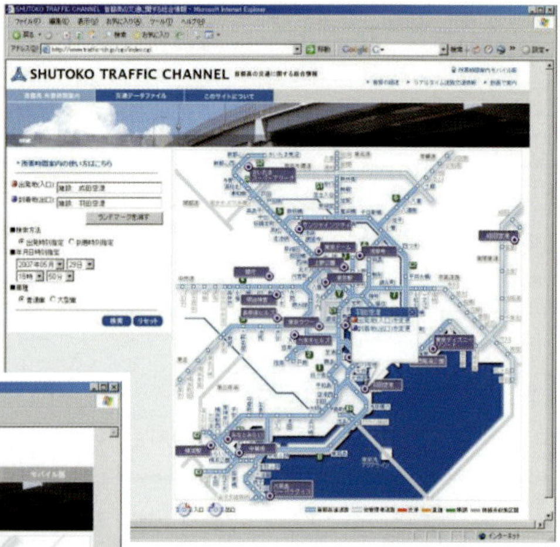

図 11.5　第 3 期の検索画面
　　　　（ランドマーク表示）

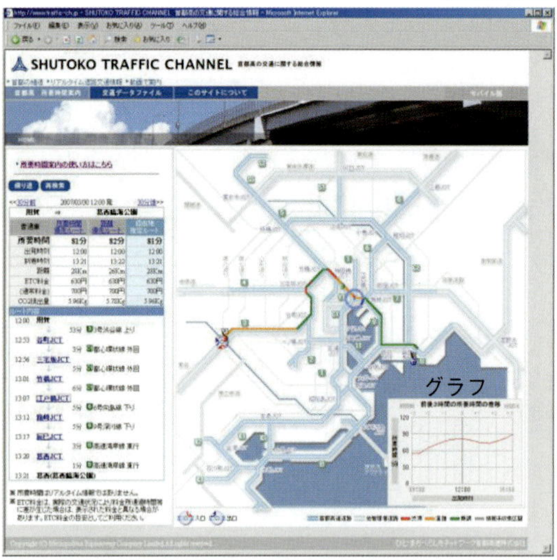

図 11.6　検索結果表示と前後 3 時間推移グラフ

図 11.7　一般街路との接続ルートマップ表示

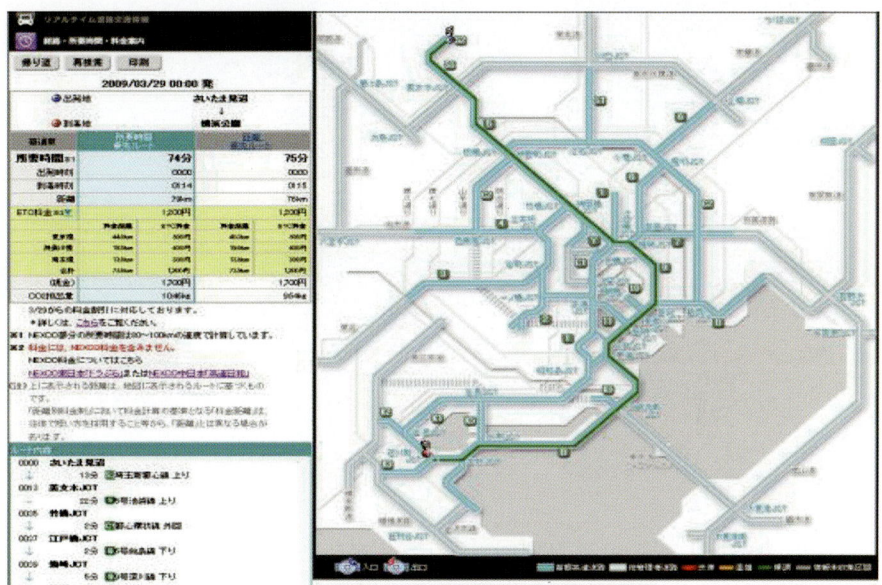

図 11.8　首都高速道路通行料金表示イメージ

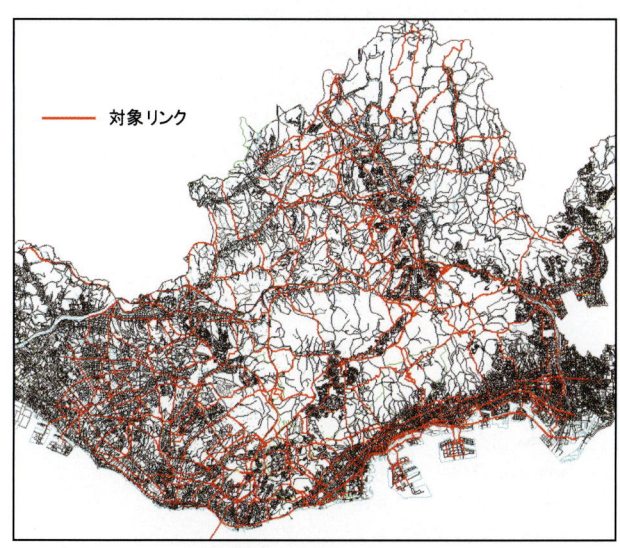

図 16.2　道路ネットワーク

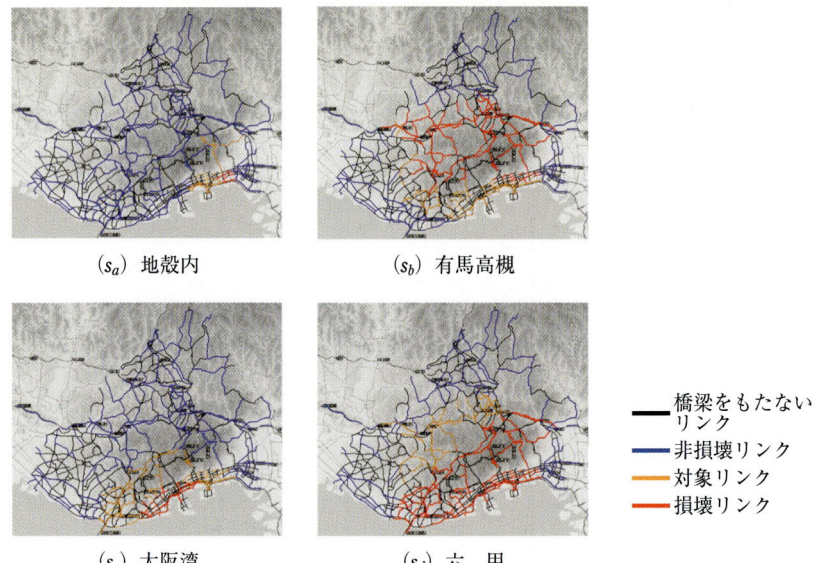

(s_a) 地殻内　　　　　　　　(s_b) 有馬高槻

(s_c) 大阪湾　　　　　　　　(s_d) 六　甲

―― 橋梁をもたないリンク
―― 非損壊リンク
―― 対象リンク
―― 損壊リンク

図 16.3　地震シナリオごとの対象施設の空間分布

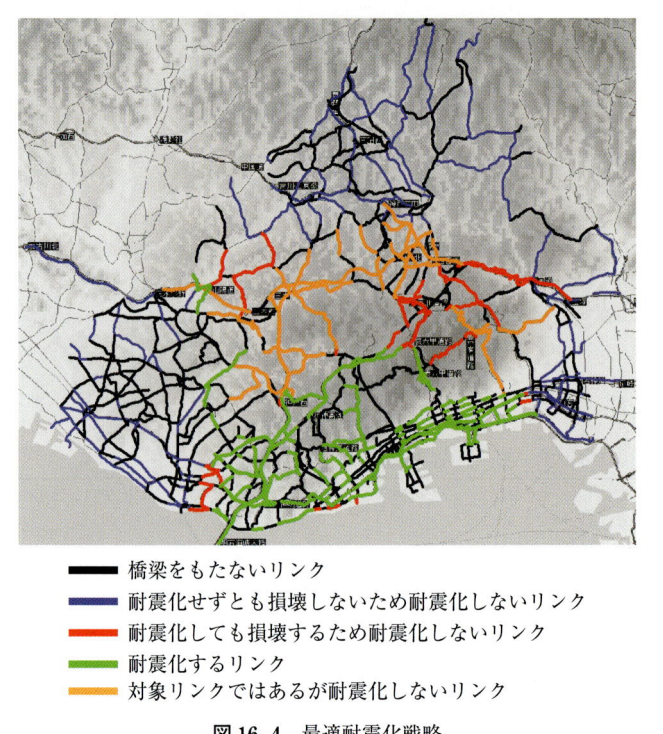

―― 橋梁をもたないリンク
―― 耐震化せずとも損壊しないため耐震化しないリンク
―― 耐震化しても損壊するため耐震化しないリンク
―― 耐震化するリンク
―― 対象リンクではあるが耐震化しないリンク

図 16.4　最適耐震化戦略

道路交通の信頼性評価

博士(工学) 中山晶一朗
工学博士 朝倉 康夫 編著

コロナ社

編著者

中山晶一朗(金沢大学)
朝倉　康夫(東京工業大学)

執筆者 (執筆順)

中山晶一朗	(金沢大学, Ⅰ部 1～7 章, Ⅱ部 13 章)
福田　大輔	(東京工業大学, Ⅰ部 4 章, Ⅱ部 14 章)
田名部　淳	(株式会社 地域未来研究所, Ⅱ部 8 章)
関谷　浩孝	(国土交通省, Ⅱ部 9 章)
諸田　恵士	(国土交通省, Ⅱ部 9 章)
足立　智之	(西日本高速道路株式会社, Ⅱ部 10 章)
割田　博	(首都高速道路株式会社, Ⅱ部 11 章)
宗像　恵子	(首都高速道路株式会社, Ⅱ部 11 章)
北澤　俊彦	(阪神高速道路株式会社, Ⅱ部 12 章)
飛ヶ谷明人	(阪神高速道路株式会社, Ⅱ部 12 章)
倉内　文孝	(岐阜大学, Ⅱ部 15 章)
宇野　伸宏	(京都大学, Ⅱ部 15 章)
長江　剛志	(東北大学, Ⅱ部 16 章)
朝倉　康夫	(東京工業大学, Ⅲ部 17 章)

(2014 年 7 月現在)

まえがき

　道路・鉄道・港湾・空港などの交通施設はつねに利用可能であることが当然であると思われており，それを前提として社会は動いている。しかしながら，阪神淡路大震災・東日本大震災などを経験して，ひとびとは使えてあたりまえの交通施設・交通ネットワークの重要性を再認識するとともに，使えることを前提とした社会システム自体の問題点や課題に気づき始めたのではないだろうか。

　道路をはじめとする交通サービスの信頼性については，このような歴史的な出来事をもち出さずとも，移動の際に予想よりも時間がかかって困ってしまったということは誰しも経験している。多少の時間遅れで大損害を被るということはあまりないものの，予想外の遅れは日常的に発生しており，軽微な損害でも多くの人々が被った分をすべて足し合わせると，かなりの社会損失になるであろう。

　求められているサービス水準，社会が前提としている基準を交通システムが安定的に満たすことができるのかどうか，より根本的には利用可能であるのかどうかという視点，つまり信頼性の観点から道路交通システムについて真剣に考えるときがきている。

　道路の信頼性については，本書でも従来研究の紹介を行っているが，かなり以前から研究が進められている。また近年では，国内外で実務的にも道路の信頼性評価が計画に反映されるようになってきている。道路の信頼性を考える必要性が高まっているいま，これまでの研究蓄積を整理し俯瞰するとともに，信頼性をどのように考えればよいのか，どのように評価すればよいのか，さらに信頼性評価の結果を計画にどのように結びつければよいのかを総合的に考察することは意義深いと考えられる。

まえがき

　道路の信頼性評価は実用段階にきており，実際に行われた事例を紹介し，またその方法を解説することは，今後それを行おうとする方々にとっては大いに参考になるであろう．理論的に健全な根拠をもつ信頼性評価が，実用的にも広く利用され普及することにつながると期待している．

　本書はⅠ部，Ⅱ部，Ⅲ部から構成されている．Ⅰ部（1章から7章）では道路の信頼性の概要・考え方・レビューを解説していく．1章では，道路の信頼性について概説する．2章では，現実の道路での交通量や旅行時間の変動の原因やその特性の既存研究を整理し，これまでに得られている知見についてまとめる．道路の旅行時間に関する信頼性を考えるうえでは，旅行時間の変動を定量化することが重要であり，3章では，旅行時間変動を捉えるための指標についてまとめ，適切な旅行時間信頼性指標とは何かを考察する．

　4章では，旅行時間変動の経済的な価値付けやそれに関する研究動向を整理する．

　5章では，災害時等に特に重要となる，走行可能な道路がつながっていることを評価する連結信頼性や，それに関係する道路ネットワークの脆弱性について考察する．

　6章では，ネットワークレベルでの（道路ネットワーク全体での）道路の時間信頼性の評価方法や旅行時間分布推定法の既往研究を整理・レビューする．

　7章では，道路の信頼性を向上させるための道路交通施策に関するこれまでの研究の概説を行う．

　Ⅱ部（8章から16章）では，道路の信頼性評価の実務事例や実用的な適用方法などを紹介する．8章では，旅行時間の信頼性（時間信頼性）のために用いる観測データについて概説するとともに，それぞれのデータ特性を考慮した算出手法やその際の留意点などについて考察する．

　9章では，国土交通省がこれまでに実施した，時間信頼性に関する指標を用いた道路の整備効果や，道路交通のサービスレベルの評価事例を紹介する．

　10章では，名神高速道路と京滋バイパスの2ルートが並走する区間を対象として，所要時間信頼性指標を用いて代替経路形成に伴う交通分散や交通事

故・補修工事等の回避の効果の実証的評価の結果を示す。

　11章では，首都高速道路における信頼性指標活用に関する取組みとともに，首都高速道路のネットワークの接続性（脆弱性）の評価を紹介する。

　12章では，阪神高速道路での利用者アンケート調査，情報提供後の利用者評価結果に基づいて，利用者の視点からみた所要時間信頼性指標と，その評価について言及する。

　13章では，実用的にも利用可能な時間信頼性評価のための均衡配分モデルについて解説する。

　14章では，不確実性下でのドライバーの出発時刻選択行動を記述するモデルや時間信頼性を考慮したドライバーの総コストの新たな試算方法などの取組みについて述べる。

　15章では，災害などのまれな事象に対しても有効に機能し得る交通ネットワーク構築のための評価方法として，道路ネットワークの接続性の考え方を述べる。

　16章では，大規模地震による道路被害やそれに伴う渋滞等の交通不便益を軽減するための道路ネットワーク耐震化問題への取組みとして，神戸市道路ネットワーク上の橋梁耐震化最適戦略計画の事例を紹介する。

　Ⅲ部の17章では，道路の信頼性評価全体のまとめを行うとともに，今後の展望や課題を述べる。

　道路の信頼性評価は，これまで多数の研究者や実務者などによって行われてきている。本書を上梓するに当たり，学会・委員会をはじめとして，さまざまな機会に多数の方々からの有益な意見などを頂戴した。ここに心から感謝いたします。

　最後に，辛抱強く企画・編集に携わっていただいたコロナ社の皆様に感謝の意を表します。

2014年7月

中山晶一朗，朝倉　康夫

目　次

I 部　信頼性の考え方とその展開

1　道路の信頼性とその種類

1.1　道路の信頼性の重要さ ……………………………………………………… 1
1.2　道路の信頼性の種類 …………………………………………………………… 2
引用・参考文献 ……………………………………………………………………… 5

2　交通量・旅行時間の変動

2.1　交通量の変動要因 ……………………………………………………………… 6
　2.1.1　変動の主要因 ……………………………………………………………… 6
　2.1.2　変動パターンの分類 ……………………………………………………… 7
　2.1.3　天候・カレンダー情報の影響 …………………………………………… 9
2.2　交通量の周期変動と不規則変動 ……………………………………………… 10
2.3　交通量の定常性 ………………………………………………………………… 12
2.4　OD 交通量変動 ………………………………………………………………… 12
2.5　旅行時間の変動 ………………………………………………………………… 14
　2.5.1　旅行時間分布 ……………………………………………………………… 14
　2.5.2　旅行時間の変動特性 ……………………………………………………… 16
引用・参考文献 ……………………………………………………………………… 18

目 次　v

3　時間信頼性の定量化

3.1　時間信頼性と旅行時間変動の定量化 ……………………………… *21*
3.2　時間信頼性指標 …………………………………………………… *23*
3.3　旅行時間以外の時間信頼性指標 …………………………………… *29*
3.4　ファイナンスでのリスク指標と時間信頼性指標 ………………… *31*
3.5　諸データによる旅行時間信頼性評価 ……………………………… *32*
引用・参考文献 ………………………………………………………………… *36*

4　時間信頼性の経済的価値付け

4.1　時間信頼性向上の価値とは？ ……………………………………… *39*
4.2　基本概念の整理 …………………………………………………… *40*
　4.2.1　用語の整理 …………………………………………………… *40*
　4.2.2　信頼性比とは ………………………………………………… *41*
　4.2.3　経済評価のための旅行時間変動尺度の要件 ……………… *42*
4.3　旅行時間変動の価値付けのための行動モデル …………………… *43*
　4.3.1　平均-分散アプローチ ……………………………………… *44*
　4.3.2　スケジューリングアプローチ ……………………………… *45*
　4.3.3　旅行時間変動価値の推計例 ………………………………… *48*
　4.3.4　両アプローチの関連性 ……………………………………… *51*
　4.3.5　統合アプローチ ……………………………………………… *52*
　4.3.6　混雑時の移動時間価値と時間信頼性価値 ………………… *53*
4.4　プロジェクト評価への適用に向けた課題の整理 ………………… *54*
　4.4.1　モデリングの拡張 …………………………………………… *54*
　4.4.2　一般ネットワーク上における旅行時間分布特性 ………… *55*
　4.4.3　旅行時間変動の予測手法の開発 …………………………… *56*
　4.4.4　適切な選好意識調査（SP調査）方法の確立 ……………… *58*

4.4.5　公共交通における旅行時間変動と利用者行動……………………… 59
　4.4.6　経済便益推定におけるデータ収集上の課題………………………… 60
4.5　時間信頼性向上の費用便益分析に向けて…………………………………… 63
引用・参考文献……………………………………………………………………… 65

5　連結信頼性とその評価

5.1　連 結 信 頼 性…………………………………………………………………… 72
　5.1.1　連結信頼性指標………………………………………………………… 73
　5.1.2　信頼度の算出法………………………………………………………… 75
5.2　脆　　弱　　性…………………………………………………………………… 76
引用・参考文献……………………………………………………………………… 78

6　ネットワークレベルでの時間変動評価法

6.1　ネットワークレベルでの旅行時間変動評価法の分類……………………… 81
6.2　確率均衡モデルの確率要因…………………………………………………… 83
6.3　確率均衡モデル………………………………………………………………… 85
　6.3.1　確率均衡Ⅰ型…………………………………………………………… 87
　6.3.2　確率均衡Ⅱ型…………………………………………………………… 88
6.4　確率的利用者均衡モデルの応用……………………………………………… 91
6.5　その他の確率モデル…………………………………………………………… 92
6.6　シミュレーションモデル……………………………………………………… 92
引用・参考文献……………………………………………………………………… 94

7　道路の信頼性の便益評価と信頼性向上施策

7.1　ネットワークデザイン………………………………………………………… 98

7.2　情報提供・制御問題 ………………………………………………… 99
7.3　信頼性向上とその施策評価 ………………………………………… 101
7.4　道路整備によるネットワーク連結性向上の便益 ………………… 102
　7.4.1　連結性向上と信頼性 ……………………………………………… 102
　7.4.2　連結信頼性の向上便益 …………………………………………… 105
　7.4.3　連結性向上による便益算定 ……………………………………… 107
7.5　連結・時間信頼性統合評価に向けて ……………………………… 109
引用・参考文献 …………………………………………………………… 112

Ⅱ部　信頼性評価の方法と事例

8　時間信頼性評価のためのデータ整備

8.1　旅行時間算出用データ ……………………………………………… 115
　8.1.1　時間信頼性評価のための旅行時間データ …………………… 115
　8.1.2　トラカンデータ ………………………………………………… 116
　8.1.3　VICSデータ …………………………………………………… 117
　8.1.4　AVIデータ ……………………………………………………… 118
　8.1.5　ETCデータ ……………………………………………………… 119
　8.1.6　プローブデータ ………………………………………………… 120
　8.1.7　民間プローブデータ …………………………………………… 121
　8.1.8　データソースに関するまとめ ………………………………… 121
8.2　旅行時間の算出 ……………………………………………………… 123
　8.2.1　IDマッチングによる旅行時間算出 …………………………… 123
　8.2.2　タイムスライス法による旅行時間算出 ……………………… 126
8.3　時間信頼性指標の算出 ……………………………………………… 128
引用・参考文献 …………………………………………………………… 131

9 時間信頼性に関する指標を用いた評価事例

9.1 道路の整備効果の評価事例 ……………………………………………… 133
   9.1.1 新東名高速道路（御殿場 JCT～三ケ日 JCT 間）の整備効果の評価事例 ……… 134
   9.1.2 名古屋環状 2 号線の整備効果の評価事例 …………………………… 139
9.2 道路交通のサービスレベルの評価事例 …………………………………… 143
   9.2.1 県・路線単位の時間信頼性の評価 ………………………………… 144
   9.2.2 主要交差点間の時間信頼性の評価 ………………………………… 147
引用・参考文献 …………………………………………………………………… 150

10 代替経路形成による時間信頼性向上および交通分散・代替効果の評価

10.1 分析対象とデータ ……………………………………………………… 151
10.2 交通分散に伴う所要時間の信頼性回復効果 …………………………… 152
   10.2.1 交通状況の変化 …………………………………………………… 152
   10.2.2 平均所要時間の変化 ……………………………………………… 153
   10.2.3 時間信頼性の変化 ………………………………………………… 155
10.3 代替機能による所要時間の信頼性向上効果 …………………………… 158
   10.3.1 インシデントの遭遇確率 ………………………………………… 159
   10.3.2 インシデント遭遇時の所要時間 ………………………………… 160
   10.3.3 インシデント回避の可能性検証 ………………………………… 163
   10.3.4 経路選択に伴う信頼性回復効果 ………………………………… 165
10.4 京滋バイパスの代替効果分析のまとめと今後の課題 ………………… 168
引用・参考文献 …………………………………………………………………… 169

11 首都高速道路における信頼性指標活用に関する取組み

11.1 信頼性指標に基づく情報提供サービス …………………………………… 170

11.1.1	時間信頼性に基づく情報提供サービス	170
11.1.2	首都高速道路における経路・所要時間提供サービスの変遷	175
11.1.3	さらなるサービス向上に向けて	182

11.2 脆弱性の概念を用いた道路網接続性評価 ………………………………183
    11.2.1 ネットワークの脆弱性に関する既往研究 ……………………184
    11.2.2 評価対象ネットワーク …………………………………………184
    11.2.3 連結信頼性評価 …………………………………………………185
    11.2.4 平常時における連結信頼性評価 ………………………………189
    11.2.5 連結信頼性のまとめ ……………………………………………195

引用・参考文献 ………………………………………………………………196

12 利用者からみた時間信頼性とその評価

12.1 阪神高速道路における所要時間信頼性のもつ意味 ……………………197
    12.1.1 従来からの渋滞指標との比較 …………………………………197
    12.1.2 渋滞量と信頼性指標の相関分析 ………………………………199

12.2 阪神高速道路における時間信頼性指標の情報提供に関する検討 ……201
    12.2.1 利用者アンケート結果 …………………………………………201
    12.2.2 利用者アンケート結果を踏まえた信頼性指標提供方針 ……202

12.3 利用者からみた時間信頼性指標 …………………………………………203
    12.3.1 簡易アンケート調査概要について ……………………………204
    12.3.2 簡易アンケート調査結果について ……………………………204

12.4 利用者簡易アンケート結果を踏まえた情報提供方法改善に向けて …207
    12.4.1 利用者アンケートの概要 ………………………………………207
    12.4.2 利用者アンケート結果 …………………………………………208

12.5 阪神高速道路での時間信頼性情報提供のまとめと今後の課題 ………212

引用・参考文献 ………………………………………………………………213

13 均衡配分を用いた時間信頼性分析

13.1 均衡配分モデルの必要性……………………………………………214
13.2 確率均衡配分の考え方…………………………………………………215
13.3 確率的な交通量と旅行時間……………………………………………216
   13.3.1 交通量の確率分布……………………………………………216
   13.3.2 旅行時間の平均と分散………………………………………218
13.4 確率的均衡配分の定式化………………………………………………219
13.5 金沢道路ネットワークへの適用例……………………………………220
13.6 金沢道路ネットワークでの救急車への情報提供効果………………222
   13.6.1 情報提供による旅行時間短縮………………………………223
   13.6.2 情報提供効果分析……………………………………………225
引用・参考文献…………………………………………………………………226

14 旅行時間変動に起因するドライバーの移動コストの試算

14.1 時間信頼性向上の経済便益評価の必要性……………………………227
14.2 トリップスケジューリングモデル……………………………………229
   14.2.1 ドライバーの不効用関数……………………………………229
   14.2.2 旅行時間分布の設定…………………………………………230
   14.2.3 ドライバーの最適出発時刻選択行動………………………231
   14.2.4 時間信頼性価値とドライバーコストの導出………………233
   14.2.5 H 定数の性質…………………………………………………234
14.3 ドライバーの移動コストの試算………………………………………236
   14.3.1 旅行時間データの概要………………………………………236
   14.3.2 平均旅行時間および標準偏差の推計結果…………………236
   14.3.3 基準化旅行時間の算出と出発時刻独立性の検証…………238
   14.3.4 ドライバーの移動コストの試算……………………………240

14.4 統合アプローチの妥当性・展開可能性 …………………………………241
14.5 時間信頼性の経済評価に向けて ……………………………………243
引用・参考文献 …………………………………………………………243

15 道路ネットワークの接続性評価

15.1 災害に強い道路ネットワークとは ………………………………246
15.2 連結信頼性アプローチ ………………………………………………247
15.3 接続脆弱性アプローチ ………………………………………………249
   15.3.1 非重複経路とは ……………………………………………250
   15.3.2 非重複経路の数え上げモデルの定式化 …………………251
   15.3.3 クリティカルリンクの特定 ………………………………253
15.4 関西道路ネットワークの接続脆弱性評価 ………………………254
15.5 接続性評価の展開 ……………………………………………………257
   15.5.1 アクセシビリティ指標との融合 …………………………257
   15.5.2 非重複経路数を考慮したアクセシビリティ指標による評価例 ……259
   15.5.3 複数の目的地への接続を評価する方法 …………………262
引用・参考文献 …………………………………………………………263

16 費用対効果を考慮した都市圏道路ネットワークの耐震化戦略

16.1 道路ネットワークの耐震化問題 ……………………………………264
16.2 モ デ ル ………………………………………………………………267
   16.2.1 枠　　　組 ………………………………………………267
   16.2.2 道路ネットワークの脆弱性 ………………………………268
   16.2.3 交通不便益および復旧費用 ………………………………269
   16.2.4 各耐震化戦略に対する社会的費用 ………………………270
   16.2.5 非線形0-1整数計画問題としての耐震化問題 …………271
16.3 解　　　法 ……………………………………………………………271

16.3.1　最尤被災パターンを用いた目的関数の近似 …… 272
　　16.3.2　シナリオ別対象施設と対象シナリオ …… 273
　　16.3.3　All-or-nothing policy を用いた戦略集合の縮約 …… 273
　16.4　神戸市道路ネットワークへの適用例 …… 274
　　16.4.1　入力データ …… 274
　　16.4.2　対象地震シナリオおよび対象施設の抽出 …… 278
　　16.4.3　最適耐震化戦略 …… 279
　引用・参考文献 …… 281

Ⅲ部　まとめと今後の展望

17　交通ネットワークの信頼性研究の課題

　17.1　はじめに …… 283
　17.2　旅行時間の信頼性 …… 284
　　17.2.1　旅行時間の確率分布 …… 284
　　17.2.2　旅行時間信頼性の評価 …… 287
　17.3　災害時の信頼性 …… 288
　　17.3.1　災害時の信頼性指標 …… 289
　　17.3.2　ネットワークデザイン …… 293
　17.4　おわりに …… 294
　引用・参考文献 …… 294
　索　引 …… 295

I 部
信頼性の考え方とその展開

1

道路の信頼性とその種類

　近年，信頼性の高い道路交通サービスの提供が求められている。本章では，道路の信頼性の重要さを指摘するとともに，道路に求められる機能によって，その信頼性を連結信頼性，時間信頼性，走行信頼性の3つに分類する。

1.1　道路の信頼性の重要さ

　近年，経済・社会活動の高度化とともに，道路は単なるサービスの向上だけではなく，安定的に「道路交通サービス」を提供することも求められるようになってきている。自然災害，事故などによる通行止めや大幅な通行の遅延情報だけではなく，交通システムの障害・維持管理等に伴う交通規制や，需要の変動を原因とする旅行時間の不確実な変動情報なども，道路交通サービスの安定的な提供上の大きな課題となっている。それらに対処するために，道路整備や道路交通管理による信頼性の向上はどれほどになるのか，逆に，ある程度の信頼性を確保するためにはどれほどの道路整備が必要となるのかなどの評価を実施することなどが必要となる。

　道路交通サービスの信頼性とは何かについては1.2節で詳述するが，"道路交通の信頼性とはそのサービスを安定的に提供する能力"ということになろ

う。日々の道路交通サービスについては,旅行時間の変動が問題になることが多い。当然,利用者としては,日々の旅行時間があまり変化しないことが望ましい。旅行時間が不確実であると,到着制約や希望到着時刻がある場合,早めに出発することが必要となる。つまり,旅行時間が「読めない」ために時間損失が生じる。このような余分に必要な時間は,遅刻しないための余裕時間やセーフティーマージンと呼ばれている。また,到着制約時刻や希望到着時刻が明確ではない場合でも,交通やトリップは主目的活動の派生需要であり,旅行時間が不確実であると,その主目的活動を遂行するうえでスケジュールが乱れることになり,(少なくとも心理的には)旅行時間の変動は望ましくはない。

以上のように,旅行時間の信頼性が低いと,さまざまな経済的・社会的・心理的な損失が発生,もしくは発生し得ることとなる。したがって,近年,公共事業の事業評価を厳密に行う必要があり,道路整備等の評価では費用便益分析を行うことが求められる場合が多くなっているが,現時点での日本の道路の費用便益マニュアルでは,主要な便益として,旅行時間減少,走行費用減少,交通事故減少の3つが取り上げられていることが多いものの,道路の信頼性も経済的・社会的にきわめて重要であり,費用便益評価に算入することが非常に重要である。

1.2 道路の信頼性の種類

道路ネットワークの信頼性については,これを考える観点により,さまざまな概念があり得る。JIS工業用語大辞典第4版[1]† によると,信頼性とは「定められた期間及び定められた条件の下で装置が求められた機能を果たす能力」(B 0155)とされている。この定義に明確には記載されていないが,機能を果たす能力とは,常時その機能を果たせるのか,安定的にその機能を果たせるのかという観点が含まれていると考えられる。よって,求められた機能を安定的

---

† 肩付き数字は,章末の参考文献の番号を表す。

に（もしくは常時）果たす能力という方が，直感的には理解しやすいかもしれない。これによると，信頼性を考えるうえでは，「期間」，「条件」，「要求機能」の3つの要素が必要となる。

　これまでに行われてきた道路交通の信頼性の研究では，「期間」が問題となることはほとんどなかったといえよう。期間の長短やピークのみ考えるなどは，本質的な問題とはならないことが大半であると考えられる。「条件」については，さまざまな設定が考えられる。設定条件は，大きく非日常時と日常時の2つに分けることができよう。非日常とは，災害等で道路が通行できなくなることなど，生起する確率が小さく日常的には発生しないような場合であり，このような非日常的事象を考慮する条件設定がある。このような非日常時の信頼性を考える場合は，脆弱性（vulnerability）という用語が使われることもある。

　一方，日常時については，通常頻繁に生起する事象に焦点を当てる。非日常・日常ともに，例えば日常時では工事・事故等による"リンク閉塞"を考えるのかどうかなど，さらに設定すべき条件が課せられることになる。

　つぎに「要求機能」であるが，道路ネットワークに求める機能についてはさまざまなものがあり，それに基づきネットワークの信頼性は幾種類も存在する。設定条件により要求機能も異なるため，この要求機能は設定条件と密接に関係している。こうした中で，本書では，「速達性」，「随意性（可達性）」，「安心・快適性」の3つの要求機能を考えたい。「速達性」は目的地に早く到達できること，つまり高速で移動ができ旅行時間が短いことである。「随意性（可達性）」は，必要なときに必要な場所へ行くことが可能であることを意味する。「安心・快適性」は，安全・安心・快適に移動できることである。

　交通工学の分野では，歴史的には，まず道路ネットワークのノードペア間が移動可能かどうかということを問題とした連結信頼性について研究がなされ，その後，移動可能かどうかよりも，むしろその移動を行う際のサービスレベルに焦点を当てた，旅行時間信頼性や容量信頼性（capacity reliability）などの研究が行われている。

地震等の災害時などの非常時では,連結信頼性が重要になる。先の阪神淡路大震災では,この連結信頼性の重要性が改めて認識された。日常時では道路利用者の最も大きな関心は,どれほどの旅行時間が必要なのかということと考えられるため,旅行時間の変動が重要になろう。また,路面状況等による走行のしやすさや,安全に走行できるかなども,道路ネットワークの信頼性に含まれよう。なお航空機などでは,日常時でも連結信頼性が必要となる場合もあり得る。

ここでは,利用者が道路ネットワークに求める機能の観点から,信頼性を「連結信頼性」,「時間信頼性」,「走行信頼性」の3つに分類することとする(**図1.1**参照)。

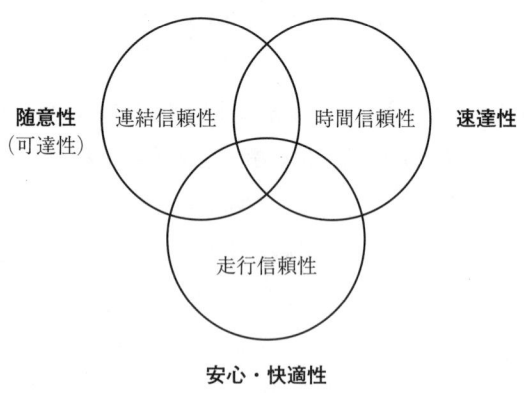

図1.1 道路の信頼性の分類

「連結信頼性」はノードペア間が連結されており,その間の移動が可能かを扱うものであるとする。この連結信頼性は,道路に求める機能のうちの随意性(可達性)に対応している。「時間信頼性」は,旅行時間に関する信頼性であり,速達性の機能を安定的に果たす能力といえよう。この時間信頼性については,旅行時間信頼性や所要時間信頼性とも呼ばれることもある。道路交通ネットワークのサービスでは旅行時間が最も重要なものであることが多いが,走行のしやすさや安全性など,走行自体に関する信頼性を「走行信頼性」と呼ぶこととにする。

安全性や快適性も，道路交通ネットワークに求められる重要な機能である。この走行信頼性は快適で安心できる走行の意味合いが大きく，走行快適・安心性ともいうべきものであるが，信頼性という言葉自体に安全・安心が含まれているため，統一性をもたせるため，ここでは走行信頼性と呼ぶことにする。

なお，連結信頼性については，連結していないノードペア間の旅行時間は無限大として取り扱うことも可能で，時間信頼性の特殊形とみなすこともできる。連結されていない状態は走行すらできない状態であり，走行信頼性がない状態ともいえる。

このように3つに信頼性を分類したものの，それぞれは必ずしも排反でなく，道路ネットワークに求めるおもな機能が何かによって分類したものである。なお，いずれの信頼性を取り扱うべきかは，ネットワークに何を求めているのか，どの点に関心があるのかによって異なってくると思われる。

引用・参考文献

1) (財) 日本規格協会：JIS 工業用語大辞典第4版, (財) 日本規格協会 (1995)

■I部 信頼性の考え方とその展開

2

交通量・旅行時間の変動

本章では，現実の道路交通ネットワーク上の交通量や旅行時間の変動の原因やその特性を把握するために，それらに関するこれまでの研究を整理し，得られた知見をまとめる。

2.1 交通量の変動要因

道路交通の信頼性を向上させるためには，道路を用いた旅行時間や交通量の変動を抑える必要がある。そもそも道路を用いた旅行時間や交通量は，どのような原因によって変動しているのだろうか。それらをまず明らかにすることは重要と思われる。

交通量は旅行時間よりも計測が容易であり，これまでに行われた変動分析としては，交通量を対象としたものが旅行時間よりも圧倒的に多い。まず，交通量の変動に関するこれまでの研究を整理し，交通量が変動する要因や変動特性などをまとめる。旅行時間の変動要因等の研究は少ないものの，時間信頼性を考えるうえで，旅行時間変動要因や特性は重要であり，つぎにそれらを整理する。

2.1.1 変動の主要因

交通量の変動を考えるに当たり，変動を周期変動と不規則変動に分けることにする。周期変動とは，月や曜日，時間（時刻）等による交通量の変化の傾向である。交通は人間の活動により派生的に発生するものであり，その人間の活

動が月や曜日，時刻によってある程度の傾向性をもって行われるため，当然，交通量もそのような傾向性をもつ。この交通量の周期変動については2.1.2項で詳述する。このような周期を適切に取り除くと，残りは不規則変動とみなされることになる。

ある程度周期的な変動を引き起こしていると考えられるのは，年，月，週，曜日，時間（時刻）であろう。それ以外に，連休や年末・年始，お盆，年度末や決済日（五十日(ごとおび)）などのカレンダー情報の交通への影響も考えられる。その他の要因としては，天候，工事，事故などが挙げられる。これらは不規則に確率的に生じるものであり，不規則変動として取り扱われることになることが多いと考えられる。

変動を引き起こす要因を特定することは非常に重要である。ここでは周期変動とそれ以外の変動としての不規則変動の2分類にしたが，変動要因が特定できてある程度予測可能な変動と，予測不可能で確率的に取り扱わざるをえない変動に分類するという視点も重要である。渋滞予測・旅行時間予測では，予測可能な変動をできるだけ多く捕捉することになる。

2.1.2 変動パターンの分類

月や曜日，時間（時刻）等による交通量の周期変動については，半世紀以上も前より指摘されている。池之上[1]は，交通量の変動に関して詳細にまとめている。特に，周期変動としては月変動（季節変動），曜日変動，時間変動（24時間）の3つに着目している。本質的な部分は現在もほとんど変っていないと思われるため，以下に池之上の詳細な分析結果についてまとめる。

曜日変動に関しては，U字型，逆U字型，一様型の3分類に分けている。U字型は休日交通量が多い場合，逆U字型は平日交通量が多い場合，一様型は曜日変動があまりない場合である。ここで，U字といっているのは，日曜日から土曜日までの折れ線グラフの形からきている。ここでは，それぞれを休日集中型，平日集中型，一様型と呼ぶことにする。

月変動に関しては月変動がある場合とない場合に分け，月変動がある場合に

関しては一般道と観光道に大別し，それぞれを細かく分類している。

一般道では，(i) 12月ピーク（トラック主体の道路），(ii) 6月に多い，(iii) 8〜12月に多い（トンネルや橋梁などの交通の要所），(iv) 8月と12月の2ピーク（乗用車とトラックが別時点でピーク），(v) 9〜11月ピーク（山岳・丘陵地の地方幹線）などのパターンが指摘されている。

また，観光道では，(1) 春秋に多く，梅雨・冬季に少ない（山岳部），(2) 春夏に多く，梅雨・冬季に少ない（一般観光道），(3) 夏にピーク（臨海・海岸部），(4) 夏著しく多く，冬著しく少ない（夏季観光ルート），(5) 多ピーク（伊豆の観光道），(6) 7・12月に多く，9・10月に少ない，等の分類が示されている。

24時間変動に関しては，常時観測データを分析した結果，全般的に午前と午後の2つのピークがあり，12〜13時に谷がある。そして都市部および幹線道路ではピークの山が平らであり，通過交通が多い場合，昼夜の境の増減が緩やかとされている。

常時観測地点を，都市部，平均日交通量が1万台以上の郊外部，平均日交通量が5 000台以下の郊外部，通過交通の性格の強い地方部の旧一級国道，通過交通の性格が強くない地方部の旧一級国道，地方部の旧二級国道に分類したところ，同じ分類内では類似したパターンを形成するとされている。なお，朝倉ら[2]も四国の国道データの分析により，距離的な近接性よりも，道路種別により変動の傾向が似ていることを指摘している。

以上のように，道路の特性や種別により，交通量の周期変動パターンの分類がある程度可能であると考えられる。「交通工学ハンドブック」[3]では，道路を都市内街路，主要幹線，地域幹線，観光道の4つに分類し，交通量の変動をまとめている。また「改訂 道路交通データブック」[4]では，都市内，都市周辺Ⅰ，都市周辺Ⅱ，山地部主要幹線，平野部主要幹線，地域幹線，観光道，幹線・観光道の8種類に分けている。

2.1.3 天候・カレンダー情報の影響

天候の影響に関しては,雪の影響は大きく,飯田ら[5]は金沢市内の交差点の交通量および渋滞長を調査している。それによると,日交通量は前日の降雪量よりも当日の降雪量との影響が大きく,日交通量と当日降雪量との相関係数は0.74とし,比較的関係が大きいことを報告している。一方,渋滞度は前日降雪量の方が影響が大きく,その相関は0.58であった。

渋滞は,除雪できなかった道路の積雪が大きく影響するためと考えられる。岡田・川野[6]は,首都高速の渋滞量(渋滞長と渋滞時間の積)について,雪の日の渋滞量は通常の半分程度としている。一般に降雪により交通量が減少するものの,渋滞に関しては,降雪量や積雪量,除雪体制や路面状況などで,その影響が反対になることがある。大量の降雪・積雪により交通容量が著しく低下すると渋滞度は大きくなるが,容量の低下が小さいと逆に渋滞が減ることもある。

降雨の影響は降雪ほど顕著ではなく,中村ら[7]は,東京都心の数か所の国土交通省(当時建設省)の常時観測データ5年分について,時間交通量の変動分析を行い,降雨の影響は統計的にはみられず,曜日の影響は小さいと報告している。一方,岡田・川野は,降雨により首都高速道路の渋滞量は1割程度増加したとしている。なお,岡田・川野はカレンダー情報により渋滞量が大きく異なることを図示している。

井上ら[8]は本州四国連絡橋(本四架橋)の日交通量を分析し,当日降雨があると交通量は減少し,逆に降雨の翌日は交通量が増加することを示している。そして,それは開通1年目では,明石海峡大橋・瀬戸大橋・多々羅大橋の上下線ともにすべて統計的に有意であった。しかし,2,3年目では統計的には有意でない場合もあった。開通直後は観光交通の割合がより多いため,降雨による影響が大きかったと思われる。

以上の研究が示すように,観光道か通常の都市道路かにより降雨の影響は大きく異なると考えられ,日常道路では降雨により交通量が増加するとともに交通容量の減少もあり,渋滞が激しくなる傾向もあると考えられる。一方,観光

道は降雨により交通量が減少する。そして予定をつぎの日に延期する交通も多く，降雨の翌日は交通量が増加することもあるといえる。

また，前出の井上らは本四架橋の交通量（数年分の1日断面交通量）の時系列分析を行い，連休や休日，降雨，料金が，交通量に影響を及ぼしていることを示している。休日・連休を変数に取り込んだ自己回帰分析により，平日より休日の方が交通量が多いこと，通常の休日よりも連休の方が交通量が多いこと，さらに，連休前後の休日の交通量は通常の休日よりも交通量は小さく，連休前後の休日では出控えが行われていることなどを示している。

日野ら[9]は大阪府の主要な189の交差点の交通量（2カ月分の方向別・時間帯別交通量）を分析し，決済日（五十日）には，日交通量は2～3％増加，業務時間帯（10～11時，14～17時）では8％ほど交通量が増加していることを明らかにした。実際にはそれほど大きくない交通量の増加ではあるが，決済日は実際以上の混雑が想起されているとしている。

2.2 交通量の周期変動と不規則変動

飯田・高山[10]は，北陸自動車道と中国自動車道の各インターチェンジの流出入合計日交通量（1年分）に対して，月・週・曜日の3元配置の分散分析を行った。その結果，月間変動，曜日変動，月間・週間の交互作用が有意であったと報告している。そして，これらの3つと不規則変動の全変動に対する寄与率を計算し，不規則変動の割合はほぼ35～45％であったとしている。また，北陸自動車道および山間地区での中国自動車道では月間変動が卓越し，阪神地区付近での中国自動車道では曜日変動が大きくなっている。

朝倉らも建設省四国地方建設局管内（当時）の国道の日交通量データ（1年分）の分散分析を行い，観光道路以外では曜日変動が卓越し，月および月・週の交互作用も変動にある程度寄与しているとしている。月と週の交互作用は，月末や月初めの交通量の増減が影響していると指摘している。

曹ら[11]は，東京都内の幹線道路22地点の平日の日交通量の周期変動につい

て分析を行い，さらに同じ研究グループの小坂ら[12]は，首都高速道路の17年分の平日の日交通量について同様の分析を行っている．

これらの研究では，首都高速道路と都内幹線道路の月間変動・週変動・曜日変動には大きな違いはなく，曜日変動に関しては金曜日の交通量が他の曜日（月・火・水・木）よりも多いこと，首都高速道路での不規則変動の割合は7割程度，都内幹線道路では6割程度と不規則変動の全変動に対する割合は過半数を超えることなどを報告している．

飯田・高山の研究では，不規則変動の割合は4割前後である一方，曹らや小坂らの研究は6～7割と値は大きく異なっている．しかし，飯田・高山の研究は休日を含めた日交通量であり，平日と休日の交通量は大きく異なると考えられるため，平日のみを考えた場合，不規則変動の割合は大きくなるとも考えられる．よって，平日の交通量変動のうち不規則変動の割合は過半数を超えると考えて，それほど大きな矛盾はないと推測できる．また，前出の中村らの報告では，東京など大都市の都市内道路の曜日（の周期的）変動は小さい傾向があるとしており，このことも影響していると思われる．

以上の研究結果は，交通量の変動を考えるうえで不規則変動の占める割合は相当程度あり，交通量をなんらかの確率分布を仮定して取り扱わざるをえないことを示唆していると考えられる．交通量や旅行時間の予測は難しいものがあり，交通量・旅行時間は不確実であり，その不確実性や信頼性を考えることは重要であることを意味しているとも考えられる．

交通量の変動係数（ばらつきの指標である標準偏差を平均で割ったもの）については，中村らは8～19時の変動係数は0.10～0.15，5～7時の変動係数は，これらよりはるかに大きいとしている．5～19時まで合せた交通量の変動は，時間交通量より小さかった．また中村らは，3週間のみのデータであるが15分交通量についても分析しており，変動係数は0.10～0.25と変動が大きいが，ピーク到達時点では0.10以下と安定していると述べている．15分交通量，1時間交通量，日交通量では，時間の長さが大きくなるほど変動が小さくなる傾向がみられる．これは，交通需要の変動は時間ごとに独立に近いことに起因し

ていると思われる。

　3章で詳述するが，旅行時間にはこの法則は成り立たない傾向がある。また，道路には交通容量があり，ピーク時などでは容量に近い交通量が流れるため，変動は小さくなる傾向もみられる。

2.3　交通量の定常性

　安野ら[13]は，名神・中国・山陽・舞鶴の高速自動車道の交通量の変動が定常であるかどうかの，統計的検定を行った。定常性の定義として，平均と分散，異時点間の共分散が時間によらず一定であるという定義を採用している。つまり，交通量は変動するもののある確率分布に従っており，その確率分布は時間が経ても変化はないということである。

　年間のトレンドや月・曜日の周期要因を除去した後の交通量変動は，有意水準1％で不規則な非定常要因が含まれるという帰無仮説が棄却され，除去後の交通量は定常であることを示唆している。

　また，堤・橡木[14]は，定常過程に対する時系列モデルの適合性が高い場合はデータは定常であり，そうでない場合は非定常であると仮定し，判別分析により交通量・交通需要量の定常性に関して検討を行っている。32例の有料高速道路の日交通量について，観光道路的な色彩の強い7例が非定常となったと報告している。

2.4　OD交通量変動

　ここでは，リンク交通量や断面交通量ではなく，OD交通量（起点（origin）・終点（distination）間の交通需要）の変動特性を考察した研究についてまとめる。

　村上ら[15]は，首都高速道路の3カ月間のランプ流出交通量と起終点調査から算出したODパターンを用いてOD表を作成し，OD交通量の日変動につい

2.4 OD交通量変動

て研究を行っている。ランプ交通量の日変動（変動係数）は数％である一方，OD交通量の変動係数は2割前後と大きな数値であることを示している。これはOD交通量よりもランプ交通量の方が交通量自体が大きく，大数の法則がある程度成り立っているためと思われる。その他の知見として，月曜日と金曜日の方が火曜日から木曜日よりも変動が大きいこと，首都高速の外からのODの変動が大きいこと等を報告している。

この村上らの研究では，起終点調査から得られたODパターンは一定という仮定の下での推定OD交通量を検討していたが，田中ら[16]は首都高速道路のいくつかのオン・オフランプでのナンバーマッチング調査を平日5日間行い，OD交通量の変動係数等の変動分析を行っている。それによると，平均値の大きいOD交通量ほどその変動係数は小さい傾向があり，曲線回帰分析により，その関係は$\sigma^2=16\mu$であるとしている。ここで，μは平均値，σは標準偏差，σ^2が分散，σ/μが変動係数である。すなわち，$\sigma^2=16\mu$の関係（OD交通量の分散はその平均の16倍）である。

また，OD交通量の和であるランプ流入交通量も，この関係がよく当てはまっていることも示している。曜日変動としては，金曜日と月曜日のOD交通量が，他の曜日よりも大きいことを指摘している。

松葉ら[17]は，名古屋高速道路でのAVI（自動車両認識装置）設置区間でのOD交通量の時間変動および交通情報が，OD交通量の与える影響について報告している。楠(くすのき)料金所を通過する車両のうち大高(おおだか)出口で高速を降りる比率（OD比率）は1日の間で20～70％の間を変動していることがわかった。楠料金所から大高出口へ向かう車両は通過交通であり，早朝の比率は70％近くあるが，通勤時間帯では20～30％まで急激に落ち込み，通勤時間帯後は40％近くまで増加する。通過交通は渋滞の激しい時間帯を避けるかもしくは別経路を選択するため，その比率が低下すると考えられる。

この報告は，OD比率を1日の間で一定とすることには問題が大きいことを示唆している。一方，平日5日間の日変動はさほど大きくはないと報告している。

2.5 旅行時間の変動

2.5.1 旅行時間分布

HermanとLam[18]は，デトロイトのGM (General Motors) 研究所への通勤のための自動車旅行時間（26経路の経路旅行時間）の変動分析を行い，旅行時間の分布に関しては，60パーセンタイル値以下では正規分布と似ているとしているものの，それ以上では正規分布よりも裾が長い傾向があると報告している。つまり，旅行時間が非常に長くなる頻度は正規分布が仮定するものよりも大きい。したがって，正規分布のような左右対称な分布よりも，右の裾が厚く，左に偏った分布を用いる必要があると考えられる。

RichardsonとTaylor[19]は，オーストラリアのメルボルンでのある一つの経路の旅行時間変動について分析を行った。経路を19のセクションに分けその旅行時間を検討したところ，各セクション旅行時間はほぼ独立であった。旅行時間の分布に関しては，正規分布と対数正規分布への適合に対する統計的検定を行い，明らかに正規分布ではないと結論付け，対数正規分布への適合が比較的良好であったとしている。これまでにも指摘されているように，旅行時間分布が非対称であることが確認された。また，混雑が激しくなるほど変動係数が大きくなることも報告している。

MontgomeryとMay[20]は，リーズ市（英国）の5つの放射道路の旅行時間をナンバープレートマッチングおよびプローブカー（moving vehicle observer）により計測し，旅行時間は正規分布というよりも対数正規分布に従っていることを示している。

旅行時間が短かくなることには明らかな限界があるが，長くなる方にはその限界はなく，上述の研究結果については，直感的にも旅行時間の分布は左右対称でないことは理解できるものである。また，旅行時間が負の値をとることもなく，左右対称で負の値も取り得る正規分布よりも対数正規分布の方が当てはまりがよいという結果は，自然と思われる。

2.5 旅行時間の変動

しかし，旅行時間分布の形状はさまざまな要因により変化すると考えられるため，対数正規分布が最も適切であるのかについては今後の研究が必要であろう。また，条件によって分布形は異なることも考えられるため，さまざまな条件下でどのような分布特性があるのかを整理することも重要である。

さらに，旅行時間の分布と交通量の分布との関係を明らかにすることも必要である。これまで，交通量から旅行時間を算出するさまざまな旅行時間関数（BPR 関数など）が提案されている。実際にその旅行時間関数のパラメータを推定する場合，基本的には推定した旅行時間が観測した旅行時間に一致することが，よりよい旅行時間関数といえる。

信頼性分析の観点からは，これより高次元の旅行時間関数への要求がある。つまり，交通量がある分布に従って変動する場合に出力される旅行時間の分布と，観測される旅行時間の分布との一致性である。このように信頼性分析では，旅行時間関数に求められるものが高次元になるため，旅行時間関数を根本的に再検討する必要も考えられる。交通量と旅行時間分布の関係の精緻な分析も，今後必要な研究である。

短距離区間の旅行時間について大山ら[21]は，東京都心において隣接する重要交差点間での旅行時間の調査を行い，旅行時間のヒストグラムを3つに分類している。ヒストグラムが1つのピークのみの場合，2つのピークがある場合，分布が広くなだらかな場合の3分類であり，本研究では，それぞれを1ピーク型，2ピーク型，平坦型と呼んでいる。

隣接交差点間という短い距離のため，1ピーク型は全車が交差点で信号待ちしなくてもよい場合や全車が信号待ちする場合に現れる。2ピーク型は信号待ちする車群としない車群に分かれる場合に現れるが，それは隣接重要交差点での信号サイクル長が異なるためとしている。同一区間でも時間帯によってヒストグラムの形状が大きく異なることがあり，渋滞時では平坦型になる傾向があると報告している。

また，すべての観測データで道路長が長くなるほど旅行時間の標準偏差が大きくなっており，その関係は必ずしも線形ではなく，急に旅行時間の標準偏差

2.5.2 旅行時間の変動特性

Smeed[22]は，ロンドンのデータから，走行速度が低下するほど旅行時間の変動係数が大きくなることを示している。またSmeedとJeffcoate[23]は，ロンドンのある1つの経路旅行時間の変動について考察し，月変動，曜日変動，時間変動がみられること，走行速度が低いほど変動係数が大きくなることなどを報告している。

2.5.1項のHermanとLamは，旅行時間分布の分析とともに，雨の日は旅行時間が長くなること，経路旅行時間はその間に信号待ち等で停止した時間と線形の関係があることや，日々の変動は独立であることなどを報告している。また，GM研究所へ向かう場合は$\sigma=0.36\mu^{0.49}$，研究所から帰宅する場合は$\sigma=0.31\mu^{0.70}$と推定し，$\sigma=\alpha\sqrt{\mu}$を用いて旅行時間の標準偏差や変動係数を推定することを提案している。ただし，μは旅行時間の平均値，σは標準偏差，αは定数である。

同じくMontgomeryとMayは，旅行時間データの回帰分析により，旅行時間は当該時刻の交通量だけでなく，それ以前の30分間の交通量の影響が半分を占めていること，路線によっては，冬季，学校開校時期，降雨，気温，照度，湿潤路面なども，旅行時間に影響していることを示唆している。

WillumsenとHounsell[24]は，インナー・ロンドンの旅行時間データを実測およびシミュレーション（CONTRAM）により得て分析することにより，旅行時間のばらつきを簡素で扱いやすい方法で推定するモデルとして，$\sigma=0.9 t_f^{0.87}(CI-1)$を提案している。ここで$t_f$は自由走行時間（他に自動車が走っていない場合の旅行時間），CIは混雑度 $\left(\text{実際の旅行時間/自由走行時間}=\dfrac{\mu}{t_f}\right)$である。

竹内ら[25]は，松原ジャンクション付近の阪和自動車道から西名阪自動車道に7台のビデオカメラおよび動画用ファイルフォーマット；AVIを設置し，ビデオカメラ撮影による車両挙動およびAVIによる7km区間の旅行時間の

2.5 旅行時間の変動

計測を行っている.

 それによると,7 km 区間の旅行時間は車両間でばらつきが大きく,その原因は自由走行区間での速度傾向,渋滞区間での車両が選択した車線,ジャンクション分流部での渋滞列への加わり方の違いなどが原因ではないかと推測している.

 また,非線形回帰曲線により時刻の旅行時間を推定しようとしているが,決定係数が 0.2～0.3 と低く,旅行時間の推定すらできない可能性がある.合流や分流,ジャンクションなどがあり渋滞が発生するような区間では,旅行時間は大きくばらつくことを示唆していると思われる.

 島田・廣畠[26]は,天竜川に架かる掛塚橋周辺での平日 5 日間の交通量,渋滞長,旅行速度の観測(午前 6 時 30 分～9 時 30 分の間の 10 分ごと)の分析結果を報告している.交通量の日変動係数(日々間の変動係数)は 1.5～19.2 % とそれほど大きくなく,これは交通量が交通容量に規定されたためとしている.一方,旅行時間の日変動係数は 14.5～45.9 % と大きく,10 分前の渋滞長が旅行時間に大きく影響していることを明らかにしている.

 上述の竹内ら,および島田・廣畠より,ボトルネックがあり渋滞が発生する箇所が含まれると,断面交通量の変動は容量制約により抑えられるものの,渋滞による旅行時間の変動は非常に大きくなることがわかる.

 割田・古田[27]は,首都高速道路 3 号渋谷線上りの 12 km 区間の 5 分間感知器データを用いて,旅行時間の変動分析を行っている.曜日により旅行時間のばらつきの傾向は異なることや,曜日や月という単純なグルーピングでは,旅行時間のばらつきの傾向を捉えることが困難な時間帯もあることを報告している.Montgomery と May や割田・古田の研究から,旅行時間の変動を捉えるためには,事故・工事・故障車や雪・雨等の気象条件の影響も考慮する必要があることがわかる.

 交通量に関しては,変動要因等の研究が比較的進んでいる.一方,旅行時間は交通量に比べて観測が難しい点などが問題となっており,交通量変動ほどは研究は進展していない.旅行時間の観測が難しいのは,交通量はある断面を通

過する車両数を観測するだけでよいのに比べて，旅行時間は，ある車両を特定し，その車両が2つ以上の地点間を通過する時刻を計測するなどの必要があるからである．この観測に関しては，3章でGPSやETCなどを利用した新たな旅行時間観測法について紹介する．

　旅行時間変動については，上述のとおりの研究がこれまでに行われており，例えば天候等で旅行時間が変動することなどが明らかにされている．しかし，どのように天候が旅行時間変動を引き起こしているのか等までは，必ずしも明らかにされていない．降雨の際に需要が不確実に変動するため旅行時間変動が生じるのか，路面状況の変化のため変動が生じるのか，さらに需要変動はピーク時に起きやすいのか，ノンピーク時に起きやすいのかなど，よりミクロな観点からそのメカニズムを解明することが今後必要と考えられる．

　旅行時間は，2地点間の通過時刻の差として計測することができるが，その2地点間の旅行時間を大きく変動させる箇所や要因が複数存在する場合があることや，またその箇所を通過する時間差があり，それらの箇所や要因間の相互関係も重要になると思われる．ミクロな旅行時間変動メカニズムを解明する際には，このような視点も重要となろう．またこのような視点は，基本的には断面のみで計測できる交通量変動では取り扱われないものであり，旅行時間変動分析が交通量変動分析よりもよりいっそう難しいものとなっている原因の一つとも考えられる．

　すべての経路の旅行時間を計測することは事実上不可能であり，経路旅行時間については，なんらかの予測式や予測モデルが必要となると考えられる．ミクロな旅行時間変動メカニズムを解明する研究が蓄積されることによって，旅行時間変動を経験的に予測するモデルや式を導出することが可能になると期待できる．

引用・参考文献

1)　池之上慶一郎：交通量の変動，技術書院（1966）

引用・参考文献

2) 朝倉康夫, 柏谷増男, 熊本仲夫: 日リンク交通量変動の推定にもとづく道路網信頼性評価, 土木計画学研究・講演集, No. 13, pp. 591～598 (1990)
3) 星 埜和: 交通工学ハンドブック (第1版), 技報堂出版, 東京 (1984)
4) 道路交通データブック改訂委員会: 改訂道路データブック, 交通工学研究会 (1988)
5) 飯田恭敬, 高山純一, 本田 誠: 金沢市における積雪の交通量に及ぼす影響分析, 第6回交通工学研究発表会論文集, pp. 49～51 (1982)
6) 岡田知朗, 川野祥弘: 首都高速道路の渋滞特性分析, 第19回交通工学研究発表会論文報告集, pp. 21～24 (1999)
7) 中村一雄, 中田明雄, 岡崎 征, 高阪悠二, 北村武次: 交通量変動特性の統計分析, 第3回交通工学研究発表会論文集, pp. 63～66 (1976)
8) 井上英彦, 塚井誠人, 奥村 誠: カレンダー情報を利用した本四架橋交通量の時系列分析, 土木計画学研究・論文集, No. 20, pp. 843～848 (2003)
9) 日野泰雄, 西村 昂, 西田智一: 変動特性を考慮した簡易交通量予測モデルについて, 第8回交通工学研究発表会論文集, pp. 27～29 (1986)
10) 飯田恭敬, 高山純一: 高速道路における交通量変動特性の統計分析, 高速道路と自動車, Vol. 24, pp. 22～32 (1981)
11) 曹 圭錫, 谷下雅義, 鹿島 茂: 東京都内幹線道路における日交通量の特性分析, 第18回交通工学研究発表会論文報告集, pp. 153～156 (1998)
12) 小坂浩之, 曹 圭錫, 谷下雅義, 鹿島 茂: 首都高速道路の日交通量の変動分析, 第19回交通工学研究発表会論文報告集, pp. 17～20 (1999)
13) 安野貴人, 都明 植, 小林潔司: 高速道路における日変動交通量系列の定常性に関する研究, 土木計画学研究・講演集, No. 20, pp. 913～916 (1997)
14) 堤 昌文, 樗木 武: 交通輸送需要の時系列予測システムと AROP モデル, 土木学会論文集, No. 407/IV-11, pp. 17～26 (1989)
15) 村上康紀, 吉井稔雄, 桑原雅夫: 都市高速道路における OD 交通量の日変動に関する研究, 土木計画学研究・講演集, Vol. 22, pp. 251～254 (1999)
16) 田中芳和, 村上康紀, 井上 浩, 桑原雅夫, 赤羽弘和, 小根山裕之: 首都高速道路における OD 交通量の日変動に関する研究, 交通工学, Vol. 36, pp. 49～58 (2001)
17) 松葉一弘, 松本幸正, 野村耕司: 都市高速道路ランプ間 OD 交通量の時間変動と情報提供による変化, 土木学会年次学術講演会講演概要集 IV 部門, Vol. 57, pp. 815～816 (2002)
18) Herman, R. and Lam, T.: Trip time characteristics of journeys to and from work, *Transportation and Traffic Theory: Proceedings of the Sixth International Symposium on Transportation and Traffic Theory,* D.J. Buckley Ed., University of New South Wales, Sydney, Australia, 26-28 August, Elsevier, pp. 57～85 (1974)

19) Richardson, A. J. and Taylor, M. A. P.: Travel time variability on commuter journeys, *High Speed Ground Transportation Journal*, Vol. 12, pp. 77〜99 (1978)
20) Montgomery, F.O. and May, A.D.: Factors affecting travel times on urban radial routes, *Traffic Engineering & Control*, Vol. 28, pp. 452〜458 (1987).
21) 大山尚武, 重田清子, 松本俊哲, 池之上慶一郎：確率変数としての旅行時間の特性について, 第3回交通工学研究発表会論文集, pp. 79〜82 (1976)
22) Smeed, R. J.: Traffic studies and urban congestion, *Journal of Transport Economics & Policy*, Vol. 2, pp. 33〜70 (1968)
23) Smeed, R. J. and Jeffcoate, G. O.: The variability of car journey times on a particular route, *Traffic Engineering and Control*, Vol. 13, pp. 238〜243 (1971)
24) Willumsen, L.G. and Hounsell, N.B.: Simple models of highway reliability: supply effects, *Travel Behaviour Research: Updating the State of Play*, Ortuzar J.D.D. & Hensher, D.A. eds., pp. 249〜262 (1998)
25) 竹内宏文, 巻上安爾, 清水敬司：高速道路の交通流動と旅行時間の変動についての調査研究, 第15回交通工学研究発表会論文報告集, pp. 1〜4 (1995)
26) 島田宗和, 廣畠康裕：時刻別道路交通状態の日間変動実体と旅行時間の要因分析, 土木学会年次学術講演会講演概要集 IV 部門, Vol. 53, pp. 610〜611 (1998)
27) 割田 博, 古田 寛：首都高速道路における所要時間変動特性の分析, 第22回交通工学研究発表会論文報告集, pp. 61〜64 (2002)

■Ⅰ部 信頼性の考え方とその展開■

3

時間信頼性の定量化

　道路の旅行時間の変動はどのように定量化すればよいのだろうか。本章では旅行時間変動を捉えるための指標についてまとめ，適切な旅行時間信頼性指標とはなにかを考察する。

3.1 時間信頼性と旅行時間変動の定量化

　1章でも述べたように，道路の旅行時間が変動することによって，経済的・社会的な損失が発生する。道路の利用者としては，日々の旅行時間があまり変化しないことが望ましい。

　利用者が，事前に旅行時間を確実にはわからない状況を想定しよう。旅行時間が不確実であると，到着制約時刻や希望到着時刻がある場合，早めに出発することが必要となる。つまり，旅行時間が「読めない」ために時間損失が生じる。このような余分に必要な時間は，遅刻しないための余裕時間やセーフティーマージンと呼ばれている。また，到着制約時刻や希望到着時刻が明確にはない場合でも，交通やトリップは主目的活動の派生需要であり，旅行時間が不確実であると，その主目的活動を遂行するうえでスケジュールが乱れることになり，（少なくとも心理的には）旅行時間の変動は望ましくはない。旅行時間が不確実であることは，このような経済的・社会的損失が発生する。

　ここで注意しておく必要があるのは，旅行時間が変動しない場合の一定値の旅行時間と変動した場合の平均旅行時間がたとえ同じであっても，変動する場合には追加的な損失があるということである。つまり，ここで議論しているの

は変動することのみによっても損失があるということである。

つぎに，旅行時間は変動するものの，その旅行時間はあらかじめわかっている状況を考えてみよう。日常では想定しにくいかもしれないが，例えば道路工事や通行止めなどが予告されている場合があり得る。また長期的には，災害などで通行止めとなる場合などである。

工事・交通事故・災害などで速度規制や通行止めとなる場合，それが発生することによって旅行時間は変動するものの，旅行時間があらかじめ「読める」場合がある。旅行時間があらかじめわかっている場合は，前段落で述べたようにセーフティーマージンをとる必要がなく，変動による損失がないようにみえるかもしれない。しかしながら，旅行時間があらかじめわかっているような場合であっても，変動による損失はあり得る。これについては7章で詳述する。本章では旅行時間があらかじめわかっていない場合の時間信頼性のみについて考察する。

個々の道路や個々のリンクの交通量や旅行時間等の変化がわかっているだけでは，道路の信頼性を捉えることは難しく，それらのデータを基にどのように信頼性を定量化するのかが必要になる。日々，時々刻々のA地点とB地点の旅行時間がわかっていても，それをある指標によって集約しないとA地点とB地点の信頼性を含めたサービスを図ることは難しい。

信頼性を定量的に扱うためには，そのための指標が必要となる。「信頼度」とは，「JIS工業用語大辞典」[1)]によると，「与えられた条件の下で，所定の時間内に，ある機器が所要の機能を果たすことができる確率」とされている。これにならうと，確率で信頼性の度合いを計測するものを信頼度と呼ぶことは自然である。しかし，信頼性の度合いは確率を用いて表現しないものも多いため，確率を用いる信頼度以外の信頼性の度合いを表す指標も含める場合は，「信頼性指標」と呼ぶこととする。

時間信頼性の場合は，旅行時間が変動することが問題であり，旅行時間変動をどのように定量化するのかが重要であり，時間信頼性指標は旅行時間変動指標ともいえる。

3.2 時間信頼性指標

ばらつきや変動の定量化は，信頼性を考えるうえできわめて重要である．時間信頼性の指標として求められる要件は，使いやすさ，わかりやすさ，理論的整合性，交通行動との整合性などさまざまなものがある．道路ネットワーク整備や道路交通政策の評価は，少なくとも道路整備では，費用便益分析を行うことが必須となっているのが現状であろう．この場合，信頼性の価値を貨幣換算で算出することが必要であり，貨幣換算の容易な信頼性指標が求められる．時間信頼性は旅行時間の信頼性であり，多数回の旅行時間の計測や，なんらかの方法によって推定される旅行時間分布が重要である．旅行時間もしくは交通量の計測には誤差が含まれるため，観測誤差にある程度ロバストなことも実用的には重要である．

ばらつきの指標として最も代表的なものは，分散もしくは標準偏差である．確率・統計では，ばらつきの指標として分散とその平方根の標準偏差は非常に重要である．よって，分散や標準偏差が旅行時間のばらつきの指標として採用することは自然とも考えられ，多くの事例や研究でも分散もしくは標準偏差を用いている．しかしながら，道路ネットワーク評価の際の便益は，利用者の行動と深くかかわっている．旅行時間の信頼性では，旅行時間が通常よりも長くなることの影響が短くなる場合よりも大きい．そのため，典型的なばらつきの指標である分散や標準偏差などは，旅行時間が長くなる場合と短くなる場合の影響が等しく扱われるため適切でないとも考えられる．人々が旅行時間の変動として認知する尺度と分散が同じであるのか，もしくは近いのか，については反例的な事例の報告がある．

Senna[2]は，BenwellとBlackの研究として，**表3.1**のように平均が同じである10回の旅行時間の計測がある3つの選択肢のうち，いずれを選ぶのかの調査を行ったところ，分散が最も大きい選択肢の選択者が過半数で最も多かったことを紹介している．

24   3. 時間信頼性の定量化

表 3.1 分散と選択比率の反例

	旅行時間の履歴									平均	分散	選択比率 [%]
A	0	0	5	6	8	7	6	4	5	9	5	8.2	38
B	0	0	0	0	0	0	25	5	10	10	5	60.0	6
C	0	0	0	0	0	0	0	0	20	30	5	105.0	56

※ 旅行時間の履歴には通常時からの遅れ時間を記載している。

このように,分散は必ずしもばらつきの指標として適しているとは限らない。この例は,旅行時間の定時性が最も確保されたとみなせる C を選択したものと考えられる。この結果はその設定条件での結果であり,必ずしも一般性をもっているとは限らないが,少なくとも分散が適切でない状況があり得ることは示唆していると思われる。すべての人間の交通行動を整合的に扱うことができる指標は存在するとは限らないものの,交通行動を考えるうえで,指標として具備すべき重要な要件をできる限り満たしていることが望ましい。

表 3.2 は時間信頼性指標をまとめたものであり,信頼性指標の使い方の観点

表 3.2 時間信頼性指標

		便益計測可能指標	信頼度	その他	変動指標
旅行時間	時間制約・スケジュール	WTBR,実効旅行時間,一般化スケジュールコスト	旅行時間信頼度		
	期待効用	(期待効用)		期待効用	
	統計指標	PT,各%タイル値,AD			BT, BTI, PTI, λ^{skew}, λ^{ver}, UI_r, $Index_{normal}$, $Index_{abnormal}$, WRT_A, WRT_B, 各種%タイル値の指標,分散,変動係数(歪度)
	総旅行時間		総旅行時間信頼度,α 信頼度		
容量			容量信頼度(リンク信頼度)	最大予備容量	
需要			需要減少信頼度,需要充足信頼度		

3.2 時間信頼性指標

から，便益計測可能指標，信頼度，その他の3つに分類している．また単にばらつきや変動を定量化した指標は，変動指標の欄に記載している．

便益計算では，道路ネットワークの便益を貨幣換算で計算する必要があり，容易に貨幣換算可能な指標が便益計測可能指標である．基本的に単位は時間としている．

速達性の観点からは平均旅行時間はきわめて重要であり，この便益計測可能指標は，ばらつきや変動が大きくなるとその指標が大きくなるだけでなく，平均旅行時間が長くなるとそれに伴い大きくなる．

変動指標は旅行時間の変動のみを指標化しているため，それのみでは路線等の良し悪しを評価することには適さない．例えば，旅行時間変動は小さいが平均旅行時間が非常に長い路線は，必ずしもよい路線とはいえないからである．一方，便益計測可能指標は，それのみを用いて路線評価などが可能である．

なお，カッコ内に記載している期待効用（旅行時間ログサム）は，単純な変換により時間や貨幣換算が可能である．信頼度はすでに触れたが，与えられた条件の下で，所定の時間内に，ある機器が所要の機能を果たすことができる確率で，0.0以上1.0以下の値をとる無次元単位の指標である．

また表3.2では，旅行時間の変動の指標化・定量化のアプローチとして，時間制約・スケジュール，期待効用，統計指標，総旅行時間の4つに分類した．このうち，時間制約・スケジュール，期待効用については，交通行動との関連性も含めて，4章で詳述する．

交通行動は（主目的から）派生的に発生するものであり，その前後の行動や主目的の行動から大きな影響を受ける．旅行時間の長短のみだけでなく，その前後の行動や主目的の影響も考慮する必要がある．交通工学では，これを簡便に定量的に扱うためにスケジュールという概念を用い，出発時刻や到着制約時刻を考慮して，スケジュールコストを導入している．

朝倉ら[3]は，(1) 設定した旅行時間（目標時間）以内でトリップをできる確率 $\Pr[T \leq t^*]$ $(=F_T[t^*])$，(2) 設定した確率（目標到着確率）以上でトリップできる旅行時間 $F_T^{-1}[p^*]$，の2つの時間信頼性の指標を提案している．ここ

で，$\Pr[\cdot]$ は確率を算出するオペレータ，$F_T[\cdot]$ は T の累積分布関数，$F_T^{-1}[\cdot]$ はその逆関数，T は旅行時間の確率変数，t^* と p^* はそれぞれ基準となる旅行時間と確率である。

本章では，JIS の信頼度の定義に従い，前者の設定した旅行時間以内でトリップをできる確率を「時間信頼度」と呼ぶことにする。実効旅行時間，スケジュールコストについては4章で詳述する。

また Lo ら[4]は，実際のトリップ時間が旅行時間予算制約（travel time budget）内となる確率を within budget time reliability（WBTR）と呼んでいる。これは時間信頼度の目標時間が時間予算制約に置き換わっただけとみなせる。また，期待効用についても4章で詳述する。

旅行時間を確率事象とする場合，確率指標としての分散・標準偏差・変動係数が，旅行時間のばらつきの指標として用いることができる。また，旅行時間の歪度(わいど)の重要性も指摘されている[5]。旅行時間の統計指標としては，パーセンタイル値もよく用いられている。

米国交通省道路局（Federal Highway Administration；FMWA, Department of Transportation）では，旅行時間の信頼性を重要なものと位置付け，その測定指標として，バッファータイム（buffer time：BT），バッファータイムインデックス（buffer time index：BTI），プランニングタイム（planning time：PT），プランニングタイムインデックス（planning time index：PTI）を設定している。これらの指標は旅行時間の95パーセンタイル値を基準にしている。95パーセンタイル値は，その値よりも旅行時間が大きくなる確率が5％となるような値である。バッファータイム，バッファータイムインデックス，プランニングタイム，プランニングタイムインデックスは以下のように書ける。

$$BT = T_{95} - \mu_T \tag{3.1}$$

$$BTI = \frac{T_{95} - \mu_T}{\mu_T} \tag{3.2}$$

$$PT = T_{95} \tag{3.3}$$

3.2 時間信頼性指標

$$PTI = \frac{T_{95}}{t_f} \tag{3.4}$$

ここで，T_{95} は旅行時間の 95 パーセンタイル値，t_f は自由走行時間，μ_T は旅行時間の平均値である（図 3.1）。

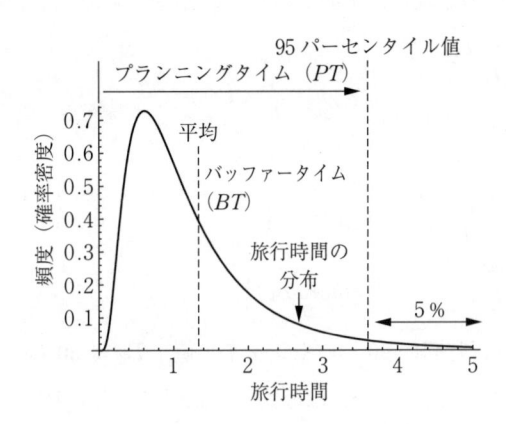

図 3.1 バッファータイムとパーセンタイル値

英国では，交通サービスの向上を国民と約束する公共サービス協定（Public Service Agreements：PSA）を策定し，道路庁（Highways Agency）や交通省（Department for Transport：DfT）が，それぞれ戦略的に重要な道路ネットワーク（strategic road network）と主要都市圏の旅行時間信頼性の向上に取り組んでいる。DfT のテクニカルノートによると，ある区間の最遅 10% のすべての車両の旅行時間の合計をそれらに該当する車両数で除したものを基本に，道路交通サービスの評価を行っている。

本章では，英国で用いられている以下の指標を AD（average delay）と記すことにする。

$$AD = \int_{T_{90}}^{\infty}(t-t^*)f_T(t)dt \tag{3.5}$$

ここで，$f_T(t)$ は旅行時間の確率密度関数，t^* は参照旅行時間（reference journey time）である。なお，PSA の対象自体には，道路だけでなく，鉄道の信頼性向上やバス・LRT（light rail transmit）の利用促進，交通事故者

数減少,大気汚染改善,CO_2排出削減なども含まれる。

van Lintら[5]は,外れ値や観測誤差の影響を受けやすい分散や歪度の代わりに,λ^{ver}やλ^{skew}という指標,そして,それらを合わせて指標UI_rを提案している。それぞれの定義は以下のとおりである。

$$\lambda^{ver} = \frac{T_{90} - T_{10}}{T_{50}} \tag{3.6}$$

$$\lambda^{skew} = \frac{T_{90} - T_{50}}{T_{50} - T_{10}} \tag{3.7}$$

$$UI_r = \begin{cases} \dfrac{\lambda^{ver} \ln \lambda^{skew}}{L_r} & \text{if } \lambda^{skew} > 1 \\ \dfrac{\lambda^{ver}}{L_r} & (otherwise) \end{cases} \tag{3.8}$$

ここで,T_{90}は旅行時間の90パーセンタイル値,T_{50}は50パーセンタイル値,T_{10}は10パーセンタイル値,L_rは経路rの距離である。λ^{ver}は分散,λ^{skew}は歪度に対応している。また,UI_rは非常に長い旅行時間への遭遇しやすさを意味している(**図3.2**)。

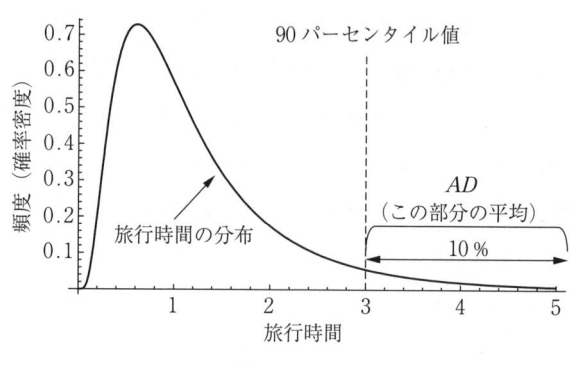

図3.2 AD

宗像ら[6]は,通常時の状態を50パーセンタイル値で代表させ,それと5パーセンタイル値(T_5)の差を5パーセンタイル値で除して正規化させた指標$Index_{normal}$や,異常時(最悪時)の状態を95パーセンタイル値で代表させ,それと5パーセンタイル値の差を正規化させた$Index_{abnormal}$などを提案して

いる。また，割田ら[7]は T_5, T_{50}, T_{95} の3つを用いたWRT（wide range time）という指標を提案している。WRT_A は $T_5{}^2+T_{50}{}^2+T_{95}{}^2$ の平方根，WRT_B は T_5, T_{50}, T_{95} の3つの積の立法根として定義している。

　ネットワーク全体を評価する場合，総旅行時間を用いることが便利な場合がある。総旅行時間を基にした信頼性指標としては，総旅行時間信頼度（total travel time reliability）やChenら[8]の α 信頼性指標などがある。ClarkとWatling[9]は，確率的ネットワーク均衡モデルを基に総旅行時間の確率密度関数を近似的に算出する方法を示し，総旅行時間についての信頼度を定義している。総旅行時間信頼度は，総旅行時間がある閾値以下となる確率である。

　一方，Chenらは総旅行時間の 100α パーセンタイル値を信頼性指標としている。このような総旅行時間に関する信頼性は，ネットワーク全体の信頼性を考えるうえで便利であるため，ネットワークデザイン問題に適用されることが多い。ただし，個々の利用者に関する信頼性は個別的には考慮されないため，信頼性の高い利用者と低い利用者が混在する可能性がある。

3.3　旅行時間以外の時間信頼性指標

　1章で述べたように，「時間信頼性」は旅行時間に関する信頼性であり，速達性の機能を安定的に果たす能力といえる。3.2節で紹介したように，これを旅行時間によって計測することは自然である。しかしながら，旅行時間は計測が容易とは限らず，道路交通のサービスレベルとして，他の基準で計測することが考えられる。

　旅行時間以外に着目した信頼性指標としては，交通容量に着目したものや交通需要に着目したものがある。Chenら[10]は，道路ネットワークを流れる交通量が捌けるのかという容量信頼性の概念を提唱している。容量信頼性では，まず最大フロー問題を考える。旧来の最大フロー問題の対象はある断面を流れる最大量などであるが，これは交通均衡状態を仮定していないため，現在の交通需要の何倍までが交通容量内で流れることができるのかということに着目し，

以下のような容量信頼性指標 λ を提案している。

$$\max \lambda$$
$$s.t.\ x_a(\lambda \mathbf{q}) \leq C_a \quad \forall a \in A \tag{3.9}$$

ここで，$\mathbf{q}$ は交通需要ベクトル，C_a はリンク a の交通容量，$x_a(\lambda \mathbf{q})$ は交通需要が $\lambda \mathbf{q}$ のときのリンク a の配分リンク交通量，A はリンク集合である。上の問題の λ が最大予備容量（maximum reserve capacity）である。

なお，λ は式 (3.6)〜(3.8) でも用いられているが，これらの式とは異なる指標である。ともに元の論文と同じ文字を使用したため，両方とも λ を用いていることに注意されたい。要求される需要レベルを λ^* とするとき，$R = \Pr[\lambda \geq \lambda^*]$ が容量信頼度である。

Chen ら[11]は，より簡便な容量信頼度 $R = \Pr[x_a \leq C_a | a \in A]$ を提案している。これは，すべてのリンクが容量以下となる確率を表している。若林ら[12]は，リンクへの需要がリンクの交通容量を超えない確率をリンク信頼度と定義している。このリンク信頼度は個々のリンクについての信頼度である一方，Chen らはネットワーク内のすべてのリンクで交通量が容量を下回る確率を考えている。本章では，Chen らの提案を「全リンク信頼度」と呼ぶことにする。

道路ネットワークのハード部分に問題が生じたり，交通需要が（構造的に）増大した場合，旅行時間が増加する。交通需要が弾力的な場合，このような旅行時間の増加は交通需要の減少を引き起こすことになる。道路ネットワークの信頼性の低下がネットワークのサービスレベルに影響し，それに伴い需要が減少することに着目した信頼性を，「需要信頼性」と呼ぶことにする。

Du と Nicholson[13] は，リンクの障害等で需要が減少する割合がある閾値以下となる確率として，「需要減少信頼度」を定義している。この需要減少信頼度は，OD ごとに計算する場合と，それらを集計してネットワーク全体に計算する場合の 2 つがある。また，Heydecker ら[14]は，均衡時の交通需要は顕在化した交通需要であり，顕在化していない交通需要や（現サービスレベルでは）充足できなかった交通需要も存在することに着目し，需要充足信頼性

(travel demand satisfaction reliability) として潜在需要がどれほど満たされるのかどうか，顕在化するのかどうかの信頼性を提案している。

この指標である「需要充足信頼度」は，需要充足率がある値以上となる確率として定義されている。容量信頼性とも概念的に近いものとなっているが，容量信頼性は需要を満たす道路ネットワーク能力に焦点が当てられている一方，需要充足信頼性は潜在需要が充足するのかに焦点がある。

容量信頼性では渋滞待ち行列は認められず，需要は固定値である一方，需要充足信頼性は需要は変化するものとなっている。定式化としては，弾力需要を仮定し，潜在需要イベントが確率的に生じるとする。自由走行時の需要を潜在需要とし，均衡時の需要が顕在需要となる。

3.4 ファイナンスでのリスク指標と時間信頼性指標

ファイナンスの分野では，株価等の変動を非常に精緻に取り扱っている。リスク指標として，ファイナンス分野ではバリューアットリスク（VaR：value at risk）が多用されている。VaRは損失分布パーセンタイル値となり，おそらく金融機関等で最も広く用いられている指標であると思われる。損失分布のパーセンタイル値という信頼水準で超過することのない最大損失額という非常にわかりやすい指標ではあるものの，整合的なリスク尺度の観点から欠陥があることが指摘されている。

若干込み入った話になるが，Artznerら[15]は，理論的に整合的なリスク尺度が満たすべき公理として，平行移動不変性（translation invariance），劣加法性（subadditivity），正の同次性（positive homogeneity），単調性（monotonicity）の4つを挙げ，VaRは一般には劣加法性を満たさないと指摘している。正の同次性が満たされる場合，劣加法性と凸性とは同値となることが知られており，VaRは凸性が満たされないともみなせる。

交通均衡理論においても，特に交通の最適化の観点で凸性は非常に重要な性質である。しかし交通需要が確率変動し，それに伴い旅行時間が確率変動する

場合，たとえ平均旅行時間のみにより利用者が経路選択を行ったとしても，経路旅行時間の凸性は一般には満たされないと予想される。つまり，平均経路旅行時間ですら経路交通量に関して凸になるとは限らず，またシステム最適配分を考える場合，その目的関数は一般には凸にはならないと予想される。

したがって，交通ネットワーク均衡分析の枠組みで，交通容量等が確率変動することによる信頼性を考えるうえでは，交通量（の変動）に対して平均経路旅行時間は凸であるとは限らないため，旅行時間の変動指標が凸性を満たすのか，つまり旅行時間変動に対する変動指標の凸性はそれほど重要ではないとも考えられる。旅行時間に対する変動指標が凸であったとしても，平均経路旅行時間やシステム最適の目的関数が交通量に対して凸になるとは限らないためである。

パーセンタイル値という指標は，(1) 理解しやすい，(2) 観測が比較的容易である，(3) 費用便益分析等に用いることができる便益指標となり得る，(4) 分布の右裾のばらつきのみを考慮することができるという利点がある。一方，(i) 劣加法性や凸性を満たさない，(ii) 設定した水準（信頼水準）より小さな確率で起こるが，長大な旅行時間の影響を考えることができないことなどが欠点として考えられる。

ただし，交通の分野で考える場合，上で述べたように凸性の重要性はファイナンス分野ほど大きくはないこと，ファイナンスでは損失額が正確にわかる一方，交通では旅行時間の分布の裾を考えるほどデータの精度や量が十分でないことが多いことなどから，ファイナンス分野ほどパーセンタイル値の問題点は大きくないと考えられる。

以上より，道路の時間信頼性指標として，旅行時間のパーセンタイル値は非常に有用であることがわかる。

3.5 諸データによる旅行時間信頼性評価

信頼性指標の計算のためには，旅行時間データが必要となる。旅行時間の計

測や算出にはいくつかの方法がある．車両感知器データが豊富な場合，感知器の位置を基準に道路区間を設定し，その区間の旅行速度を車両感知器で得られた旅行速度データを直接用いるか，もしくは観測交通量から K-V 曲線等を用いて該当区間の旅行速度を算出することができる．そして，区間旅行時間からタイムスライス法などにより合算して，経路や路線の旅行時間を計算することが実務的にも行われている．

例えば，川北ら[16]・飛ヶ谷ら[17]・足立ら[18]は，車両感知器データを用いて高速道路の時間信頼性の分析を行っている．また Lyman と Bertini[19]も，車両感知器データを用いて米国ポートランドの道路の信頼性評価を行っている．

車両感知器データは車両感知器周辺の交通量や旅行速度しか観測ができず，高速道路等の車両感知器が密に設置されている道路以外には適用できないか，精度上問題が出ることになる．その他の手法として，AVI（automatic vehicle identification）データ，プローブデータ，ETC（electronic tool collection system）データを用いて旅行時間を計測する方法などがある．

野間ら[20]は，筑波山周辺で調査した AVI データにより複数区間の旅行時間を推定し，PT や BTI の計算を行っている．AVI により車両番号が認識できた車両の区間旅行時間を計測するものであるが，AVI 機器を設置できた区間のみ旅行時間を計測できる．AVI データも感知器データと同様に機器の設置の制約を受け，AVI 機器設置の費用が大きいため，広範囲地域での旅行時間計測は難しいのが現状である．

近年，旅行時間の計測は GPS その他の計測機器を搭載した走行車両（プローブカー）から，旅行時間情報を収集する研究が進んでいる．一度に多くの計測機器の搭載許可を効率的に得ることができるタクシーや貨物車，バスのデータが多い．

プローブデータの特徴としては，(1)（車両感知器等の設置の有無によらず）面的な交通データが得られる，(2) 区間旅行時間が得られ，感知器の瞬間旅行速度に比べて観測誤差が小さい，(3) 走行経路や走行履歴がわかる，(4) 信号待ち時間や右左折時間などがわかる，などの長所がある．一方，(i) サンプル数

増加のためのコストが大きい，(ii) 一般乗用車のサンプルの入手が難しい，(iii) 得られたデータから走行経路等を特定するマッチングの精度が低いことや，手間がかかるなどの短所もある。なお従前より，調査員等が車両に乗り込み特定路線の旅行時間を計測する手法も用いられてきており，これも一種のプローブカーといえるが，このような車両はフローティングカーとも呼ばれている。

プローブカーデータ自体の研究は多数行われている。ここでは，信頼性や変動分析も行われたものを以下に取り上げる。上杉ら[21]は，期待値と分散を知りたい対象経路区間を部分的にでも通過する車両の，リンク旅行時間情報を用いた経路旅行時間の期待値および分散の推定方法についてのシミュレーションの研究を行っている。この上杉らの研究が対象とした実験では，期待値をほぼ確実に計算するためには2～3％のプローブ混入率が必要であり，分散では5％程度の混入率が必要であるとの結果であった。

タクシーやトラックのプローブデータを用いた研究としては，李ら[22]は，名古屋市でのタクシープローブによる旅行時間データの統計分析を行っている。約1kmほどの区間（桜山-御器所）の旅行時間のみを対象としており，信号等の影響などにより2つのピークをもつ分布となっていること，隣接リンクの旅行時間の相関は0.47とそれほど大きくなかったことなどを報告している。

中村ら[23]は，トラックプローブデータとタクシープローブデータの特徴の比較を行い，トラックプローブデータを用いて，東海地方の12路線のBTIなどの計算を行っている。田宮・瀬尾[24]は，タクシーと小型貨物車のプローブデータを用いて，路線別の95％変動率（旅行時間の95パーセンタイル値と平均旅行時間の比）の分析を行っている。

宇野ら[25]は，バスプローブデータについて，バス停停止に伴う遅れ時間の補正を行い，旅行時間分布の特性や旅行時間信頼性指標の計算などを行っている。区間旅行時間は右裾が厚く，モード（最頻値）が左に寄った分布形をしていたため，対数正規分布に従うという帰無仮説の検定を行った結果，12区間のうち7区間は帰無仮説は棄却されなかったものの，5区間では棄却された。

3.5 諸データによる旅行時間信頼性評価

棄却された原因としては，外れ値の影響や区間旅行時間の推定誤差が影響している可能性を指摘している．

また車両ではなく，人にGPS機器等を携帯させて，移動軌跡を計測するプローブパーソンもある．丹下ら[26]は，GPS携帯をもった被験者の行動データともいえるプローブパーソンデータを用いて，旅行時間変動分析を行っている．また田名部ら[27]は，プローブパーソンデータにより通勤時間の変動係数の計算などを行っている．

ETC車載率の向上に伴い，高速道路の旅行時間計測では，ETCデータを用いることが可能である．ETC設置の高速道路に限られるものの，タクシー，バス，トラックが中心のプローブカーデータに比べて，サンプルの偏りが少ない利点をもつものの，適用範囲が高速道路に限られる．

山崎ら[28]は，名神高速道路の1年間分のETCデータ（車両流入・流出時刻，流入・流出IC）を用いて，旅行時間分布の特性や旅行時間信頼性指標の計算などを行っている．ETCデータでは，車両の流入・流出時刻がわかるものの，その間の利用経路等の情報は一切得られない．高速道路の場合，サービスエリアやパーキングエリアでの休憩等の時間をどのように扱うのかが課題となっており，この山崎らの研究では，平均旅行時間に対して前後標準偏差の範囲，1σの範囲としている．また旅行時間の分布にも，時間変動のみならず季節変動なども含まれることがあることも報告されている．

大田ら[29]は東名・名神高速道路のETCデータを用いて，新名神高速道路供用の影響について，BTなど時間信頼性やその他のサービスレベルの変化について分析を行っている．Wangら[30]はETCデータを用いて中央自動車道の旅行時間の95パーセンタイル値やBTなどの算出を行っている．

以上のように，AVIデータ，プローブカーデータ，ETCデータを用いた時間信頼性分析が行われ，分析事例も増えてきている．しかし，それらの研究では，基本的にはその研究者がもっているある1種類のデータの分析のみにとどまっている．

分析対象がある1つの路線や限定的な範囲のみの場合，そのような分析で十

分なこともあると思われる。しかしながら,各データは長所と短所を併せもっており,1種類のデータのみで該当都市圏・ネットワーク全体の信頼性分析を行うことは,きわめて困難である。よって,今後は複数のデータを統合・融合し,それらを整合的に分析し,信頼性評価を行う手法を開発すること,そして,その事例を蓄積し,実用的な手法を構築することが重要と考えられる。

引用・参考文献

1) (財) 日本規格協会:JIS工業用語大辞典第4版, (財) 日本規格協会 (1995)
2) Senna, L.A.D.S.: The influence of travel time variability on the value of time, *Transportation*, Vol. 21, pp. 203〜228 (1994)
3) 朝倉康夫,柏谷増男,熊本仲夫:交通量変動に起因する広域道路網の信頼性評価,土木計画学研究・論文集, No. 7, pp. 235〜242 (1989)
4) Lo, H.K., Luo, X.W., Siu, B.W.Y.: Degradable transport network: Travel time budget of travelers with heterogeneous risk aversion, *Transportation Research*, Vol. 40B, pp. 792〜806 (2006)
5) van Lint, J.W.C., van Zuylen, H.J. and Tu, H.: Travel time unreliability on freeways: Why measures based on variance tell only half the story, *Transportation Research*, Vol. 42A, pp. 258〜277 (2008)
6) 宗像恵子,割田 博,岡田知朗:首都高速道路における所要時間の信頼性指標を用いた事業評価事例,土木計画学研究・講演集, Vol. 37, CD-ROM (2008)
7) 割田 博,坪田隆宏,船岡直樹,宗像恵子:都市高速道路を対象とした旅行時間信頼性による新たな評価手法の研究,土木計画学研究・講演集, Vol. 39, CD-ROM (2009)
8) Chen, A., Kim, J., Zhoua, Z. and Chootinan, P.: Alpha reliable network design problem, *Transportation Research Record*, No. 2029, pp. 49〜57 (2007)
9) Clark, S. and Watling, D.: Modelling network travel time reliability under stochastic demand, *Transportation Research*, Vol. 39B, pp. 119〜140 (2005)
10) Chen, A., Yang, H., Lo, H.K. and Tang, W.H.: A capacity related reliability for transportation networks, *Journal of Advanced Transportation*, Vol. 33, pp. 183〜200 (1999)
11) Chen, A., Chootinan, P. and Wong, S.C.: New reverse capacity model of signal-controlled road network, *Transportation Research Record*, No. 1964, pp. 35〜41 (2006)
12) 若林拓史,飯田恭敬,井上陽一:シミュレーションによる道路網の交通量変動

分析とリンク信頼性推定法, 土木学会論文集, No. 458/IV-18, pp. 35～44 (1993)
13) Du, Z.P. and Nicholson, A.: Degradable transportation systems: Sensitivity and reliability analysis, *Transportation Research*, Vol. 31B, pp. 225～237 (1997)
14) Heydecker, B.G, Lam, W.H.K. and Zhang, N.: Use of travel demand satisfaction to assess road network reliability, *Transportmetrica*, Vol. 3, pp. 139～171 (2007)
15) Artzner, P., Delbean, F., Eber, J.-M. and Heath, D.: Coherent measures of risk, *Mathematical Finance*, Vol. 9, pp. 203～228 (1999)
16) 川北司郎, 北澤俊彦, 飛ヶ谷明人, 田名部淳, 朝倉康夫：阪神高速道路における所要時間の信頼性に関する研究, 土木計画学研究・講演集, Vol. 35, CD-ROM (2007)
17) 飛ヶ谷明人, 石橋照久, 田名部淳, 朝倉康夫：旅行時間信頼性指標と既存の渋滞評価指標との比較～阪神高速道路の事例～, 土木計画学研究発表会・講演集, Vol. 37, CD-ROM (2008)
18) 足立智之, 藤川 謙, 朝倉康夫：代替経路を持つ高速道路区間の所要時間信頼性に関する実証分析, 土木計画学研究発表会・講演集, Vol. 37, CD-ROM (2008)
19) Lyman, K. and Bertini, B.L.: Using travel time reliability measures to improve regional transportation planning and operations, *Transportation Research Record*, No. 2046, pp. 1～10 (2008)
20) 野間真俊, 奥谷 正, 井坪慎二, 前川友宏：交通量自動観測機器を用いた一般道の時間信頼性分析～筑波山交通調査を事例に～, 土木計画学研究・講演集, Vol. 35, CD-ROM (2007)
21) 上杉友一, 井料隆雅, 小根山裕之, 堀口良太, 桑原雅夫：断片的なプローブ軌跡の接合による区間旅行時間の期待値と分散の推定, 土木計画学研究・論文集, No. 20, pp. 923～929 (2003)
22) 李強, 姜美蘭, 森川高行：幹線道路リンクごとに集計されたプローブカー旅行時間データの特徴分析, 土木計画学研究・講演集, Vol. 32, CD-ROM (2005)
23) 中村俊之, 中嶋康博, 牧村和彦, 井坪慎二：トラックプローブデータを用いた旅行時間信頼性指標に関する一考察, 土木計画学研究・講演集, Vol. 35, CD-ROM (2007)
24) 田宮佳代子, 瀬尾卓也：プローブカーデータを利用した路線別旅行時間の変動特性に関する分析, 土木学会年次学術講演会講演概要集IV部門, Vol. 57, pp. 769～770 (2002)
25) 宇野伸宏, 永廣悠介, 飯田恭敬, 田村博司, 中川真治：バスプローブデータを利用した所要時間信頼性評価手法の構築, 土木計画学研究・論文集, No. 23, pp. 1019～1027 (2006)
26) 丹下真啓, 土谷宏巌, 田名部淳, 井坪慎二：プローブパーソン調査結果を用い

た旅行時間変動と個人行動に関する基礎的検討, 土木計画学研究・講演集, Vol. 35, CD-ROM (2007)
27) 田名部淳, 朝倉康夫, 井坪慎二：所要時間変動と経路選択の関係性に関する実証分析, 土木計画学研究・講演集, Vol. 35, CD-ROM (2007)
28) 山崎浩気, 宇野伸宏, 倉内文孝, 嶋本 寛, 小笹浩司, 成田 博：ETCデータを用いた都市間高速道路の旅行時間信頼性評価に関する研究, 土木計画学研究・論文集, No. 25, pp. 935〜945 (2008)
29) 大田修平, 山崎浩気, 宇野伸宏, 塩見康博：ETCデータを用いた所要時間信頼性に基づく新規高速道路供用効果分析, 土木計画学研究・講演集, Vol. 39, CD-ROM (2009)
30) Wang, R., Warita, H. and Kuwahara, M.: Travel time reliability analysis by ETC data, 土木計画学研究・講演集, Vol. 39, CD-ROM (2009)

■ I部 信頼性の考え方とその展開

4

時間信頼性の経済的価値付け

　本章では，旅行時間変動の経済的価値付けに関する既往研究のレビューを行う。代表的アプローチである平均-分散アプローチ，ならびにスケジューリングアプローチの特徴と実適用上の課題を整理するとともに，両者を統合した新たなアプローチ，あるいは混雑時の移動時間価値との関連についても言及する。最後に，旅行時間変動の将来予測やSP（stated preference）調査における行動経済学的観点の必要性など，経済的価値付けに関連する諸課題について概説する。

4.1　時間信頼性向上の価値とは？

　交通システムの混雑および事故等の突発的な事象の発生は，平均的な旅行時間（travel time: TT）が増加するという帰結をもたらすのみならず，旅行時間変動（travel time variability: TTV）が増大するという帰結をもたらす。交通プロジェクトの評価を行う際には，これら両方を考慮することが重要である。このうち平均的な旅行時間については計測や将来予測が比較的容易であり，その経済評価に関しても，旅行時間短縮便益の計測として理論的にもおおむね完成し，実務的にも広く適用されている。

　一方，旅行時間変動に関しては，平均旅行時間の評価と同等といえるほどの経済評価手法は未だ確立していない。旅行時間変動が大きくなると移動に要する時間を旅行者が予測することが困難になるが，この不確実性は旅行者および社会全体にとってのコストといえる。交通プロジェクトの整備は旅行時間変動に起因するコストの減少をもたらすと期待され，経済評価においてもその効果

を考慮することは妥当であると考えられる。

旅行時間変動を把握するための観測技術の進展とともに，近年その解析や評価に関する研究も進展しており，わが国でもいくつかのレビューが行われている[1]~[4]。また海外においても，ロンドンやストックホルムの混雑料金制度導入による信頼性向上便益は，利用者便益全体の2割程度になるという分析結果も報告されており[5],[6]，"旅行時間信頼性向上の経済便益は時間短縮便益と比べても無視しえない大きさである"という基本認識が確立している。

旅行時間信頼性向上の効果，言い換えれば旅行時間変動の削減効果を費用便益分析の俎上に乗せるためには，旅行者の視点すなわちミクロ経済学的基礎を有した分析に基づいて，旅行時間変動に対する旅行者の限界的支払い意思額（旅行時間変動価値（value of travel time variability：$VTTV$））を推計することが必要である。本章では，旅行時間変動の定義ならびにその経済的価値付けに関する研究動向について，特に交通行動モデルを中心としたアプローチのレビューを行う。さらにモデリング方法にとどまらず，選好意識調査等を通じた実際の推計方法や旅行時間変動の将来予測方法等も含めて，今後解決すべき課題について包括的な整理を行う。

4.2 基本概念の整理

4.2.1 用語の整理

旅行時間のばらつきを扱う場面では，変動（variability），信頼性（reliability），規則性（regularity），定時性・定刻性（punctuality）という各用語が混在して用いられることが多い。特に後述する平均-分散モデルに基づく価値付けにおいては，その原単位が「信頼性価値（value of reliability）」と称されることが多いことから，「旅行時間信頼性」という表現がよく用いられている。また，鉄道やバスなどでは，時刻表との関連から「定刻性」という表現が多用されている（例えばKroes et al.[7]）。

本章では，「旅行時間変動」という表現を用いる。これは，「信頼性」という

表現がサービスの故障のような不測で望ましくない（つまり不運な）現象を表すのに適しているのに対し，本章での検討は"旅行時間は本質的に変動するものであり，結果的に旅行時間が短くなったとしても，その変動は旅行者にとってコストである"という認識に基づいているためである[8]。また「信頼性」ならびに「規則性」は，タイムスケジュールと比べた際の変動を計測するために用いることで区別する。特に「信頼性」は出発時刻が明示的に表されているときに用い，また「規則性」は，運行間隔が明示的に与えられたときに用いるのが適切であると思われる。「定時性・定刻性」という表現は，公共交通の遅延のコンテクストにおいて用いられる。

さらに時間評価値に関しても，広く使われている「時間価値（value of time：VOT）」という表現ではなく，「旅行時間価値（value of travel time：VTT）」という厳密な意味の表記を用いることとする。最終的に，つぎのように整理すると区別しやすいと思われる。

- 旅行時間：TT（travel time）
- 旅行時間価値：VTT（value of travel time）
- 旅行時間変動：TTV（travel time variability）
- 旅行時間変動価値：$VTTV$（value of travel time variability）

4.2.2 信頼性比とは

時間信頼性を評価するうえで，旅行時間の変動が減少することにどれほどの価値があるのかは，きわめて重要である。その評価は，(1) 旅行時間の変動を定量化する指標，つまり信頼性指標を決めること，(2) その指標により計測された旅行時間の変動が1単位減少すること，もしくは信頼性が1単位向上することの価値を設定すること，の2つを決めることにより可能となる。

これまで（平均）旅行時間の減少の価値，つまり旅行時間価値 VTT に関する研究は幅広く行われてきている。旅行時間信頼性の価値を意味する $VTTV$ と，$VTTV$ の比である信頼性比（reliability ratio）（$RR=VTTV/VTT$），つまり旅行時間変動価値を旅行時間価値で除したものは，一つの重要な指標と

なる。

4.2.3 経済評価のための旅行時間変動尺度の要件

旅行時間価値 VTT は，定義自体も明確な「旅行時間 TT」という数量に対する利用者の限界的価値（当該数量が1単位減少/増加することに対する支払い意思額）である。一方，旅行時間変動価値 $VTTV$ は，旅行時間分布に関連する"なんらか"の尺度の限界的価値であり，その定義は旅行時間価値に比べて曖昧なものとなる。

旅行時間分布はさまざまな方法で表現することができるが，その変動の尺度として一般的に用いられるのは，標準偏差，分散，パーセンタイル値等である。さらに，四分位範囲，歪度，尖度等の適用も考えられる。より一般的にいえば，その統計分布のすべてのモーメント統計量が関連することになる。したがって，なんらかの仮定をおかない限りこれ以上の具体的議論はできない。どのような仮定が許容され，どの尺度が具体的に採用されるのかは，以下の特性に依存すると考えられる。

1. 旅行時間分布の実際の形状
2. 旅行時間分布のどのような変化に対して政策上関心があるか
3. 旅行者の時間変動に対する選好

まず1.は，尺度の頑健性に関するものである。例えば四分位範囲は，標準偏差や分散に比べ，外れ値や分布の裾厚の影響を受けにくいとされている。旅行時間の分布は一般に，左裾には下限がある一方で右裾が長くなるという特徴をもっているため，この性質は重要である[9]~[11]。

つぎに2.は，旅行時間変動の尺度の中で，どれが将来予測により適しているかという視点である。例えば標準偏差は，他の尺度に比べて予測モデルへの導入も容易で操作性が高く，理論的・経験的な観点から特に便益評価を念頭においたモデル化の試みが多く行われている[12]~[14]。

最後に3.は，便益評価に直接関連するもので，どのような尺度を用いればミクロ的基礎をもつドライバーの行動モデルとの対応付けが可能になるかとい

う観点に基づく要件である.すなわち,利用者の行動モデルから導出されるアウトカムと整合した旅行時間変動尺度であることが,経済便益へ適用するうえで必要となる.それについては4.3節で詳述される.

4.3 旅行時間変動の価値付けのための行動モデル

旅行時間変動 TTV を交通行動モデルに導入する際の代表的なアプローチは,平均-分散アプローチとスケジューリングアプローチに大別される[8),15)].これら二つのアプローチは,旅行時間変動が旅行者に認識されている状況をどうモデル化するかという点で異なっている.スケジューリングアプローチでは,旅行時間変動は,旅行者自身のスケジュール決定を介して効用に影響を与えると仮定される.すなわち,どれぐらいの頻度で遅れるのか,また,平均的にどのくらいの長さの時間で遅れる(あるいは,早く着く)のかといった視点である.一方,平均-分散アプローチでは,早着遅着にかかわらず,不確実性そのものによって生じる旅行時間変動による旅行者の不便さが,直接的にモデル化される.

行動モデルを同定するためには,平均-分散アプローチの場合には経路選択や交通手段選択の行動データが,一方スケジューリングアプローチの場合には出発時刻選択に関する行動データがそれぞれ必要となる.なお,実際の旅行時間変動と関連付けられた行動データ(RP(revealed preference)データ)の取得は一般的に難しく[16),17)],旅行時間変動価値($VTTV$)推計のために必要な行動データは選好意識調査(SP調査)から得られることが多い[†].

[†] 数少ない例外として,Liu et al.[18)],Liu et al.[19)] は,一般レーンかHOV(high occupancy vehicle)レーンかの選択場面において,Loop Detector データから得られた集計交通量を用いた旅行時間信頼性価値の推計方法を提案している.Small et al.[20)] は,実走車両から得られた旅行時間データを基に分位点回帰を行い,時間帯別の旅行時間パーセンタイル値を算出し,RPモデルにおける説明変数としている.また近年,Carrion and Levinson[21)] はミネソタ州I-394道路をHOVレーンからHOT(high occupancy toll)レーンへと移行した際のHOTレーン設置による旅行時間信頼性価値を約2週間にわたるGPS登載車両を用いた実験データから推計している.

4.3.1 平均-分散アプローチ

平均-分散アプローチは，旅行者が希望到着時刻に対して早着したか遅着したかを区別することなく，旅行時間の不確実性そのものによって生じる旅行者の不都合さを直接的に記述したモデルである[16),17),22)~28)]。このアプローチでは，旅行者の効用が旅行費用 C，平均旅行時間 ET，旅行時間変動 σ_T に依存するものと仮定される。ここで σ_T としては，多くの場合標準偏差が用いられるが，場合によってはタイル値レンジ[17),20),25)]等も用いられる。効用関数は次式で表される。

$$U = \delta C + \zeta ET + \rho \sigma_T \tag{4.1}$$

ここで δ, ζ, ρ はそれぞれ，料金，旅行時間，旅行時間変動 TTV の限界効用である。通常これらは，経路選択行動あるいは交通手段選択行動に関する選択データを用いて推定される。式 (4.1) に基づけば，計量経済学的に求められた旅行費用と旅行時間変動の各限界不効用の比を単純に取ることによって，旅行時間変動価値 $VTTV$ を式 (4.2) のとおりに推計することができる。

$$VTTV = \frac{\rho}{\delta} \tag{4.2}$$

この $VTTV$ は，説明変数に社会経済属性を共変量として導入したり，あるいはランダム係数モデルによる非観測異質性を導入することにより，その母集団分布を推計することも可能である（例えば Small et al.[20)]）。日本国内の研究としては，例えば，山下・黒田[29)]，山下[30)]において，空港アクセス交通を対象とした定時性を導入した交通手段選択モデルが構築されている。また，平均-分散アプローチを公共交通の遅延の問題に拡張した Börjesson らの一連の研究[31)~33)]では，主として長距離鉄道における遅延の私的費用を SP データを用いて推定している。

　実務における事例，特に大規模な事例では，そのわかりやすさや分析の容易さから，平均-分散アプローチが頻繁に用いられてきた。とりわけ国レベルでの旅行時間変動価値の推計では，オランダ[34)]，ノルウェー[35)]，スウェーデン[36)]のように，平均-分散アプローチが用いられている。特にオランダでは，2009

年に全国規模の SP 調査が実施されており，その分析結果に基づいて旅行時間変動の経済便益を費用便益分析のガイドラインに導入する計画である[34),37),38)]。

モデルの単純さゆえに多くの適用事例がある平均-分散アプローチだが，効用関数の引数として平均や標準偏差のような"統計尺度"が含まれることのミクロ経済学的根拠は明らかでない。すなわち，行動論的基礎をもつモデルというよりも，交通システムの供給モデルから得られる旅行時間変動に基づくモデルと解釈すべきと考えられる。

交通経済学では移動を必要悪と仮定し，移動そのものによって効用は生じず，仕事，買い物，訪問などの派生需要と考えることが通常である[39),40)]。この枠組みの下では，不確実性は諸活動の時間配分計画を複雑化することを通じて旅行者の不効用につながる。すなわち旅行時間変動は，旅行時間が予想していたものよりも，ときには短くなったり，またあるときには長くなるという帰結をもたらし，旅行者の活動計画に影響を与える。これに関連して Bates et al.[15)] は，"旅行時間の不確実性は，なにが起こるかわからないことによる不安やストレス，苛立ちにつながり，それが旅行者の不効用になる"と述べている。

平均-分散アプローチは，旅行時間の不確実性の適切な尺度が標準偏差であることを仮定したモデルであると解釈することができるが，そのミクロ経済学的基礎を厳密に追求せず，関数形をアドホックに仮定して推定を行っている場合が多い。

4.3.2 スケジューリングアプローチ

スケジューリングアプローチは，Noland and Small[41)] による旅行時間 TT が確率的に変動する状況での出発時刻選択モデルが嚆矢とされているが，もともとは Small[42)] が提案した旅行時間が確定的に与えられる状況における旅行者の出発時刻選択モデルに基づいている†。交通工学分野では，Gaver[45)] がスケジューリングコストの概念を初めて提唱したものとされており，その他の初期の実証研究として Abkowitz[46)]，Hendrickson and Plank[47)] 等も挙げられ

る。これらはいずれも旅行時間が確定的，すなわち旅行時間変動 TTV が存在しない状況を想定した出発時刻選択モデルであるが，Noland and Small[41] は，旅行時間変動が旅行者のスケジュール決定に及ぼす影響を分析するためにモデルを拡張した。

以下では，Bates et al.[15] の表記を参考にスケジューリングアプローチを概説する。旅行者の効用は，旅行費用 C，旅行時間 T，旅行者の希望到着時刻（PAT：preferred arrival time）からどれくらい遅着したか（SDL：schedule delay late），あるいは逆にどれくらい早着したか（SDE：schedule delay early）に基づいて決定され，出発時刻 t_h の選択を規定すると考える。効用関数は式 (4.3) で表される。

$$U(t_h) = \delta C + \alpha T + \beta SDE + \gamma SDL + \theta D_L \tag{4.3}$$

ここで D_L は遅着の場合に 1 となるダミー変数である。α, β, γ はそれぞれ旅行時間，早着，遅着の限界効用であり，また θ は遅着そのもののペナルティである（図4.1）。

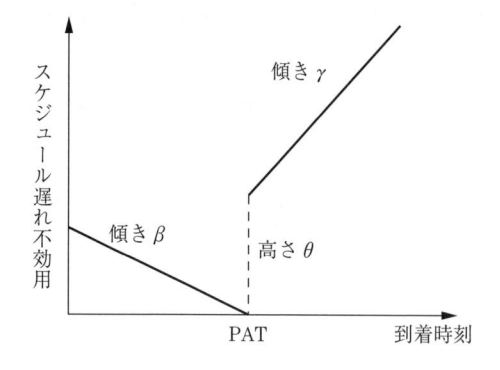

図4.1 α-β-γ 選好に基づくスケジュールコスト関数

前頁の† さらに遡れば，スケジューリングアプローチは，Vickrey[43] による朝の通勤時のピーク混雑を表した「ボトルネックモデル」において仮定された，ドライバーのコスト関数にまでその起源を遡ることができる。加えて Vickrey[44] では，起点・終点それぞれにおける滞在限界効用の違いとその時間変化を考慮したスケジュールコスト関数を用いたボトルネックモデルが提案されているが，本章では特に断らない限り，Vickrey[43] によるいわゆる α-β-γ 選好に基づくステップ型のスケジュールコスト関数を用いたものをスケジューリングモデルと称することとする。

4.3 旅行時間変動の価値付けのための行動モデル

本モデルにおいても，共変量を含めることで旅行者間の異質性を考慮することが可能である[42),48)]。また，スケジューリングに関連する限界効用の大小関係については，多くの実証研究[15),24),27),42),48)~52)]において $|\gamma|>|\beta|$ という結果が得られており，遅着の影響の方が早着よりも影響が大きいことが示唆されている。このような早着と遅着に関する不効用の非対称性は，遅着のペナルティ項 θ を導入することでさらに顕著になる。

旅行時間がランダムで確率変数とみなせる場合，スケジューリングアプローチは期待効用最大化問題として表される。式 (4.3) を用いると期待効用は式 (4.4) のように表される。

$$EU = \delta C + \alpha ET + \beta E(SDE) + \gamma E(SDL) + \theta P_L \quad (4.4)$$

ここで $E(\cdot)$ は期待値演算子である。また，P_L は遅着が生じる確率である。

旅行時間変動が一般的な統計分布に従う場合，式 (4.4) に基づく旅行者の期待効用最大化問題を解析的に解くことはできない。Noland and Small[41)] は，旅行時間変動が出発時刻に依存せずに独立で，かつ旅行時間変動が一様分布または指数分布に従う場合に，解析解が得られることを示した。例えば指数分布を仮定した場合，出発時刻 t_h に関して最大化された期待効用は式 (4.5) のように表される[15)]。

$$EU^* = \delta C + \alpha ET + \theta P_L^* + H(\alpha, \beta, \gamma, \theta, b, \Delta)b \quad (4.5)$$

ここで b は旅行時間が従う指数分布の平均（かつ標準偏差）である。$H(\cdot)$ は，出発が単位時間遅れた場合の道路混雑増加率 Δ，ならびに，他のパラメータによって規定される定数である。また，P_L^* は最適遅着確率（optimal probability of being late）と呼ばれ[15)]，ドライバーが最適出発時刻を選択したとしても，旅行時間の変動により遅着する程度（割合）を表す。これは，旅行時間が指数分布に従う場合には式 (4.6) で与えられる。

$$P_L^* = \frac{b(\beta - \alpha \Delta)}{\theta + b(\beta + \gamma)} \quad (4.6)$$

スケジューリングアプローチに基づいた場合の旅行時間変動価値 $VTTV$ は，遅着，早着それぞれに対する限界効用と費用の限界効用の比をとることに

より，式 (4.7) のように2つの異なる値が求められる。

$$VTTV_{SDE} = \frac{\beta}{\delta}, \quad VTTV_{SDL} = \frac{\gamma}{\delta} \qquad (4.7)$$

また，これらの研究の流れの中で，Hall[53]は実効旅行時間（efficient travel time）という概念を提案している。旅行時間の不確実性が高い場合，遅刻を避けるため利用者はセーフティーマージンをとり，出発時刻を早めると考えられる。このようなセーフティーマージンを含んだ旅行時間が実効旅行時間である。旅行時間が正規分布に従う場合，このセーフティーマージンは経路旅行時間の標準偏差に比例し，実効旅行時間 c_{ij} は以下のように表される。

$$c_{ij} = m_{ij} + \eta\, s_{ij} \qquad (4.8)$$

ここで，c_{ij} は OD ペア i の経路 j の実効旅行時間，m_{ij} は OD ペア i の経路 j の旅行時間の平均，s_{ij} は OD ペア i の経路 j の旅行時間の標準偏差，η はセーフティーマージン（あるいはリスク態度）に関するパラメータである。なお，η は旅行時間信頼性の価値を表していると解釈することもでき，その価値が高ければ η は大きくなり，逆にその価値が低ければ小さくなる。

4.3.3 旅行時間変動価値の推計例

既往研究における旅行時間変動価値 $VTTV$ の推計値を**表 4.1** に要約して示す。先述のとおり，国レベルでの旅行時間変動の価値付けについては，現在のところスウェーデン，ノルウェー，オランダで検討がなされているが，国のガイドラインとして掲載される確定値はまだ定まっていない。表 4.1 に示す実証的知見は，ある特定道路や交通機関，地域等における小規模な調査を通じて推定されたものである。

既存研究では，紹介した二つのアプローチを個別に用いたり，あるいは統合的に適用することによって $VTTV$ を推計している。ここで各貨幣価値は，調査実施年の各通貨の為替レートを用いて日本円に換算している。研究のほとんどが SP データを用いており，$VTTV$ や信頼性比 RR の推計値が研究間で大きくばらついていることが確認される。推計手法やデータ等の確立が困難であ

表 4.1 既住研究における旅行時間変動価値の推計結果

出典	国, モード, データ	行動モデル	旅行時間変動価値 $VTTV$	信頼性比
Asensio and Matas[51]	スペイン, 自動車, SP	スケジューリング	早着：16.4円/分 遅着：80.2円/分	
Bates[54]	英, 鉄道, SP	スケジューリング	早着：134円/分 遅着：272円/分	
Batley[55]	英, 鉄道, SP	平均-分散, スケジューリング同時考慮		業務/通勤：1.35〜2.71 私的：2.48〜3.28
Bhat and Sardesai[28]	米, 多モード, SP/RP	平均-分散	フレックス勤務：5.4円/分 固定勤務時間：9.8円/分	0.27〜0.50
Black and Towriss[23]	英, 全機関, SP	平均-分散		自動車通勤者：0.70 全通勤者：0.55
Hensher[56]	ニュージーランド, 車, SP	平均-分散	7.3円/分	0.57
Hollander[57], Hollander[27]	英, バス, SP	スケジューリング	早着：11円/分 遅着：31円/分	
Lam and Small[17]	米, 自動車, SP	平均-分散	男性：26〜33円/分 女性：60〜76円/分	
Noland et al.[49]	米, 自動車, SP	平均-分散, スケジューリング分離推定		1.27
Rietveld et al.[58]	オランダ, 全機関, SP	15分の運延が生じる確率を説明変数として利用	確率50%：21円/分	
Small et al.[48]	米, 自動車, SP	平均-分散, スケジューリング分離推定	18〜27円/分 5分の早着：3〜3.6円/分 10分の早着：8.6〜9円/分 15分の早着：14.3円/分 遅着：26〜40.3円/分	
Small et al.[20]	米, 自動車, SP/RP	平均-分散,（RPデータでは信頼性を50番目と90番目の値の差で示し，SPデータでは信頼性を少なくとも10分遅れる確率とする）	RP：45〜57円/分（中央値） 61〜66円/分（四分位範囲） SP：12〜13円/分（中央値） 15〜18円/分（四分位範囲）	
Transek[59]	スウェーデン, 自動車, SP	平均-分散		0.96
高橋・福田[60]	日本, 自動車, SP	平均-分散		1.68〜3.08

ることを示唆する結果であると考えられる。

　また，旅行時間変動価値は，選択の"文脈"に大きく依存することが示唆されている。例えばKoster et al.[61]では，空港アクセス交通における旅行時間信頼性価値の推計を，スケジューリングモデルとSP調査を行っている。アクセス交通における旅行時間変動TTVに起因する費用は，業務目的旅客でコスト全体の0～30％である一方，非業務目的旅客で0～25％であり，それらが有意に異なると結論付けている。さらに，旅行時間変動価値は，出発時間帯に応じて変化することも指摘されている。

　いくつかの実証研究では，スケジューリングアプローチと平均-分散アプローチの比較を行っている。例えばSmall et al.[48]では，カリフォルニア州道91号線で得られた自動車利用者のSPデータに計量経済学的手法を適用し，$E(SDE)$や$E(SDL)$などのスケジューリング変数と旅行時間の標準偏差との間に共変関係があることを見出している。これは，スケジューリング変数が旅行時間の不確実性に対するドライバーの回避傾向（標準偏差など）によって近似的に説明できることを示唆する結果である。同様の知見は，Hollander[27]によるヨークでのバス利用者に対するSPデータの分析結果や，Noland et al.[49]によるロサンゼルスで収集されたSPデータの分析結果においても得られている。

　Hollander[27]は，モデルにおける旅行時間の標準偏差の項は，スケジューリング変数が含まれないときは統計的に有意であったが，スケジューリング変数が加えられると，多重共線性により統計的有意性が低下したと結論付けている。またNoland et al.[49]は，不確実性の効果は，プランニングコストとしてモデルに導入するよりも，スケジューリング変数として導入した方が説明力が向上すると述べている。

　日本においても山下・黒田[29]が，遅刻回避型効用関数と平均-分散型効用関数との近似の可能性について，類似した考察を行っている。この研究では，平均-分散アプローチの方が旅行時間価値を過大評価し，旅行時間変動価値を過小評価する傾向があることも示唆されている。

一方，近年の Börjesson et al.[62] の研究では，スケジューリングモデルから得られた旅行時間変動価値と平均-分散モデルから得られた旅行時間変動価値の大小比較について，理論的・実証的な観点から検討を行い，スケジューリングモデルに基づく旅行時間変動価値の方が平均-分散モデルに基づくものよりも小さくなる傾向があることが示されている。

Noland and Small[41] の貢献により，スケジューリングアプローチに基づいた行動理論に立脚した厳密なモデル化と，平均-分散アプローチの利点である単純さとが両立できる可能性が示唆されたものの，その融合は完全には達成されておらず，さらなる研究の進展が待たれる。

4.3.4 両アプローチの関連性

Bates et al.[15] ならびに Noland and Polak[24] は，(1) 旅行時間変動がパラメータ b をもつ指数分布で表される，(2) 旅行時間分布が出発時刻から独立である，(3) θ が 0 に等しい，という三つの条件が満足されれば，式 (4.5) が式 (4.9) のように単純化できることを示した。

$$EU^* = \delta C + \alpha ET + \beta \ln\left(\frac{\beta+\gamma}{\beta}\right)b \tag{4.9}$$

ここで b は旅行時間が指数分布に従う場合の標準偏差であることから，最大期待効用が平均旅行時間と標準偏差に関して線形となっていることがわかる。すなわち，ある限定的な条件のもとで，スケジューリングアプローチは平均-分散アプローチに帰着する。

しかし，式 (4.9) を導出するために設けた諸仮定の中でも，想定される指数分布の現実的妥当性については多くの実証研究が疑問を投げかけている。すなわち，想定されている指数分布や一様分布は，現実の旅行時間分布とは大きく乖離している。また先述のとおり，スケジューリングアプローチと平均-分散アプローチの適合度の比較を行っているいくつかの研究[27],[48],[49] では，平均-分散アプローチは旅行時間価値 VTT を過大評価し，旅行時間変動価値 $VTTV$ を過小評価することが示唆されている。

以上より，スケジューリングアプローチは平均-分散アプローチよりも多くの優れた特性を有していると考えられる。しかし，スケジューリングアプローチの実適用に当たっては，各ドライバーの希望到着時刻 PAT に関する情報の収集が必要であり，一般的にこの作業は容易ではない。また統計分布の形状や出発時刻への非依存性の仮定についても，先述のとおり現実の旅行時間分布とは大きな乖離がみられる。なお，スケジューリングアプローチでは，$VTTV$ として $E(SDE)$, $E(SDL)$ それぞれの限界価値（式 (4.7)）が求まる。すなわち，$VTTV$ に相当する複数の限界価値を併用しなければならなくなる。

このような理由から，$VTTV$ 推計の実務におけるスケジューリングアプローチの適用例は少なく，多少の理論的厳密さを欠いても，分析の容易さやわかりやすさを優先して，平均-分散アプローチが多く用いられている状況にある。

4.3.5 統合アプローチ

平均-分散アプローチは，標準偏差等の旅行時間変動尺度を効用関数の引数として含んでおり，実適用は容易であるが厳密な理論的背景をもたないという特徴をもっている。一方スケジューリングアプローチは，早着するか遅着するかで効用を規定しており，利用者行動に立脚したより厳密なモデル化を行っているものの，データ収集の困難さや旅行時間分布の仮定の妥当性に対する疑問から，実用が困難となっている。すなわち，旅行時間変動の経済評価に向けては，両アプローチの相互補完が必要となる。

この問題意識に基づき，Fosgerau and Karlström[63] ならびに Fosgerau and Fukuda[11] は，「統合アプローチ」という新たなモデルの提案を近年行った。これは Noland and Small[41] のアプローチを発展させたもので，スケジューリング・アプローチ型の効用関数から定式化を開始し，任意の旅行時間分布の下での旅行者の最大期待効用が平均-分散モデルの形式に帰着することを示したものである。旅行者の希望到着時刻 PAT は明示的には現れず，さらにシンプルな平均-分散型の定式化であることから，実適用も比較的容易となっている。

4.3.6 混雑時の移動時間価値と時間信頼性価値

道路の混雑による移動時間価値の明示的な変化を表現した行動モデルも存在し，そこでは期待効用関数を用いたアプローチが採られている．期待効用モデルは経済学等で標準的に用いられているモデルであり，旅行時間の非線形な効用関数を仮定し，変動する旅行時間の期待効用を用いるモデルである．交通の分野でも Senna[16] などがそのモデルを用いてパラメータ推定を行っている．期待効用は式 (4.10) で表される．

$$E[u(T)] = \int_0^{+\infty} u(\omega) f_T(\omega) d\omega \tag{4.10}$$

ここで，$u(\cdot)$ は効用関数，T は旅行時間の確率変数，$f_T(\cdot)$ は旅行時間 T の確率密度関数，$E[\cdot]$ は期待値演算子である．

期待効用モデルは，限界効用が時間の長短にかかわらず一定ではなく，それが変化することによって時間信頼性の価値を表現する．この単位旅行時間の効用（限界効用）の変化は，交通混雑の度合いによって時間価値が変化する状況として捉えることができる．単位距離当たりの旅行時間の長短によって時間価値が変化することで時間信頼性が計算することができる概略を，図 4.2 によって説明することができる．

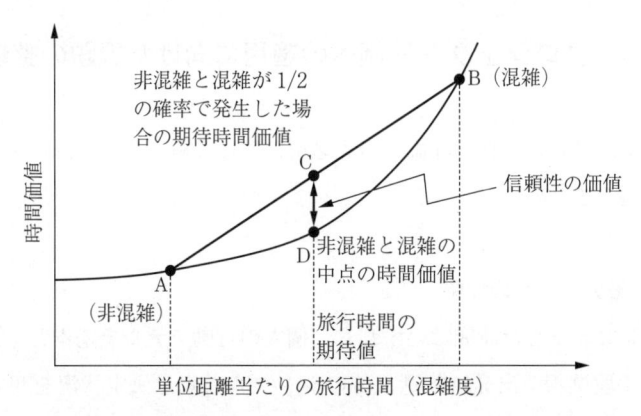

図 4.2 最適遅着確率・最適ヘッドスタート・H 定数の関係

混雑と非混雑の2つの状態のみが生起すると仮定しよう．図4.2にある非混雑と混雑の2つの点（点Aと点B）がその状態を表す．旅行時間が変動する場合は，この混雑と非混雑がそれぞれ1/2の確率で生起する．一方，旅行時間が変動しない確定的な状態では，混雑と非混雑のちょうど中間の状態がつねに生起するものとする．

この確定的な状態での時間価値は点Dとして表される．一方，旅行時間が混雑と非混雑の2つの状態で変動する場合の時間価値は点Aと点Bの中点の点Cとなる．この点Cと点Dの高さの違いが，旅行時間の変動に対する金銭的価値とみなされる．

Calfee and Winston[64]は，米国で行ったSP調査を用いて時間価値の推定を行い，混雑時の時間価値は非混雑時の約3倍であることを報告している．Hensher[65]はSP調査による時間価値の研究を行い，最も適合性の高いモデル（尤度が大きいモデル）では，混雑時（速度低下時）の時間価値は通常時の2.47倍，超混雑時（進んだり，止まったりを繰り返す状態）では5.82倍の時間価値が得られている．Wardman[66]やSmall et al.[48]も混雑時は時間価値が増加することを指摘している．また，Steimetz[67]は交通密度の価値を推定し，交通密度が減少することに価値があることを報告している．以上のように，混雑により時間価値が増加することが明らかになりつつある．

4.4 プロジェクト評価への適用に向けた課題の整理

本節では，プロジェクト評価への実適用に向けて解決すべき課題を整理し，今後の展望をまとめる．

4.4.1 モデリングの拡張

本章でレビューした研究はいずれも，個人の行動モデルを基本とした経路選択，交通手段選択，出発時刻選択等のシンプルな意思決定状況を想定している．実際の旅行者の行動に照らし合わせると，時刻と経路の同時選択等，複合

的選択の場面を扱う方がより現実的である（例えば飯田ら[68]）。また，混雑下における出発時刻に関するボトルネック均衡[43]を考慮したモデルの構築等も必要となる．

例えばFosgerau[69]は，道路容量のランダム性を仮定したArnott et al.[70]のボトルネック均衡モデルを拡張し，道路容量変動ならびに需要変動の社会的限界費用を導出している．また，日々の行動という動的側面を考慮すると，旅行時間が変動する状況における学習プロセス[71),72)]が旅行時間変動の価値付けに及ぼす影響についても，分析を行う必要がある．

4.4.2 一般ネットワーク上における旅行時間分布特性

分析の範囲をネットワークレベルに拡大した場合に大きな課題となるのが，旅行時間分布の取り扱いである．感知器やプローブ観測技術等の進展とデータの蓄積により，旅行時間分布の推計が容易に行えるようになったものの，通常，旅行時間分布はリンク単位での推計にとどまっており，経路レベルやODレベルでの旅行時間信頼性推計は依然として難しい[†]。

一般に，リンクごとの旅行時間の標準偏差を足し合わせて経路全体の旅行時間の標準偏差とみなすことはできない．加法性を有する正規分布等の統計分布族の適用[74)]も考えられるが，旅行時間分布の経験的特性（例えば左右非対称，右裾が長い等）を十分再現できるようなものではない．このように，リンクレベル→経路レベル→ODレベル→ネットワークレベルでの旅行時間変動の分析へと拡張するにつれて，"変動尺度の非加法性"が実用上の大きなハードルとなる．

したがって，旅行時間分布をなんらかのパラメトリックな統計分布によって表現することを考える場合には，その経験的特性を適切に記述し，かつ集計化のために好ましい統計学的性質を有していることが望ましい．これに関して

[†] 例えば沖原[73)]は，東京圏で3年間にわたって観測されたタクシープローブのデータを用いた分析を行い，ODレベルでの旅行時間変動を十分な精度で把握することが困難であることを指摘している．

Fosgerau and Fukuda[11]では，加法性を有した"安定分布（stable distribution）"という統計分布族の適用可能性を示唆しており，さらなる事例分析を通じて，これが"stylized fact"として確立されれば，トリップ単位での旅行時間変動価値推計の作業が実務的にも容易になると期待される．

4.4.3 旅行時間変動の予測手法の開発

交通施策の実施に伴う旅行時間変動の将来変化を予測するためには，旅行時間の日変動や時刻別変動の予測モデル構築が必要である．既往研究の多くでは，被説明変数に標準偏差や変動係数のような旅行時間信頼性指標を，また説明変数には，道路性能，環境条件，平均旅行時間等を用いた経験式の適用にとどまっている．例えばEliasson[13]は，ストックホルムの都市内道路のデータを用いて非線形の予測モデルを構築している．またイギリスのDepartment for Transport[75]では，指数関数型のモデルによる予測式の特定化も行われている[76]．国内においては，福田らによる都市間高速道路[77]，ならびに一般幹線道路[78]における旅行時間信頼性の将来予測式の構築事例がある．

これらは旅行時間変動の供給関数と呼ぶべきものに最も近いモデルではあるものの，現時点において定式化はアドホックなものにとどまっており，安定性や移転可能性なども検証されていない．その意味でも，旅行時間変動の予測手法は今後さらなる検討がなされるべき重要な課題の一つである†．

なお，このトピックに関連して，単一道路リンクにおける旅行時間の標準偏差と平均に関しては，多くの実証研究[8),11),55),63),81),82)]において図4.3のようなループ関係（出発時刻順にプロットすると，反時計回りのループになる）が，おおむね共通に観察されている．同様の現象は，道路交通に限らず都市鉄道の遅延においても確認されている（図4.4）．

そのダイナミクスをみると，まず，交通量が多くなるにつれて平均旅行時間

---

† 諸外国において旅行時間信頼性の将来予測がどのようになされているのかについては，国土交通省道路局・株式会社公共計画研究所[79]，国土交通省道路局・株式会社三菱総合研究所[80]が詳しい．

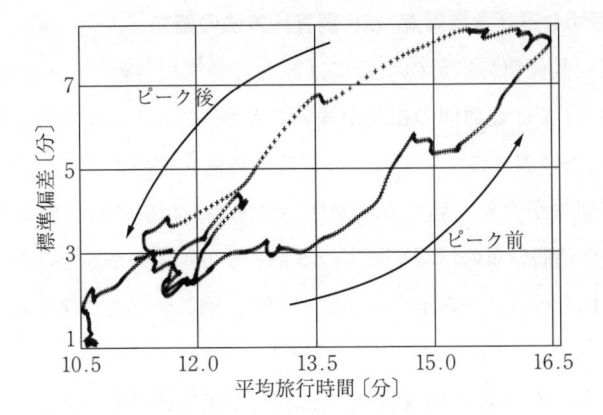

4.4 プロジェクト評価への適用に向けた課題の整理

図 4.3 延長約 15 km の都市内高速道路における平均旅行時間と標準偏差の関係[81]

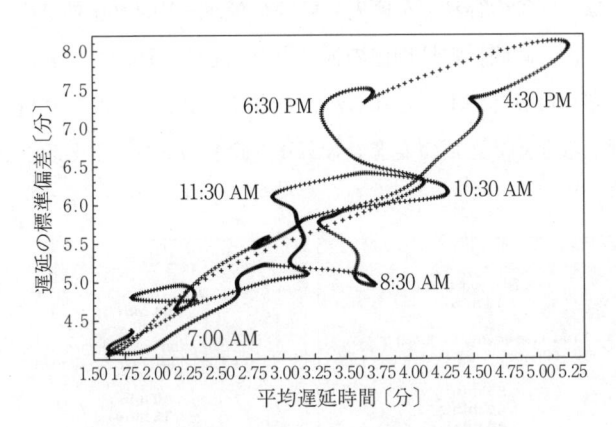

図 4.4 都市鉄道における平均遅延時間と遅延の標準偏差の関係[8]

のピークがまず現れる。その後，平均旅行時間は徐々に低下していく一方で遅れて標準偏差のピークが現れている。

Fosgerau[83]は，待ち行列理論とイェンセンの不等式を用いて，この現象が生じるメカニズムを理論的に説明した．平均旅行時間は標準偏差に比べて計測や予測が容易であり，これらの間に明確な関係を規定できれば，平均旅行時間から標準偏差を予測できるようになると期待される．

4.4.4 適切な選好意識調査（SP調査）方法の確立

旅行時間変動価値の推計のためには旅行者の選択行動データが必要となるが，RPデータでは変数間の相関が強いことから，SP調査の適用が基本となるであろう。SP調査については，旅行時間変動をどのような形式で提示するかによって回答が大きく異なる可能性が従来から指摘されている[15),84)]。例えば，同じ旅行時間分布の情報を数字の羅列として示すのか，それとも棒グラフなどの視覚化を行ってから示すのかによって，回答が有意に異なることが確認されている[85)]。

例えばオランダでは，プレ調査を入念に行って何種類ものフォーマットをテストし，最終的に図4.5に示すようなシンプルな形式を本調査で採用している。ここでは，回答の容易さを優先してスケジューリング属性は除外されている。このように，時間信頼性価値の推計を企図したSP調査においてはわかりやすさに配慮した設計が求められるが，一方でスケジューリング属性は信頼性価値を推計するうえで必須の要素でもあり，両者のトレード・オフを考慮する必要がある。

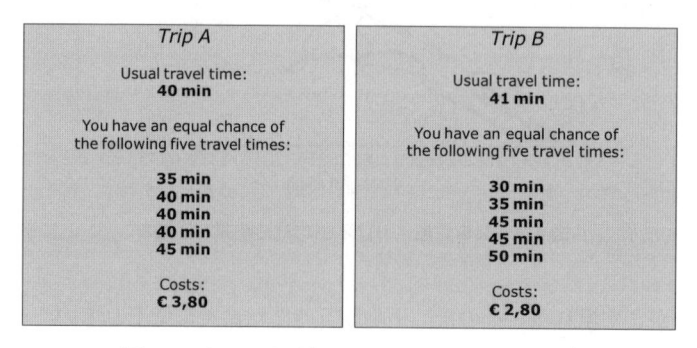

Trip A	Trip B
Usual travel time: **40 min**	Usual travel time: **41 min**
You have an equal chance of the following five travel times:	You have an equal chance of the following five travel times:
35 min **40 min** **40 min** **40 min** **45 min**	**30 min** **35 min** **45 min** **45 min** **50 min**
Costs: **€ 3,80**	Costs: **€ 2,80**

図4.5 オランダで採用されたSPフォーマット[34)]

また，Devarasetty et al.[86)] は，HOTやHOVのような「管理レーン（managed lane）」の導入による時間節約・信頼性向上価値の推計を，図4.6のようなSPフォーマットを用いて行っている。SP調査の適用についての最新のレビューはLi et al.[87)] が詳しい。

なお，旅行時間変動に対する旅行者の選好を平均–分散アプローチの枠組み

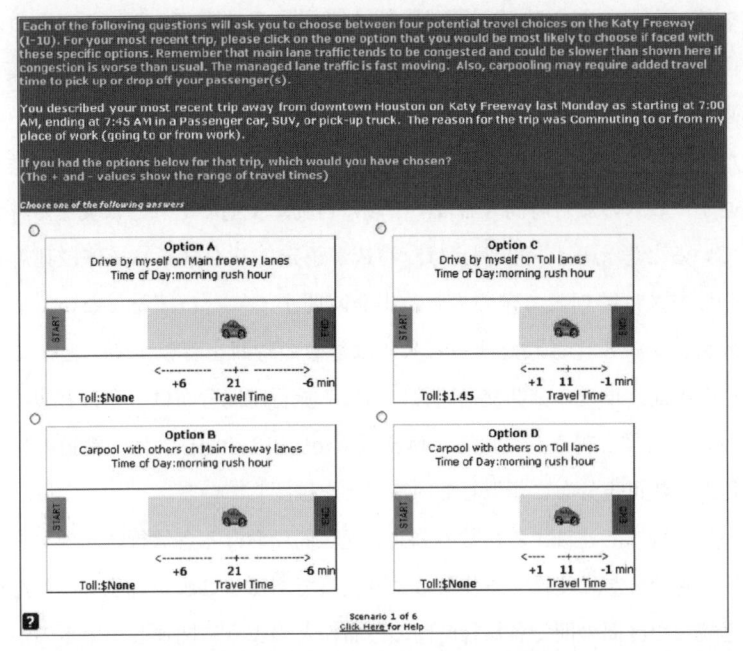

4.4 プロジェクト評価への適用に向けた課題の整理

図 4.6 視覚的な SP フォーマットの例[86]

で推計する場合には，必然的に不確実性下での意思決定を取り扱うことになる。そのため，プロスペクト理論に代表される利得と損失との間での評価の非対称性等も，推計結果に影響を及ぼすと考えられる[88]。その場合，被験者は異なる旅行時間分布の間での選択を指示されることになるが，これは明らかに情報過多で，SP 調査の信頼性の低下をもたらす可能性がある[8]。このような行動経済学的な観点にも配慮した調査設計方法やモデル推計方法の確立が，今後必要となると考えられる。

4.4.5 公共交通における旅行時間変動と利用者行動

鉄道，バス，航空機等の公共交通においても，"遅延"という形で旅行時間変動やサービスの信頼性が問題となる。通常，公共交通機関は時刻表に従ってサービスが提供されるため，サービスの利用間隔（運行頻度）も，旅行者の行動を規定する。すなわち，公共交通では移動に要する時間の変動に加えて，駅

やバス停における待ち時間の影響[15),89)]も考慮する必要がある。このためには"サービス間隔の離散性"を考慮した新たなスケジューリングモデルの構築が，今後必要となる。

また，旅行時間分布に関しても，時刻表（スケジュール）に従って提供される交通サービスの旅行時間分布は，一般に自動車交通のそれとは異なる特性をもっていると考えられる。例えば，バスが予定よりも早くバス停に到着したら，そのバスは時刻表で定められた出発時間まで待たねばならない。すなわち，スケジュール化されたサービスでは早着の時間を蓄積することができない。その半面，単一の公共交通路線における旅行時間分布は，さほど複雑ではないという結果も得られている。例えば Rietveld et al.[59)] は，鉄道の旅行時間変動が対数正規分布に類似していることを確認している。

しかし一般に，連続する複数の公共交通区間における各旅行時間分布を全区間の旅行時間分布に変換する作業はより複雑である。これが可能となるためには，連続した区間の間で各旅行時間の分布がどのように関連しているのかを把握する必要がある。公共交通のトリップチェーンでは，わずかな遅れで乗換ができなくなり大きな遅れにつながるという，さらに複雑な問題を抱えている。すなわち，バスや鉄道の乗り継ぎに失敗する確率や，乗り遅れによる追加的遅延の影響を適切にモデル化することが必要である[59)]。

4.4.6 経済便益推定におけるデータ収集上の課題

新たな交通プロジェクトにおける旅行時間信頼性向上の経済便益を推計するためには，(1) 旅行時間信頼性指標もしくは旅行時間分布の将来予測，ならびに，(2) 旅行時間変動指標の金銭的価値（旅行時間変動価値）の推計，という2つの作業が必須となる。これまでのレビュー結果を踏まえて，旅行時間信頼性指標構築のためデータ収集上の課題を**表 4.2** に整理する。また，旅行時間変動価値推計のためのデータ収集上の課題を**表 4.3** に整理する。

4.4 プロジェクト評価への適用に向けた課題の整理

表 4.2 旅行時間信頼性指標構築のための代表的なデータ収集方法とその特徴

データのタイプ	特徴
トラフィックカウンター	オイラー型交通状態観測方法の代表的なもの．設置地点ごとに，通過車両台数・オキュパンシー・スポット速度等を時系列で入手することができる．ただし設置地点間の旅行時間については，タイムスライス法等によって推定することで算出する必要がある．個別の車両を特定することはできず，車両やドライバーに依存した系統的影響を除外することはできない．わが国の都市内高速道路では，非常に高密度で感知器が設置されており，旅行時間信頼性についても高い精度で算出することが可能と思われる．一方，都市間高速道路では設置間隔が長くなることから相対的に旅行時間信頼性指標の精度も低下すると考えられる．
カーナビ搭載車両等から得られる移動軌跡データ	ラグランジュ型交通状態観測方法の代表的なもの．GPS機器等を搭載したプローブカーによって収集される非常に詳細な各車両の情報であり，基本的に個別車両がある区間を走行する際の時刻や位置情報から当該車両の旅行速度やリンク通過時間（旅行時間）等を算出することができる．リンク単位のみならず，経路や起終点レベルでの旅行時間信頼性指標を算出することも原理的には可能である．ただし，プローブデータが充実してきた現在においても，ある旅行者の特定の"トリップ全体"に対する旅行時間変動を十分な精度で把握するために必要なデータ数を確保することは一般に難しい．また，マップマッチング等のデータ処理技術を別途必要とし，旅行時間の推計結果もその処理技術に大きく依存する可能性がある．さらに，地方部におけるプローブカー混入率は依然として低く，旅行時間信頼性指標を高い信頼度で推計することが困難な場合も多々起こり得る．
スマートフォンや携帯電話端末等から得られる移動軌跡データ	GPS機能をもつスマートフォンや携帯電話端末によって得られる移動軌跡に関する記録データ．自動車のみならず，すべての交通機関におけるヒトの移動情報を取り扱うことができる．ただし，トリップの目的や利用手段については，外的条件に基づく推測によって規定しなければばらない．また，カーナビのデータと同様，トリップ単位での旅行時間変動を十分な精度で把握するために必要なデータ数を確保することは一般に難しい．
ETC データ	高速道路において ETC 車載器を搭載した車両のインターチェンジへの流入時刻と流出時刻の差より，インターチェンジ間の旅行時間を流入時刻別に求めることが可能．きわめて大量のデータであり，十分な精度で旅行時間信頼性指標を求めることができるものと期待される．個々の車両の系統的特徴を捉えることも可能である．ただし，途中の高速道路サービスエリア等における立ち寄り行動等を把握することは一般的に難しい．また，一部のフリーフローアンテナ設置区間等を除いて，当該インターチェンジ間に代替経路が存在する場合にどの経路を実際に選択したのかを判別することが難しい．

表 4.3 旅行時間変動価値推計のための代表的なデータ収集方法とその特徴

データのタイプ	特徴
選好表明データ（SPデータ）	旅行時間が変動する仮想的な状況を被験者に提示し，複数のプロファイル間で比較を行わせて選択データ，順序付けデータ，評点データ等のSPデータを取得する方法．旅行時間，旅行時間変動，費用等に関する設定を完全に統制することが可能であり，旅行時間・旅行時間変動・費用・スケジューリング属性間のトレードオフ関係を適切に考慮することができる．しかし，選択実験の繰返しにより被験者に飽きが生じる可能性が従来指摘されている．加えて，旅行時間変動に関する選択実験の場合，変動をどのような「形式（フォーマット）」によって被験者に提示するのかによって，推定結果が有意に異なることが指摘されており，調査票の表現には細心の注意を必要とする．
顕示選好データ（RPデータ）	個々のドライバー等の実際の交通行動に基づいて作成したデータ．スケジューリングモデルの場合にはドライバーの実際の出発時刻と希望到着時刻の情報を原則として必要とする．ただし，各旅行者の旅行時間変動の説明変数をどのように設定するのかを検討することが難しい．そのため，実際の行動データに加えて観測旅行時間データを併用することが必須となる．例えば，Small et al.（2005）ではRPデータを用いた経路選択モデル（HOVレーンv.s.ノーマルレーン）が構築されているが，旅行時間変動属性については，実際に当該道路を日々繰り返して走行した実験車両から得られた旅行時間データを用い，分位点回帰によって流入時刻別の旅行時間95パーセンタイル値を推定し，当該ドライバーの流入時刻とマッチングさせることにより，経路選択モデル推定用の旅行時間信頼性指標を利用者ごとに作成している．
移動軌跡データ	プローブ車両やスマートフォンより得られた移動軌跡データを出発時刻選択や経路選択に関するRPデータと見立てて選択モデルを構築・推定する方法．先述のRPデータの場合と同様，モデル推定用の旅行時間信頼性指標を利用者毎に設定することが難しい．小規模な実験としての検討例（Carrion and Levinson（2013）など）が報告されているにとどまっている．
トラフィックカウンターデータ	トラフィックカウンターを用いた長期間の観測データを用い，個々の車両ではなく，交通量に対する「集計モデル」を構築することにより，旅行時間変動価値を求めることができる場合がある．代表的な例として，Liu et al.（2004），Liu et al.（2007）では，一般レーンかHOV（high occupancy vehicle）レーンかの選択場面において，Loop Detectorデータから得られた集計交通量を用いた旅行時間信頼性価値の推計方法を提案している．料金やサービス水準が異なる並走する経路が存在する場合など，適用できる状況は限られているが，実際の集計的な行動データに基づいた推定であり，分析結果に対する信頼性は高いものと期待される．

4.5 時間信頼性向上の費用便益分析に向けて

本章では,旅行時間変動の経済的価値付けに関して,特に行動モデル関連の海外研究を対象として研究動向のレビューを行うとともに,プロジェクト評価への実適用に向けた関連課題の包括的な整理を行った.

レビューにおいては,価値付けのアプローチを平均-分散アプローチとスケジューリングアプローチとに大別して,それぞれのメリット・デメリットを整理した.実務においては考え方が単純で操作性の高い平均-分散アプローチが多用されているものの,そのモデルはミクロ経済学的基礎が十分でないことを指摘した.また,実際の価値推計においても,SP調査において行動経済学的な観点から解決すべき課題が多く残されていることを指摘した.SP調査の難しさは,表4.1に示した推計結果の値のばらつきからも明らかであろう.

一方スケジューリングアプローチは,早着あるいは遅着のような出発時刻選択行動の直接的なアウトカムをモデルの引数として含んでいることから,ミクロ経済学的な行動論の基礎が確立しており,限定的な条件では平均-分散モデルに等価になるという特徴を有している.その一方,実適用においては旅行者の希望到着時刻の正確な情報収集に多大な労力を伴うという短所も併せもつ.

これら両アプローチの相互補完を目指すのが統合アプローチであり,その一般化費用はシンプルな平均-分散型の形状となって希望到着時刻も明示的に現れない.スケジューリング関数の形状が制約されるが,分析プロセス全体を総合的に判断すると,経済学的な厳密さが要求されるプロジェクト評価への適応性が高いと考えられる.

日本の道路事業評価では,利用者便益は3種類(時間短縮,費用節減,交通事故削減)に限定されている(国土交通省[90]).これらの便益は,その規模の大きさや重要度の高さから採り上げられていることは確かだが,その一方で,このように限定的にすることにより,道路事業の社会的効果をごくごく断片的にしか捉えきれていないという批判が存在することも事実である.

その他に考えられ得る経済便益のタイプの中でも，旅行時間変動の便益は，研究の蓄積や推計に必要な交通データの整備が進んでおり，導入が行いやすいものと考えられる。無論，経済便益として厳密に組み込むためには，標準偏差等の変動尺度の将来予測のみならず，旅行時間分布そのものの予測，利用者均衡の考慮，行動経済学的観点を考慮した不確実性下でのスケジューリング選好の計測，および，それらに対応したSP調査方法の確立等が不可欠である。

しかしながら，それらすべての課題が完全に解決されなくとも，十分に筋道の通った理論，データ，分析結果に基づく便益計測に対して幅広くコンセンサスが得られれば，導入は十分可能であると考える。例えば，旅行時間短縮便益に関しても，そのすべての課題が解決されたわけではないが，十分な検討を踏まえたうえで現行の費用対効果分析マニュアルに導入されている。

多くの交通プロジェクトにおいて，旅行時間変動削減の経済便益は無視できないシェアを占めると考えられるため，費用便益分析への導入に向けたコンセンサスの形成，ならびに導入時の限界点の整理等が今後必要になると考えられる。

なお，わが国では，ETCやプローブカー等のデータに加えて，高速道路におけるITS（intelligent transport systems，高度道路交通システム）スポットサービスの本格活用開始や，民間ベースの携帯電話位置情報サービスの広範化など，旅行時間に関するデータベースは近年さらに充実し，ビッグデータ化が着実に進んでいる。そのような情報を適切に活用すれば，実際の事業評価にも適用できるような精度の高い旅行時間信頼性指標をネットワークのレベルで算定できるようになる。加えて，2000年代中頃より各地の有料道路において精力的に行われてきた料金社会実験に伴う利用者行動の変化を詳細に調べることにより，利用者が定時性の向上にどの程度の経済的価値を見出しているのかについても，高い信頼度で計測することも十分に可能であると思われる。

このように，時間短縮，移動費用削減，交通事故減少の各便益項目に加え，第4番目の便益計測項目として，移動の定時性の経済便益を導入するために必要となる技術やデータに関する基盤は，十分に整いつつあると考えられる。

謝　辞

　本章の研究の一部は，国土交通省道路局「道路政策の質の向上に資する技術研究開発」(道路の旅行時間信頼性の評価と運用に係る研究開発)，ならびに，文部科学省科学研究費補助金基盤研究Ｂ (研究番号 25289160) の助成を受けて行われた．この場を借りて謝意を表したい．

引用・参考文献

1) 倉内文孝，宇野伸宏，嶋本　寛，山崎浩気：交通ネットワークサービスの信頼性解析に関する研究動向，土木計画学研究・講演集，Vol. 35, CD-ROM (2007)
2) 牧浩太郎，土谷和之，伊藤智彦，由利昌平：諸外国における道路の所要時間信頼性向上に関する評価手法のレビュー，土木計画学研究・講演集，Vol. 39, CD-ROM (2009)
3) 中山晶一朗：ネットワークレベルでの道路交通の信頼性研究の諸相・展望とその便益評価の一考察，土木学会論文集D3, Vol. 67, No. 2, pp. 147～166 (2011a)
4) 中山晶一朗：道路の時間信頼性に関する研究レビュー，土木学会論文集D3, Vol. 67, No. 1, pp. 94～114 (2011b)
5) SACTRA: Transport and the economy: Full report, Technical report, The Standing Advisory Committee for Trunk Road Assessment, Department of Transport, United Kingdom (2006)
6) Eliasson, J.: A cost-benefit analysis of the Stockholm congestion charging system, *Transportation Research Part A: Policy and Practice,* Vol. 43, pp. 468～480 (2009)
7) Kroes, E., Kouwenhoven, M., Duchateau, H., Debrincat, D., and Goldberg, J.: Value of punctuality on suburban trains to and from Paris, *Transportation Research Record,* Vol. 2006, pp. 67～75 (2007)
8) Fosgerau, M., Hjorth, K., Brems, C., and Fukuda, D.: Travel time valiability: definition and valuation, Technical report, Technical University of Denmark (2008)
9) van Lint, J. and van Zuylen, H.: Monitoring and predicting freeway travel time reliability: using width and skew of day-to-day travel time distribution, *Transportation Research Record,* Vol. 1917, pp. 54～62 (2005)
10) van Lint, J., van Zuylen, H., and Tu, H.: Travel time unreliability on freeways: Why measures based on variance tell only half the story, *Transportation*

Research Part A: Policy and Practice, Vol. 42, No. 1, pp. 258〜277 (2008)
11) Fosgerau, M. and Fukuda, D.: Valuing travel time variability: Characteristics of the travel time distribution on an urban road, *Transportation Research Part C: Emerging Technologies*, Vol. 24, pp. 83〜101 (2012)
12) Warffemius, P.: Using the standard deviation of the travel time distribution as an indicator for valuing the reliability of travel time, In *ECTRI Young Researchers Seminar* (2005)
13) Eliasson, J.: Forecasting travel time variability, In *European Transport Conference* (2006)
14) Peer, S., Koopmans, C., and Verhoef, E.: Prediction of travel time variability for cost-benefit analysis, *Transportation Research Part A: Policy and Practice*, Vol. 46, No. 1, pp. 79〜90 (2012)
15) Bates, J., Polak, J., Jones, P., and Cook, A.: The valuation of reliability for personal travel, *Transportation Research Part E: Logistics and Transportation Review*, Vol. 37, No. 2-3, pp. 191〜229 (2001)
16) Senna, L.: The influence of travel time variability on the value of time, *Transportation*, Vol. 21, No. 2, pp. 203〜228 (1994)
17) Lam, T. and Small, K.: The value of time and reliability: measurement from a value pricing experiment, *Transportation Research Part E: Logistics and Transportation Review*, Vol. 37, No. 2-3, pp. 231〜251 (2001)
18) Liu, H., Recker, W., and Chen, A.: Uncovering the contribution of travel time reliability to dynamic route choice using real-time loop data, *Transportation Research Part A: Policy and Practice*, Vol. 38, No. 6, pp. 435〜453 (2004)
19) Liu, H., He, X., and Recker, W.: Estimation of the time-dependency of values of travel time and its reliability from loop detector data, *Transportation Research Part B: Methodological*, Vol. 41, No. 4, pp.448〜461 (2007)
20) Small, K. A., Winston, C., and Yan, J.: Uncovering the distribution of motorists' preferences for travel time and reliability, *Econometrica*, Vol. 73, No. 4, pp. 1367〜1382 (2005)
21) Carrion, C. and Levinson, D.: Valuation of travel time reliability from a GPS-based experimental design, *Transportation Research Part C: Emerging Technologies* (2013)
22) Jackson, W. and Jucker, J.: An empirical study of travel time variability and travel choice behavior, *Transportation Science*, Vol. 16, No. 4, pp. 460〜475 (1981)
23) Black, I. and Towriss, J.: Demand effects of travel time reliability, Technical report, Centre for Logistics and Transportation, Cran-field Institute of Technology, London (1993)

24) Noland, R. and Polak, J.: Travel time variability: a review of theoretical and empirical issues, Transport Reviews, Vol. 22, No. 1, pp. 39~54 (2002)
25) Brownstone, D. and Small, K.: Valuing time and reliability: assessing the evidence from road pricing demonstrations, Transportation Research Part A: Policy and Practice, Vol. 39, No. 4, pp. 279~293 (2005)
26) Nam, D., Park, D., and Khamkongkhun, A.: Estimation of value of travel time reliability, Journal of Advanced Transportation, Vol. 39, No. 1, pp. 39~61 (2005)
27) Hollander, Y.: Direct versus indirect models for the effects of unreliability, Transportation Research Part A: Policy and Practice, Vol.40, No. 9, pp. 699~711 (2006)
28) Bhat, C. and Sardesai, R.: The impact of stop-making and travel time reliability on commute mode choice, Transportation Research Part B: Methodological, Vol. 40, No. 9, pp. 709~730 (2006)
29) 山下智志, 黒田勝彦：交通機関の定時性と遅刻回避型効用関数, 土木学会論文集, No. 536/IV-31, pp. 59~68 (1996)
30) 山下智志：遅刻回避行動における時刻ベースの効用関数, 統計数理, Vol. 45, No. 1, pp. 89~105 (1997)
31) Börjesson, M. and Eliasson, J.: Train passengers' valuation of travel time unreliability, In European Transport Conference (2008)
32) Börjesson, M.: Modelling the preference for scheduled and unexpected delays, Journal of Choice Modelling, Vol. 2, No. 1, pp. 29~50 (2009)
33) Börjesson, M. and Eliasson, J.: On the use of "average delay" as a measure of train reliability, Transportation Research Part A: Policy and Practice, Vol. 45, No. 3, pp. 171~184 (2011)
34) Warffemius, P.: Preliminary results of the Dutch valuation study, In International Meeting on Value of Travel Time Reliability and Cost-Benefit Analysis (2009)
35) Samstad, H.: Norwegian valuation studies 2008-2010, In International Meeting on Value of Travel Time Reliability and Cost-Benefit Analysis (2009)
36) Transek: Restidsosäkerhet och förseningar i vägtrak-effektsamband för samhällsekonomiska beräkningar, Transek AB for Vägverket (2006)
37) de Jong, G., Tseng, Y., Kouwenhoven, M., Verhoef, E., and Bates, J.: The value of travel time and travel time reliability-survey design final report, Technical report, Significance (2007)
38) de Jong, G., Kouwenhoven, M., Kroes, E., Rietveld, P., and Warffemius, P.: Preliminary monetary values for the reliability of travel times in freight transport, European Journal of Transport and Infrastructure Research, Vol. 2, pp. 83~99 (2009)
39) Becker, G.: A theory of the allocation of time, Economic Journal, Vol. 75, No. 299,

pp. 493~517 (1965)
40) DeSerpa, A.: A theory of the economics of time, *Economic Journal*, Vol. 81, No. 324, pp. 828~846 (1971)
41) Noland, R. and Small, K.: Travel-time uncertainty, departure time choice, and the cost of morning commutes, *Transportation Research Record*, Vol. 1493, pp. 150~158 (1995)
42) Small, K.: The scheduling of consumer activities: work trips, *American Economic Review*, Vol. 72, No. 3, pp. 467~479 (1982)
43) Vickrey, W.: Congestion theory and transport investment, *American Economic Review*, Vol. 59, pp. 251~261 (1969)
44) Vickrey, W.: Pricing, metering, and efficiently using urban transportation facilities, *Highway Research Record*, Vol. 476, pp. 36~48 (1973)
45) Gaver, D. P.: Headstart strategies for combating congestion, *Transportation Science*, Vol. 2, No. 2, pp. 172~181 (1968)
46) Abkowitz, M.: An analysis of the commuter departure time decision, *Transportation*, Vol. 10, pp. 283~297 (1981)
47) Hendrickson, C. and Plank, E.: The flexibility of departure times for work trips, *Transportation Research Part A: General*, Vol. 18, No. 1, pp. 25~36 (1984)
48) Small, K., Noland, R., Chu, X., and Lewis, D.: Valuation of traveltime savings and predictability in congested conditions for highway user-cost estimation, Technical Report 431, National Cooperative Research Highway Program (1999)
49) Noland, R., Small, K., Koskenoja, P., and Chu, X.: Simulating travel reliability, *Regional Science and Urban Economics*, Vol. 28, No. 5, pp. 535~564 (1998)
50) van Amelsfort, I. and Bliemer, M.: Valuation of uncertainty in travel time and arrival time: Some findings from a choice experiment, *ERSA conference papers* (2005)
51) Asensio, J. and Matas, A.: Commuters' valuation of travel time variability, *Transportation Research Part E: Logistics and Transportation Review*, Vol. 44, No. 6, pp. 1074~1085 (2008)
52) Börjesson, M.: Joint rp-sp data in a mixed logit analysis of trip timing decisions, *Transportation Research Part E: Logistics and Transportation Review*, Vol. 44, No. 6, pp. 1025~1038 (2008)
53) Hall, R.: Travel outcome and performance: The effect of uncertainty on accessibility, *Transportation Research Part B: Methodological*, Vol. 17, No. 4, pp. 275~290 (1983)
54) Bates, J.: Reliability: the missing model variable, In Hensher, D. ed. *Travel Behaviour Research: The Leading Edge*, Oxford, UK, Elsevier Science (2001)
55) Batley, R.: Marginal valuations of travel time and scheduling, and the reliability

premium, *Transportation Research Part E: Logistics and Transportation Review,* Vol. 43, No. 4, pp. 387~408 (2007)
56) Hensher, D. A.: Measurement of the valuation of travel time savings, *Journal of Transport Economics and Policy,* Vol. 35, No. 1, pp. 71~98 (2001a)
57) Hollander, Y.: The attitudes of bus users to travel time variability, In *European Transport Conference* (2005)
58) Rietveld, P., Bruinsma, F., and van Vuuren, D.: Coping with unreliability in public transport chains: a case study for netherlands, *Transportation Research Part A: Policy and Practice,* Vol. 35, No. 6, pp. 539~559 (2001)
59) Transek: Förseningar, restidsosäkerhet och trängsel isamhällsekonomiska kalkyler, Transek AB for SIKA (2002)
60) 高橋 茜, 福田大輔：選好意識調査と統合モデルに基づく旅行時間変動価値の推計の試み, 土木計画学研究・講演集, Vol. 41, CD-ROM (2010)
61) Koster, P., Kroes, E., and Verhoef, E.: Travel time variability and airport accessibility, *Transportation Research Part B: Methodological,* Vol. 45, No. 10, pp. 1545~1559 (2011)
62) Börjesson, M., Eliasson, J., and Franklin, J.: Valuations of travel time variability in scheduling versus mean-variance models, *Transportation Research Part B: Methodological* (2012)
63) Fosgerau, M. and Karlström, A.: The value of reliability, *Transportation Research Part B: Methodological,* Vol. 44, No. 1, pp. 38~49 (2010)
64) Calfee, J. and Winston, C.: The value of automobile travel time: implications for congestion policy, *Journal of Public Economics,* Vol.69, No. 1, pp. 83~102 (1998)
65) Hensher, D. A.: Measurement of the valuation of travel time savings, *Journal of Transport Economics and Policy,* Vol. 35, No. 1, pp. 71~98 (2001b)
66) Wardman, M.: A review of british evidence on time and service quality valuations, *Transportation Research Part E: Logistics and Transportation Review,* Vol. 37, No. 2, pp. 107~128 (2001)
67) Steimetz, S. S.: Defensive driving and the external costs of accidents and travel delays, *Transportation Research Part B: methodological,* Vol. 42, No. 9, pp. 703~724 (2008)
68) 飯田恭敬, 柳沢吉保, 内田 敬：通勤交通の経路選択と出発時刻分布の同時推定法, 土木計画学研究・論文集, No. 9, pp. 93~100 (1991)
69) Fosgerau, M.: Congestion costs in bottleneck equilibrium with stochastic capacity and demand, *MPRA Working Paper* (2008)
70) Arnott, R., de Palma, A., and Lindsey, R.: Information and time-of-usage decisions in the bottleneck model with stochastic capacity and demand, *European Economic Review,* Vol. 43, pp. 525~548 (1999)

71) Avineri, E. and Prashker, J.: Sensitivity to travel time variability: travelers' learning perspective, *Transportation Research Part C: Emerging Technologies*, Vol. 13, No. 2, pp. 157～183 (2005)
72) Ettema, D. and Timmermans, H.: Costs of travel time uncertainty and benefits of travel time information: Conceptual model and numerical examples, *Transportation Research Part C: Emerging Technologies*, Vol. 14, No. 5, pp. 335～350 (2006)
73) 沖原敦司：所要時間変動を考慮した貨物車の時間信頼性価値の試算, 修士論文, 筑波大学大学院システム情報工学研究科 (2009)
74) 飯田恭敬：交通計画のための新パラダイム―交通ネットワーク信頼性と OD 交通量逆推定, 技術書院 (2008)
75) Department for Transport: The reliability sub-objective. tag unit 3.5.7. web tag guidance note, Technical report, Department for Transport, London (2009)
76) 牧浩太郎, 土谷和之, 伊藤智彦, 由利昌平：英国の道路事業評価における所要時間信頼性に関する便益計測手法, 交通工学, Vol. 45, No. 2, pp. 49～52 (2010)
77) 伊藤愛実, 福田大輔：ETC データを用いた旅行時間信頼性の予測方法に関する研究, 土木計画学研究・講演集, Vol. 45, CD-ROM (2012)
78) 谷下雅義, 横山将大, 福田大輔：プローブデータを用いた旅行時間信頼性の規定要因, 土木計画学研究・講演集, Vol. 45, CD-ROM (2012)
79) 国土交通省道路局・株式会社公共計画研究所：道路整備による信頼性向上効果の計測に関する業務報告書 (2010a)
80) 国土交通省道路局・株式会社三菱総合研究所：道路整備による時間短縮効果等の評価方法の精度向上に関する検討業務報告書 (2010b)
81) 福田大輔, 松本治之, 市村 強：トリップスケジューリングモデルに基づく所要時間信頼性の経済評価, 土木計画学研究・講演集, Vol. 39, CD-ROM (2009)
82) Franklin, J. and Karlström, A.: Travel time reliability for stockholm roadways: Modeling the mean lateness factor, *Transportation Research Record: Journal of the Transportation Research Board*, Vol. 2134, No. -1, pp. 106～113 (2009)
83) Fosgerau, M.: On the relation between the mean and variance of delay in dynamic queues with random capacity and demand, *Journal of Economic Dynamics and Control*, Vol. 34, No. 4, pp. 598～603 (2010)
84) 村上岳司, 原田 昇, 太田勝敏：SP 調査における所要時間信頼性の表現形式が選択に与える影響, 土木計画学研究・論文集, Vol. 20, pp. 539～546 (2003)
85) Tseng, Y.-Y., Verhoef, E., de Jong, G., Kouwenhoven, M., and van der Hoorn, T.: A pilot study into the perception of unreliability of travel times using in-depth interviews, *Journal of Choice Modelling*, Vol. 2, No. 1, pp. 8～28 (2009)
86) Devarasetty, P., Burris, M., and S.W., D.: The value of travel time and reliability-evidence from a stated preference survey and actual usage, *Transportation*

Research Part A: *Policy and Practice,* Vol. 46, No. 8, pp. 1227~1240 (2012)
87) Li, Z., Hensher, D., and Rose, J.: Willingness to pay for travel time reliability in passenger transport: A review and some new empirical evidence, *Transportation Research Part E*: *Logistics and Transportation Review,* Vol. 46, No. 3, pp. 384~403 (2010)
88) De Borger, B. and Fosgerau, M.: The trade-off between money and travel time: A test of the theory of reference-dependent preferences, *Journal of Urban Economics,* Vol. 64, pp. 101~115 (2008)
89) Fosgerau, M.: The marginal social cost of headway for a scheduled service, *Transportation Research Part B*: *Methodological,* Vol. 43, No. 8-9, pp. 813~820 (2009)
90) 国土交通省道路局: 費用便益分析マニュアル (2006)

I部 信頼性の考え方とその展開

5

連結信頼性とその評価

　阪神淡路大震災や東日本大震災では，道路やその他の交通ネットワークが寸断され，避難や緊急物資搬送が困難になった。これらの経験から，走行可能な道路がつながっていることの重要性が再認識された。本章では，災害時等で重要となる連結信頼性やそれに関係する道路ネットワークの脆弱性について考察する。

5.1 連結信頼性

　1章でも述べたが，道路の最も基本的なサービスは自動車等での移動を可能とすることである。そのためには，走行可能な状態の道路がつながっている必要がある。連結信頼性は，通常時では当然提供されている非常に基本的な道路サービスの信頼性であるが，災害時などではそれが保たれなくなる。阪神淡路大震災や東日本大震災では，交通ネットワークの寸断により，避難や食料・ガソリン等の緊急物資搬送ができない地域が多く発生し，またサプライチェーンが寸断され，地震による直接的な被害に上乗せされた甚大な追加的な損害が発生した。このような経験から，連結信頼性の重要性が再度認識されている。

　連結信頼性は，出発地（起点）と目的地（終点）とが走行可能な道路（リンク）でつながっていることを対象としている。通常ある2つの地点間（ノード間）にはいくつかの経路（ルート）があるが，狭い意味での連結信頼性は，出発地と目的地が走行可能なリンクで構成された経路が少なくとも1つは存在する確率を扱う。

5.1.1 連結信頼性指標

連結信頼性は，これまで2つの地点間がつながっているノード間信頼度[1]と，リンク自体を対象とするリンク信頼度[1]の，2つの信頼度によって指標化されている。ノード間信頼度はノード間が走行可能な確率であり，リンク信頼度は当該リンクを走行可能な確率である。なお，より広い連結性の定義として，あるサービスレベル以上での走行可能な確率として「連結信頼度」を定義することも可能である。

基本的には，連結信頼度はノード間もしくはリンクに対して定義される。ネットワークレベルで連結信頼性を考える際には，ネットワークのOD（起点・終点）ペア集合がわかっている場合は，全ODペア間で移動可能な確率としてネットワーク信頼度を定義できる。これは構造関数[1]と呼ばれることもある。ODペア集合を特定できない場合，全リンクが同時に走行可能な確率をネットワーク信頼度とすることがある。

以上で述べた連結信頼度が最もよく用いられる連結信頼性指標であるが，その他にも連結信頼性指標はある。連結の度合いはOD間を移動できるかどうかだけでなく，幾通りの経路で移動できるのかということも重要である。ただし，経路間には多くの重複するリンクが含まれる場合もあり，経路数を考える場合，経路間重複を考慮する必要がある。瀬戸ら[2]は，全ODペアに非重複経路が最低N本存在するというN-edge-connected networkの概念[3]を援用し，道路ネットワークの連結性（接続性）の評価を行っている。

このようにノード間を連結する経路数に着目するのと類似の概念として，冗長性がある。複数・多数のリンク途絶に焦点を当て，他の途絶の条件付き連結確率の情報エントロピーとしての冗長性指数などが提案されている[4]。

また，連結する確率とは異なった観点として，アベイラビリティによる信頼性評価も提案されている[5]。ここでのアベイラビリティとは信頼性工学用語としてのアベイラビリティで，"利用可能な時間比率"を意味する。確率ではなく，リンク等が途絶した場合それが復旧するまでの時間を算定し，連結している時間比率に着目する観点である。

Bell・Schmöcker[6]は,最小費用経路を選択した場合にリンク障害に遭遇しない確率としての遭遇信頼度(encountered reliability)を提案している。交通量にかかわらず旅行時間が変化しない(リンク旅行時間が定数となっている)非混雑(uncongested)なネットワークを考える場合,利用者の行動(交通量や旅行時間)を取り扱う必要はない。

連結信頼性は,基本的にはノード間が少なくとも一つの利用可能な経路で結ばれているのか否かというノード間連結を取り扱う。現実的には,あるノード間が連結はしていても,その連結している経路が非現実的なほどに迂回する超長な経路のみの場合,それは実質的には連結しているとはいえないとも考えられる。この観点は,単に連結しているのか否かだけでなく,ある一定のサービスレベルの範囲内で連結しているのか否かを取り扱うというものである。

朝倉ら[7]は,(平常時ネットワークでの最短距離に対して)許容できる迂回限界範囲で OD 間トリップが可能である確率として連結信頼度を定義し,若林ら[8]は,リンクへの需要がリンクの交通容量を超えない確率をリンク信頼度と定義している。これらも連結信頼性の拡張といえるが,交通量が交通容量を超えない等のサービスレベル内で走行できる確率を扱うものであるため,単に連結しているのかどうかだけでなく,あるサービスレベルを確保したうえでの連結性が扱われている。

近年国土交通省等では,弱点度という指標が使われている。災害時に通行不能となるリンク(道路箇所)を設定したうえで,災害時でも通行可能リンクでの旅行時間と通常時の旅行時間の比が弱点度である。道路整備等により災害時通行不能リンクが減少し弱点度が改善するが,その改善の比率は改善度と呼ばれている。

なお,このような連結性にさらに混雑度合いを考慮することは川上[9]などの初期の研究からもみられるが,これを理論的に適切に扱うためには,交通ネットワーク均衡モデルの適用が必要となることに注意が必要である。

ネットワークの連結信頼度の観点から,どのリンクが重要であるのかについても研究がなされている。若林[10]は,(ノード間)連結信頼度 R をリンク a の

(リンク)信頼度 r_a で偏微分した $\partial R/\partial r_a$ を確率重要度と呼んでいる。このように個々のリンクの重要度は、ネットワークの信頼性指標の偏微分として与えることができ、信頼性を考慮したネットワークデザイン問題では、それは重要な働きをする。

5.1.2 信頼度の算出法

小林[11)]および若林・飯田[12)]は、道路ネットワークの信頼度の計算を最小パス法(ミニマル・パス法)および最小カット法(ミニマル・カット法)を用いて行った。最小パス法では、ノード間を結ぶすべてのパス(経路)が同時に通行できなくなることはない確率を求めるものである。また最小カット法とは、あるノードペアに着目し、リンク途絶が発生するとそのノード間の通行ができなくなるカットの集合(カットと呼ばれるネットワークを二分割する直線上リンク集合)を求め、そのすべてのカットの通行ができる確率を求める方法である。これら2つの方法は直感的に理解しやすいものの、どのように最小パスやカットの集合を求めるのかが問題となる。その計算は組合せ的であり、ネットワークが大きくなるにつれて計算量は指数関数的に増大する。

交通工学分野では、これらの近似的な計算法がいくつか発表されている。飯田・若林[13)]は、部分的な最小パス・カット集合を利用し、ブール演算でネットワーク信頼度の上限値と下限値を求める方法(ブール演算法)を提案した。また、飯田ら[14)]は、パスによる近似値とカットによる近似値はそれぞれのパス・カット数に応じて単調に増加する性質を用い、それらの曲線の交点として信頼度を求める交点法を提案している。

若林ら[15)]は、一般・直接的なサンプリングにより信頼度を算出する直接モンテカルロ法と、サンプリング領域を限定することで推定値(推定信頼度)の分散を減少させることができる分散減少モンテカルロ法の、2つの方法の解説を行っている。ブール演算法は数学的根拠があるものの、ネットワークが大きくなるにつれてその上限・下限値を求めることが難しくなるため、大規模なネットワーク計算では交点法やモンテカルロ法の実用性が高いとされ、交点法の

信頼度の計算精度はモンテカルロ法に比べて優れているとはいえないものの，ネットワークの増大に対する計算量の増加は比較的小さく，より実用的であるとされる[16]。

大規模ネットワークの信頼度の計算のために，その近似計算ではなく，ネットワーク自体を簡略化・集約化するアプローチもある[17],[18]。ネットワークを階層化し，連結信頼度を計算することも行われている[19]。また，考慮する経路をあらかじめある定数（nとする）のみと固定し，n番目最短経路探索などでそれらの経路がすべて連結する確率によって計算することも行われている[20]。ネットワークの集約・単純化，階層化，経路選択肢集合は交通均衡分析の一般的な問題でもあり，これまでの交通均衡分析での研究蓄積を用いることも可能である。また，木俣・石橋[21]は，その2つのノードを除去すれば非連結となるノードペアを用いて，ネットワークを分割して，信頼度を効率的に計算する方法を紹介している。

5.2 脆 弱 性

連結信頼性と類似した脆弱性（vulnerability）という概念がある。阪神淡路大震災や東日本大震災により，交通ネットワークが構造上の壊滅的な被害を被ったとともに，その機能上でもさまざまな甚大な影響があったため，交通ネットワークの脆弱性が注目されるようになった。

脆弱性の定義は確立されているとはいえないものの，Taylorら[22]は，D'Este, Taylor[23],[24]などの一連の研究を踏まえ，脆弱性研究が対象とするものとして，疎なネットワークでは非常に小さい確率で生じるが，その影響が非常に大きい事象を取り扱うネットワークの構造上の脆弱さが重要であるとし，特に欠損等が発生すると甚大な影響が出るクリティカルなリンクがどこであるのかが問題となるとしている。また，脆弱なノードとは，少数のリンクが欠損した場合，深刻なアクセシビリティの低下が生じるノード，臨界リンク（クリティカルリンク）とは，欠損した場合，深刻なアクセシビリティの低下を引き

起こすリンクと定義した。Berdica[25]は，脆弱性を道路ネットワークサービスを大幅に低下させる事象に対する感受性（susceptibility）として定義している。

Jeneliusら[26]は重要性（importance）とエクスポジャー（exposure）という概念を導入した。いずれも重要さであるが，重要性は一つのリンクに対してのものであり，エクスポジャーは複数のリンクが損傷することを含めたシナリオに対してのものである。

Lleras-Echeverri, Sanchez-Silva[27]は，脆弱性をネットワークの形だけでなく，アクティビティやマネジメントなど他の側面からも考慮されるとし，アクセシビリティで脆弱性を計測している。アクセシビリティとしては，一般化コストを使っている。Sohn[28]は，人口と距離を用いたアクセシビリティにより，洪水に対する脆弱性の検討を行い，Chang, Nojima[29]およびChang[30]は，単純距離（ネットワークのリンク長の合計），距離のみを使ったアクセシビリティ指標，距離と（災害前の）OD交通量を使ったアクセシビリティ指標の3つにより，災害時の交通計画について考えている。Chenら[31],[32]は，交通行動を非集計モデルで定式化し，そのログサムにより計測している。

以上の既存研究を踏まえると，脆弱性は生起する確率が非常に小さい事象であるものの，発生した場合，甚大な被害・損害が生じることがあるカタストロフ性をも対象としているといえる。このような場合，生起確率を厳密に把握し，それを考慮して期待的な被害・損害を考えることにあまり意味を見い出せない。なぜなら，生起確率が小さい場合のその確率を正確に計測することはきわめて困難で，推定・計測の誤差は数桁単位となることも多々あるからである。

甚大な被害・損害をもたらすカタストロフ的災害等は，生起確率の大小にかかわらずなんらかの対策が必要であると考えられ，逆にそのようなカタストロフ性は期待値の範疇では捉えられないため，確率論の俎上に載せず，交通ネットワークが機能を果たすうえでの「弱さ」のみを対象とする場合，それを脆弱性と呼んでいる。

以上ではこれまでの脆弱性の研究をまとめているが，生起確率を陽に扱った研究は見当たらず，甚大な被害・損害を引き起こす事象が生起した場合のアクセシビリティの低下等を対象としているものが多い。連結信頼性と脆弱性のモデリング上の違いは確率論の俎上にあるのかどうかであろう。

引用・参考文献

1) 飯田恭敬，北村隆一：交通工学，オーム社，東京（2008）
2) 瀬戸裕美子，倉内文孝，宇野伸宏：脆弱性の概念を用いた道路網接続性評価に関する研究，土木計画学研究・講演集，Vol. 37, CD-ROM（2007）
3) Grötschel, M., Monma, C.L. and Stoer, M.: Design of survival networks, Ball, M.O. et al. eds., *Network Models,* Elsevier, Amsterdam, pp. 617〜672（1995）
4) 星谷　勝，山本欣弥：情報エントロピーを用いたシステムの信頼性と冗長性の検討，土木学会論文集，No. 654/I-52, pp. 355〜366（2000）
5) 黒田勝彦，瀬賀康浩，山下智志：都市高速道路ネットワークにおけるアヴェイラビリティについて，土木計画学研究・講演集，No. 11, pp. 267〜274（1988）
6) Bell, M. G. H. and Schmöcker, J. D.: Public Transport Network Reliability: Topological Effects, *Proceedings of the 3rd International Conference on Traffic and Transportation Studies,* pp. 453〜460（2002）
7) 朝倉康夫，柏谷増男，藤原健一郎：交通ネットワークにおける迂回の限界を考慮した OD ペア間信頼度の指標，土木学会論文集，No. 555/IV-34, pp. 41〜49（1997）
8) 若林拓史，飯田恭敬，井上陽一：シミュレーションによる道路網の交通量変動分析とリンク信頼性推定法，土木学会論文集，No. 458/IV-18, pp. 35〜44（1993）
9) 川上英二：道路交通システムの機能上の耐震性の一評価方法，土木学会論文報告集，No. 327, pp. 1〜12（1982）
10) 若林拓史：阪神淡路大震災における道路網連結信頼性と確率重要度による重要区間の評価，土木計画学研究・論文集，No. 13, pp. 391〜400（1996）
11) 小林正美：道路網・ネットワークシステムの信頼度解析法に関する研究，都市計画別冊・学術研究発表会論文集，Vol. 15, pp. 385〜390（1980）
12) 若林拓史，飯田恭敬：交通ネットワーク信頼性解析への信頼性グラフ理論適用の考え方，土木計画学研究・講演集，No. 10, pp. 125〜132（1987）
13) 飯田恭敬，若林拓史：ブール演算を用いた道路網ノード間信頼度の上・下限値の効率的算出法，土木学会論文集，No. 395/IV-9, pp. 75〜84（1988）

14) 飯田恭敬, 若林拓史, 吉木 務：ミニマルパス・カットを用いた道路網信頼度の近似計算法, 交通工学, Vol. 23, No. 4, pp. 3～13（1988）
15) 若林拓史, 飯田恭敬, 福島 博：道路網の信頼性解析に対するモンテカルロ法の適用, 土木計画学研究・講演集, No. 11, pp. 259～266（1988）
16) 若林拓史, 飯田恭敬, 福島 博：道路網信頼性の近似解析方法の比較研究, 土木学会論文集, No. 407/IV-11, pp. 107～116（1989）
17) 高山純一, 大野 隆：連結性能から見た道路網の信頼性評価法, 土木計画学研究・講演集, No. 11, pp. 251～258（1988）
18) 飯田恭敬, 若林拓史, 吉木 務：道路網信頼性解析へのネットワーク集計法の適用, 土木計画学研究・講演集, No. 12, pp. 567～574（1989）
19) 朝倉康夫, 柏谷増男, 藤原健一郎：道路網の機能的階層性と災害時の時間信頼性との関連, 土木学会論文集, No. 583/IV-38, pp. 51～60（1998）
20) 中川真治, 若林拓史, 飯田恭敬：n 番目最短経路を用いた簡便な信頼性解析法, 土木学会第 50 回年次学術講演会, pp. 106～107（1995）
21) 木俣 昇, 石橋 聡：地震時緊急路網のシステム信頼性評価に関する基礎的研究, 土木計画学研究・論文集, No. 6, pp. 145～152（1988）
22) Taylor, M.A.P., Sekhar, S.V.C. and D'Este, G.M.: Application of accessibility based methods for vulnerability analysis of strategic road networks, *Network and Spatial Economics*, Vol. 6, pp. 267～291（2006）
23) D'Este, G.M. and Taylor, M.A.P.: Modelling network vulnerability at the level of the national strategic transport network, *Journal of the Eastern Asia Society for Transportation Studies*, Vol. 4, No. 2, pp. 1～14（2001）
24) D'Este, G.M. and Taylor, M.A.P.: Network vulnerability: an approach to reliability analysis at the level of national strategic transport networks, Bell, M.G.H. & Iida, Y. eds., *The Network Reliability of Transport*, Pergamon, Oxford, U.K., pp. 23～44（2003）
25) Berdica, K.: An introduction to road vulnerability: what has been done, is done and should be done, *Transport Policy*, Vol. 9, pp. 117～127（2002）
26) Jenelius, E., Petersen, T. and Mattsson, L-G.: Importance and exposure in road network vulnerability analysis, *Transportation Research*, Vol. 40A, pp. 537～560（2006）
27) Lleras-Echeverri, G. and Sanchez-Silva, M.: Vulnerability analysis of highway networks, methodology and case study, *Proceedings of the Institution of Civil Engineers, Transport*, Vol. 147, pp. 223～230（2001）
28) Sohn, J.: Evaluating the significance of highway network links under the flood damage: an accessibility approach, *Transportation Research*, Vol. 40A, pp. 491～506（2006）
29) Chang, S.E. and Nojima, N.: Measuring post-disaster transportation system

performance: the 1995 Kobe earthquake in comparative perspective, *Transportation Research*, Vol. 35A, pp. 475~494 (2001)
30) Chang, S.E.: Transportation planning for disasters: an accessibility approach, *Environment and Planning*, Vol. 35A, pp. 1051~1072 (2003)
31) Chen, A, Yang, C., Kongsomsaksakul, S. and Lee, M.: Network-based accessibility measures for vulnerability analysis of degradable transportation networks, *Networks and Spatial Economics*, Vol. 7, pp. 241~256 (2007)
32) Chen, A, Kongsomsaksakul, S., Zhoua, Z., Lee, M. and Recker, W.: Assessing network vulnerability of degradable transportation systems: an accessibility based approach, *Transportation and Traffic Theory*, Allsop, R.E., Bell, M.G.H., Heydecker, B.G. eds., Elsevier, Amsterdam, pp. 235~262 (2007)

I部 信頼性の考え方とその展開

6

ネットワークレベルでの時間変動評価法

　ネットワークレベルでの道路の時間信頼性の評価のためには，ネットワーク上の各リンクの旅行時間分布，もしくは旅行時間の分散などの変動の推定が必要である．本章ではこのような推定のこれまでの研究の整理・レビューを行う．

6.1　ネットワークレベルでの旅行時間変動評価法の分類

　交通は人やモノの移動であり，通常，道路・鉄道・航空路線・船舶路線等のネットワーク上を移動する．特に，道路は密にネットワークが形成されており，道路交通の信頼性の分析では，ネットワーク全体で評価することが不可欠である．5章では，ネットワークの連結に関する信頼性について述べた．道路交通のネットワークレベルのサービスとしては，ネットワークが連結しているかだけでなく，旅行時間の長短等も重要である．局所的な速度低下や特定OD（起・終点）の需要増加などはネットワークを通じて広範囲に影響を及ぼし，時間信頼性もネットワークレベルでの評価が不可避である．
　旅行時間などのデータがあれば，道路や路線の旅行時間の信頼性を取り扱うことができる．しかし道路ネットワークが大規模である場合，ネットワーク全体で旅行時間データを得ることは非常に大きなコストが必要であり，それは現実的ではないことも多々ある．そこで，利用可能な少数のデータを基にネットワーク全体の旅行時間変動を再現するモデルが必要とされる．
　時間信頼性は旅行時間の変動に対するものであり，その評価方法としては，

6. ネットワークレベルでの時間変動評価法

まず旅行時間の変動の確率分布を把握し，それを基に時間信頼性指標を計算し，それを用いて時間信頼性向上便益を算出することが考えられる。道路整備等による時間信頼性向上便益は，通常の費用便益評価と同じように，各利用者の便益を合計することによって得ることが自然である。各利用者はそれぞれのODがあり，その間の旅行時間信頼性が便益となる。それを算定するためには，対象とする道路ネットワークの各リンクの旅行時間の変動を把握し，道路整備の場合なら，その整備によって各リンクの旅行時間変動がどれほど減少したのかを定量的に計算することが必要となる。

本章では，ネットワークレベルでの時間信頼性の便益評価での各リンクの旅行時間分布や変動の推定について，これまでの研究の整理・レビューをし，それらの方法を分類し，その解説を行う。なお，それらを用いた時間信頼性向上便益の算出の部分については7章で述べる。

旅行時間データがネットワーク全体で豊富にある場合，旅行時間分布の把握は容易である。しかし，ネットワークの隅々にわたり旅行時間データが直接得られることは稀であり，それには膨大なコストが必要となることが多い。豊富な旅行時間データが存在しない場合，交通量データを用いることが考えられ，それも利用できない場合は，確率均衡配分やシミュレーションを用いる方法が考えられる。図6.1は，ネットワークレベルでの旅行時間分布の推定方法を分類したものである。

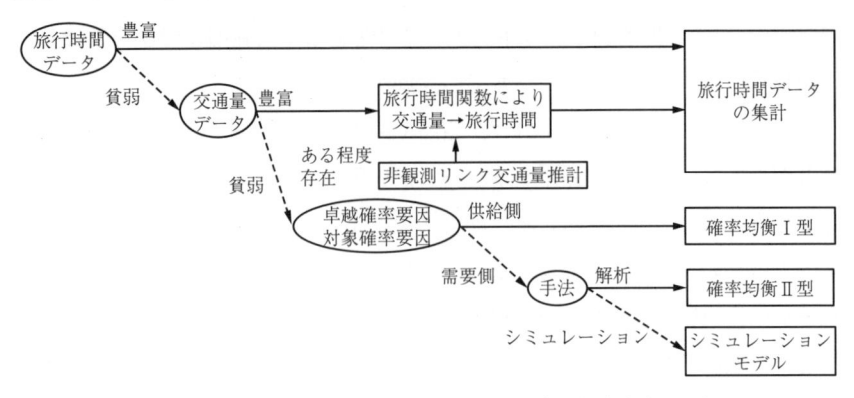

図6.1 ネットワークレベルでの旅行時間分布の推定方法の分類

交通量データがある程度利用可能な場合，観測されたリンク交通量を基に非観測リンクの交通量を推計し，それを用いて旅行時間を算出する方法もある。朝倉ら[1]は，観測リンク交通量から非観測リンクを含むネットワークのリンク交通量を推計するモデルを開発し，それを用いて日々の観測データを用いた交通量の変動を推定し，信頼性分析を行っている。また，高山・飯田[2]や外井・天本[3]などの，他の非観測リンク交通量推定モデルを用いて信頼性分析を行うことができる。非観測交通量推定モデルは，配分モデルに比べて計算コストが小さいことが利点である。

旅行時間データや交通量データからではネットワーク全体の信頼性指標の計算が難しい場合や，より作業量を抑え効率的に計算を行いたい場合，確率均衡モデルやシミュレーションモデルを用いることができる。供給側，つまり交通容量等のリンク特性の計算が難しい原因の場合，例えば駐車車両の有無によるあるリンクの容量低下は（渋滞長がつぎのリンクまで伸びることなどがなければ）他リンクに影響しないなど，リンク間で独立に旅行時間の確率変動を設定することが可能な場合も多い。そのような場合は取り扱いが比較的容易で，既存の確定的均衡配分手法の若干の拡張により対応することができる。したがって，その場合にはシミュレーションを用いることの優位性はそれほど高くないと考えられる。

6.2　確率均衡モデルの確率要因

交通ネットワーク均衡の確率モデル（確率均衡モデル）にはいくつもの種類がある。それらを分類するうえでは，何を確率的に取り扱うのかが重要である。

代表的なネットワーク均衡モデルとして知られる確率的利用者均衡において，確率的に扱われているものが何であるのかは少々複雑である。確率的利用者均衡モデルは，ランダム効用モデルによる経路選択を取り入れたネットワーク均衡モデルである。

ランダム効用モデルによって算出された経路選択確率に比例して「確定的」に経路交通量を配分するのが，確率的利用者均衡モデルである。確率的利用者という名称であるものの，この利用者の経路選択は確率的ではなく，確定的な経路選択として単にランダム効用モデルを用いたのみであるといえる。したがって，確率的利用者均衡モデルでは，経路選択は確定的であるため，経路交通量も確定的であり，リンクや経路の実際の旅行時間（実旅行時間）も確定的となる。ただし，利用者が経路選択する際の知覚・認知旅行時間は確率的であるとみなせる場合がある。

経路選択でのランダム効用 U を $-\theta t + \varepsilon$ とする場合，ε を旅行時間のばらつきとみなすことも不可能ではない。ここで，t は旅行時間，ε はランダム項，θ はパラメータである。しかし，これは知覚・認知旅行時間があくまで確率的であり，配分された交通量による実旅行時間が確率的であるわけではない。また，経路の長さにかかわらずランダム項の分散が変化しない場合，ランダム項が旅行時間のばらつきを表しているという解釈は論理・理論的な問題があり，それは人間の知覚誤差などと解釈されるべきものであろう[4),5),6)]。よって，経路選択でのランダム効用モデルの誤差項を旅行時間分布やそれに類するものとして取り扱うことは，適切ではないといえる。

これまでに，交通量や実旅行時間が確率的に変動するとした交通均衡モデル（確率均衡モデル）が開発されている。ここでは，実際の旅行時間が確率的に扱われている均衡を「確率均衡」と呼ぶことにする。なお，この確率均衡は確率的利用者均衡とは異なるものである。

確率均衡モデルは，交通量の確率的な変動はないものの，天候や駐車車両の有無などが原因で交通容量や自由走行時間が変動し，実旅行時間が確率変動することを扱ったモデルと，交通需要の変化や経路選択の変動により交通量自体が確率変動を行い，それに伴い旅行時間も確率変動するモデルの2つのタイプに分けることができる。本章では，前者を確率均衡Ⅰ型，後者を確率均衡Ⅱ型と呼ぶことにする。

この確率均衡モデルは，確率的利用者均衡とは異なり，実旅行時間は確率変

動するが，定式化やモデルの数理部分は確定的な交通均衡モデルの枠組みを維持している．大枠を壊さず，確定的な交通均衡モデルを旅行時間等が確率変動することを取り扱えるように発展させたものといえ，交通ネットワーク均衡モデルの確率化である．確定的な交通均衡モデルの研究蓄積や経験は膨大であり，これを用いることは実用化の観点からは重要である．

　一方，定式化やモデル化自体を新たな確率的アプローチで行うことも可能である．確率過程，マスター方程式，確率微分方程式など用いて，定式化やモデル化自体までも変え，確率化を行うことである．

　交通均衡モデルの確率化としては，確率的利用者均衡モデルなどへ部分的に確率的な要素を取り入れたモデル，旅行時間が確率的に扱われ，整合的に確率を扱った確率均衡モデル（確率均衡Ⅰ型とⅡ型），定式化・モデル化自体も確率的なアプローチを取り入れたモデルの3段階に分けられよう．

6.3　確率均衡モデル

　確率均衡モデルは，6.2節で述べたように，交通量の確率的な変動はないものの，天候や駐車車両の有無等が原因で交通容量や自由走行時間が変動し，実旅行時間が確率変動することを扱った確率均衡Ⅰ型と，交通需要や経路選択の変動により交通量自体が確率変動を行い，それに伴い旅行時間も確率変動する確率均衡Ⅱ型の2つのタイプに分ける．

　確率均衡Ⅰ型は，個々のリンクになんらかの変動が生じるものであり，通常，リンク間の変動は独立と仮定されている．したがって，個々のリンク旅行時間をある分布に従うとし，その和として経路旅行時間の分布を算出することは比較的容易である．旅行時間を正規分布に従うと仮定すると，その和の分布も正規分布であり，さらに取り扱いが容易になる．

　一方，交通需要や経路選択の変動により交通量自体も確率変動する場合，リンク旅行時間はリンクごとで独立であるとは仮定しにくい．したがって，リンク間の共分散も考慮する必要がある．リンク旅行時間の平均については，個々

のリンク旅行時間の平均を単純に足し合わせるだけで算出可能であるが，分散に関しては共分散が存在するため，一般に個々のリンク旅行時間の分散の和は経路旅行時間の分散にはならない．なお，リンク間の独立が成り立っている場合は算出可能である．

このように，交通量自体も確率変動する場合はリンク旅行時間の共分散を取り扱う必要があり，取り扱いが一段と難しくなる．よって，前述のとおり，確率均衡Ⅰ型とⅡ型に分類し，リンク旅行時間の共分散を考慮するモデルをⅡ型としている．なお，リンク容量の変動と交通量の変動の両方を扱うモデルは交通量の変動に付随し，リンク旅行時間の共分散を扱わざるをえないため，Ⅱ型とする．**表6.1**はこれまでに一般ネットワークに対して定式化された確率均衡モデルである．

表6.1 これまでの確率均衡モデル

分 類	著者等	確率要因	交通量	定式化	経路選択基準	備 考
確率均衡Ⅰ型	Yin & Ieda (2001)	リンク関連	D	相補性	期待効用	
	Lo & Tung (2003)	交通容量	D	相補性	平均旅行時間	
	Yin et al. (2004)	リンク関連	D	相補性	期待効用	動的モデル
	Lo et al. (2006)	交通容量	D	相補性	実効旅行時間	マルチクラス
	Watling (2006)	事故等	D	変分不等式	遅刻ペナルティ	
確率均衡Ⅰ'型	Shao et al. (2006)	交通需要	S	変分不等式	実効旅行時間	マルチクラス
確率均衡Ⅱ型	Watling (2002a)	経路選択	S	不動点	平均旅行時間	
	Watling (2002b)	交通需要,経路選択	S	不動点	平均旅行時間	
	Nakayama & Takayama(2003)	交通需要,経路選択	S	相補性	期待効用	
	中山ら (2004)	経路選択	S	最適化	平均旅行時間	
	中山ら (2006)	交通需要	S	最適化	平均旅行時間	情報提供効果分析
	中山・高山(2006)	交通需要,経路選択	S	相補性・不動点	実効旅行時間	
	Lam et al. (2008)	交通需要,天候	S	不動点	実効旅行時間	
	内田(2009)	交通需要,交通容量	S	相補性	実効旅行時間	プロビットモデル

注）D：確定的，S：確率的

6.3.1 確率均衡Ⅰ型

Yinら[7]は，Yin, Ieda[8]を拡張し，旅行時間が正規分布に従うとした確率均衡の定式化を行っている．ただし，リンク旅行時間変動の原因については特に記載はない．経路選択は，スケジュールモデルを二次近似して得られた期待効用に基づいたものとなっている．また，離散時間でポイントキューを用いた動的モデルの提案も行っている．

Lo, Tung[9]は，交通容量が一様分布に従って確率変動する場合の確率均衡の定式化を行っている．特徴としては，平均旅行時間を基に経路選択を行うものの，旅行時間の信頼性が過度に低い（旅行時間がある基準範囲を超える確率が閾値以上となる）経路を選択しないという経路選択基準を取り入れている．しかし，この信頼性が過度に低い経路を選択しないという行動基準ゆえに，経路集合の制約付き相補性問題として定式化され，計算ステップごとに経路集合が変化し，計算の収束上問題が生じる可能性がある．また，解の存在や一意性の検討もなされていない．

Loら[10]は，Lo, Tung[9]とは別の交通容量が確率変動する場合の確率均衡モデルを提案している．彼らはTravel Time Budgetと呼んでいるが，実質的にはほぼ実効旅行時間（平均旅行時間とセーフティーマージンの和）と同じものに基づいた経路選択となっている．なお，リスク態度に関するマルチクラスも扱っている．

Watling[11]は，遅刻ペナルティを考慮した確率均衡モデルの定式化を行っている．交通量は確定的であるものの，旅行時間は正規分布としている．なお，混合正規分布も取り入れられている．変分不等式問題として定式化を行われ，解の存在とともに経路旅行時間の単調性が仮定されれば解が一意であることを証明している．

Shaoら[12]は，マルチクラスで交通需要の変動を考慮した確率均衡モデルの研究を行った．しかし，交通量はリンク間で独立と仮定され，確率均衡Ⅱ型とは分類できない．ただし，交通需要の変動や経路・リンク交通量の変動を考慮しているため，交通量の変動を取り扱わないⅠ型の亜種とした確率均衡Ⅰ′型

とする。モデルとしては，実効旅行時間を基に経路選択が行われ，変分不等式として定式化されている。解の存在は示されているものの，一意性については触れられていない。

一般ネットワークへの定式化は行われていないが，Mirchandani, Sorough[13] はリンクの走行時間関数として BPR 関数を採用し，その自由走行時間が確率的に変動した場合の確率的利用者均衡について分析を行っている。問題設定等から判断して，一般ネットワークについて定式化可能であり，経路選択の方法によっては解は一意になると思われる。

また，飯田・内田[14] および Uchida, Iida[15] の研究は，実効旅行時間を用いた交通量配分の概念を提案した先駆的なものである。飯田・内田らは，そのような配分をリスク利用者均衡配分 (risk user equilibrium assignment) と呼んでいる。

6.3.2 確率均衡 II 型

リンク交通量が変動する場合，該当リンクの交通量のみが変動するというのは非常に考えにくく，隣接・近隣の交通量も併せて変動するだろう。したがって，交通量変動を扱う場合，リンク間の交通量変動の共分散を考慮する必要がある。同じく経路交通量・OD 交通量の変動を仮定する場合も，リンク交通量の共分散を考慮する必要がある。すでに述べたように，リンク交通量やリンク旅行時間の共分散を考慮する確率均衡モデルは，確率均衡 II 型である。

確率均衡 II 型は，I 型に比べて取り扱いがいっそう難しい点がある。一つはすでに述べたように，経路旅行時間の分散がリンク旅行時間の分散の和とならない点である。これによって，解の一意性の保証されるモデルが非常に限定される。これは，リンクに相互干渉がある均衡モデルの解の一意性は一般には保証されず，共分散の存在はリンクの相互干渉と同様の効果があるためである。数理的には，目的関数のヘシアンや変分不等式・相補性問題のヤコビアンが，正定値行列になりにくいことに起因する。

さまざまな要因を取り入れモデルを複雑にすることは可能であるが，解が一

意なモデルとしてどこまで確率要因を取り入れることができるのか,また,非常に強い仮定を設けずに定式化やその数理特性を解明できるのかが,確率均衡Ⅱ型の研究のポイントであると思われる.

Watling[5]は,確率的利用者均衡を,経路選択確率のとおりに確率的に交通量を配分するモデルに発展させている.離散選択モデルから算出される経路選択確率どおりに確率的に経路選択が行われる場合,経路交通量は多項分布に従う.経路交通量が多項分布に従う場合の確率均衡の定式化を厳密に行っているため,リンク旅行時間の共分散も考慮されている.ただしこのモデルは,一つの OD ペアのみのネットワークでは解の一意性が保証されているが,それ以外の一般的なネットワークでは一意性が保証されないという問題をもつ.そのため,解の存在範囲を解析的に導出している.

中山ら[6]は,経路選択が確率的に行われる場合,大規模ネットワークでは経路交通量がポアソン近似できることに着目し,Watling[5]のモデルを発展させた解が一意なモデルを提案している.特徴としては,最適化問題として定式化している点である.

さらに,中山ら[16]は,交通需要が正規分布に従って変動していると仮定し,リンク・経路交通量が正規分布に従う確率均衡モデルの研究を行っている.(1)交通需要が独立で,分散がその平均のある定数倍であり,(2) 経路選択が平均旅行時間に基づいて行われると仮定しているため,最適化問題として定式化できている.

交通需要の分散がその平均のある定数倍であるという仮定は限定的であり,確率構造の設定の自由は低いが,最適化問題として定式化されており,その定式化はワードロップ均衡とほぼ同様の形であるため,実用的にも十分適用可能な点が特徴である.また,緊急車両への情報提供の効果分析へ拡張し,「金沢ネットワーク」での評価を行っている.

Watling[17]およびNakayama, Takayama[18]は,仮想リンクを導入することにより,確率的な経路選択のみで交通需要の確率変動も扱っている.潜在需要を固定し,仮想リンクを選択した利用者はトリップを行わない利用者とな

る。ただし、このような設定では、交通需要は二項分布に従うため、二項分布の分散はその平均値よりも大きくはできないため、交通需要の分散を自由に設定することができない。

中山・高山[19]は、この問題点を解消した交通需要・経路選択の両方の確率変動を考慮した確率均衡モデルを提案している。なお、このモデルでは、確率構造の自由度は大きく、理論的にも精緻であるものの、最適化問題ではなく、不動点問題として定式化されている。

Lamら[20]は、天候の不確実性を考慮した確率均衡モデルを構築している。天気予報により、事前にある程度の情報があり、ある程度の予測が可能であるため、ベイズ推論により、天気予報の情報を獲得した後の事後確率を用いて確率配分を行っている。天候のうち降雨を対象とし、降雨の程度により旅行時間関数（BPR関数）の補正も行っている。モデルの基本構造は前出のShaoらと同じであるが、リンク間独立の緩和と天候要因導入が発展した点である。

内田[21]は、Clark, Watling[22]のポアソン変動の交通需要の枠組みを拡張し、交通需要とともに交通量がポアソン分布に従う確率均衡モデルを提案した。このモデルでは、交通容量の確率変動も考慮している。また、経路選択としてはプロビットモデルを採用している。なお、交通量はポアソン分布に従うため、平均旅行時間によって経路選択する場合、中山ら[6]が示したように最適化問題として定式化可能である。

小林[23]は、合理的期待仮説に基づいた道路交通ネットワーク均衡を提案している。この均衡では、道路利用者の期待・認知する旅行時間分布と、実際の旅行時間分布が一致していることが特徴である。このように小林の合理的期待均衡は、旅行時間は確率分布として取り扱われ、旅行時間の不確実性を考慮した均衡と考えられる。

このモデルでは、均衡へ至るプロセス等も解明され[24]、また、ゲーム理論との整合性も図られている。そして、道路利用者の期待（認知）を陽に取り扱っており、行動論的基礎から精緻にモデル化されていることが特徴といえよう。しかし、現段階では単純ネットワークへの適用に留まり、一般ネットワークへ

の適用までには至っていないようである。

　また，衛ら[25]は，確率的利用者均衡の確率化として，利用者は確率変動する知覚旅行時間が最小となる経路を選択するという条件下で，交通量を確率的に扱うモデルを提案している。大規模ネットワークへの適用は課題としているが，MCMC（マルコフチェーンモンテカルロ法）を用いた計算法も提案している。

6.4　確率的利用者均衡モデルの応用

　これまでに，確率的利用者均衡を直接的に発展・応用した研究も行われている。井上ら[26]は，確率的利用者均衡を用いて道路交通ネットワークの時間信頼性度の算出を行っている。知覚旅行時間が正規分布に従うものの，交通量や実旅行時間は確定的であるとし，プロビット型確率利用者均衡を応用している。

　その応用点は，知覚旅行時間の分散は平均の定数倍と設定したことである。また感度分析により，リンクの重要度を与えた。

　なお問題点としては，確率要因が認知旅行時間の変動となっていることであり，本来は災害や需要等の実体的な変動要因を扱うことが自然である。また，確定的旅行時間が大きくなるのに応じてその分散も大きくなるため，旅行時間は大きくとも分散が小さい経路などを考慮することはできない。

　確率的利用者均衡の修正モデルとして，Hazelton[4]は，自分の選択結果以外が条件的に与えられた中で経路選択を考える必要があると指摘し，conditional SUE（条件付き確率的利用者均衡）を提案している。

　Asakura[27]は，確率的利用者均衡を用いて減損した（degraded）ネットワークの信頼性について研究している。減損したリンクの情報はあいまい・不確実であるため，誤差項を考慮するロジットモデルによりネットワーク利用者の行動を取り扱っており，配分は確率的利用者均衡としている。そして，情報提供の効果分析にもそれを用いている。

6.5 その他の確率モデル

Cascetta[28]とCascetta, Canterella[29]は，マルコフ連鎖を用いた動的モデルを構築しているが，その定常状態は確率的交通量をもつ均衡であると解釈でき，旅行時間の不確実性を考慮した均衡分析に応用できる可能性があるといえる。

Waller, Ziliaskopoulos[30]は，chance constrained programming（確率制約計画）の概念をセル伝搬モデル（cell transmission model）を用いた動的配分モデルに適用し，（セルの）需要が確率変動する場合のシステム最適化問題の定式化，およびアルゴリズムの開発を行っている。またBoyceら[31]は，リスク態度を考慮した動的配分を行っている。

Bell[32]は，ネットワーク利用者と「デーモン」と呼ばれている仮想的な存在が非協力ゲームを行うことを仮想することにより，交通ネットワークの信頼性を評価する研究を行っている。利用者の行動は最小期待コスト経路の選択であり，デーモンは利用者の期待コストが最大になるように（複数存在する）各シナリオの生起確率を操作する。そして，悲観的な利用者の期待コストがネットワーク信頼性指標となると提案している。

また，Bell, Cassir[33]は，ODごとにデーモンが存在するとし，$n+m$人ゲームを考えている。Szetoら[34]は，Bellらのモデルを拡張（ODペアごとに複数のデーモン）するとともに，非線形相補性問題として定式化を行っている。

6.6 シミュレーションモデル

6.5節までは，なんらかのモデルにより旅行時間分布を解析的に導出したり，扱おうとするものであった。一方，旅行時間分布をシミュレーション的に計算することも可能である。つまり，交通需要が変動することによる旅行時間

の確率分布が必要な場合，交通需要を少しずつ変化させてその都度配分を行い，リンク等の旅行時間を計算すると，旅行時間の平均や分散等を算出することができる．本節では，解析的ではなく，シミュレーションによって旅行時間分布もしくは平均や分散等の統計量を算出する研究について整理する．なお，ここでいうシミュレーションとは，いわゆる交通流シミュレーションではないことに注意されたい．

朝倉ら[35)]は，リンクの混雑率（日交通量/日容量）が所与の判定基準以下である確率（あるレベル以上の混雑に遭遇しない確率）をリンク通過可能確率と定義し，それを用いてネットワークの連結性と時間信頼性（ある一定時間内での到着可能確率）のシミュレーション分析を四国地域道路網を対象に行った．そこでは，OD交通量を正規乱数として与え，それに基づき配分することを繰り返している．

若林ら[36)]も，OD交通量を変動させ，リンクへの交通量（交通需要）がリンクの交通容量を超えない確率を扱った信頼性分析シミュレーションを行っている．その結果，混雑度と変動係数は逆相関で，混雑が高い場合は変動係数はほぼ一定であったことや，混雑リンクは交通容量で抑えられるが，よく用いられるため利用率が高めで安定し，変動が小さくなり，混雑が高い方が正規分布に従う傾向があることなどを報告している．

交通容量が確率変動する場合のシミュレーション分析も行われている．Chenらは，彼らが提案した容量信頼性のシミュレーションによる分析を行い[37)]，さらに，交通容量とOD交通量の両方が確率変動する場合のシミュレーション分析も行っている[38)]．

交通需要を変化させ，その値ごとに均衡配分を行うシミュレーションは，時間信頼性分析よりも長期的な影響分析の方が適しているとも考えられる．その理由は，ある交通需要を設定し，それについての均衡配分を行うことは，利用者がその交通需要を知っていることなどを前提にするが，それは時間信頼性の観点からはなじまないからである．一方，道路整備等の費用便益分析では，長期の交通需要推計が求められるが，その需要推定には誤差や不確実性を排除で

きない。将来需要は不確実であるが、その当該年度では知ることができる（少なくとも平均的には周知）と仮定することはそれほど不自然ではない。

Zhao, Kockelman[39]は，交通需要モデルの不確実性の影響について，25のゾーンに分割されたダラス・フォートワースの均衡配分についてシミュレーションにより考察している。この研究では，交通需要が確率変動していることを対象とするよりも，交通需要は確実にはわからないことの影響を対象としている。

Wallerら[40]は，交通需要が不確かな場合の均衡配分を用いた交通政策評価について，シミュレーション的数値計算によって検討している。需要が不確かな場合，期待値を用いて均衡配分を行うことの問題点を指摘している。このことは，理論的には旅行時間関数が非線形の場合明らかである。ODペア数が100のオハイオ州内のネットワークの例では，平均総旅行時間を比較的安定に求めるためには，最低でも2000回のモンテカルロシミュレーションが必要という結果を示している。また，ネットワークのリンクに新たなレーンを付加する政策について，ODの期待値を用いて1回の配分による検討と，ODを変化させるモンテカルロシミュレーションによる検討では政策順位が変わること，平均総旅行時間について2.1％異なることなどが示されている。

引用・参考文献

1) 朝倉康夫，柏谷増男，西山晶造：観測リンク交通量を用いた道路網交通流の日変動推定とその信頼性分析への応用，土木学会論文集，No. 482/IV-22, pp. 17〜25（1994）
2) 高山純一，飯田恭敬：常時観測交通量データを用いた非観測区間交通量の簡易推計法，第18回日本道路会議論文集，pp. 1146-1147（1989）
3) 外井哲志，天本徳浩：非観測道路区間交通量推計のための交通量観測点の最適配置計画に関する研究，土木計画学研究・論文集，Vol. 7, pp. 251〜258（1989）
4) Hazelton, M.H.: Some remarks on stochastic user equilibrium, *Transportation Research*, Vol. 32B, pp. 101〜108（1998）
5) Watling, D.: A second order stochastic network equilibrium model, I: Theoretical

foundation, *Transportation Science*, Vol. 36, pp. 149〜166 (2002)
6) 中山晶一朗,高山純一,長尾一輝,笠嶋崇弘:旅行時間の不確実性を考慮した交通ネットワーク均衡モデル,土木学会論文集, No. 772/IV-65, pp. 67〜77 (2004)
7) Yin, Y., Lam, W. H. K. and Ieda, H.: New technology and the modeling of risk-taking behavior in congested road networks, *Transportation Research*, Vol. 12C, pp. 171〜192 (2004)
8) Yin, Y. and Ieda, H.: Assessing performance reliability of road networks under nonrecurrent congestion, *Transportation Research Record*, No. 1771, pp. 148〜155 (2001)
9) Lo, H.K. and Tung, Y.K.: Network with degradable links: capacity analysis and design, *Transportation Research*, Vol. 37B, pp. 345〜363 (2003)
10) Lo, H.K., Luo, X.W. and Siu, B.W.Y.: Degradable transport network: Travel time budget of travelers with heterogeneous risk aversion, *Transportation Research*, Vol. 40B, pp. 792〜806 (2006)
11) Watling, D.: User equilibrium traffic network assignment with stochastic travel times and late arrival penalty, European *Journal of Operational Research*, Vol. 175, pp. 1539〜1556 (2006)
12) Shao, H., Lam, W. H. K. and Tam, M. L.: A reliability-based stochastic traffic assignment model for network with multiple user classes under uncertainty in demand, *Network and Spatial Economics*, Vol. 6, pp. 173〜204 (2006)
13) Mirchandani, P. and Soroush, H.: Generalized traffic equilibrium with probabilistic travel times and perceptions, *Transportation Science*, Vol. 21, pp.133〜152 (1987)
14) 飯田恭敬,内田 敬:リスク対応行動を考慮した道路網経路配分,土木学会論文集, No. 464/IV-19, pp. 63〜72 (1993)
15) Uchida, T. and Iida, Y.: Risk assignment: A new traffic assignment model considering the risk of travel time variation, *Transportation and Traffic Theory*, Daganzo, C.F. ed., Elsevier, Amsterdam, pp. 89〜105 (1993)
16) 中山晶一朗,高山純一,長尾一輝,所 俊宏:現実道路ネットワークの時間信頼性評価のための確率的交通均衡モデルおよびそれを用いた情報提供効果分析,土木学会論文集 D, Vol. 62, No. 4, pp. 526〜536 (2006)
17) Watling, D.: Stochastic network equilibrium under stochastic demand, Patriksson, M. and Labbe, M. eds., *Transportation Planning: State of Art*, Kluwer Academic, Dordorecht, Netherlands, pp. 33〜51 (2002)
18) Nakayama, S. and Takayama, J.: Traffic network equilibrium model for uncertain demands, Presented at *the 82 nd Annual Meeting of Transportation Research Board*, on CD-ROM (2003)

19) 中山晶一朗, 高山純一:交通需要と経路選択の確率変動を考慮した交通ネットワーク均衡モデル, 土木学会論文集 D, Vol. 62, No. 4, pp. 537～547 (2006)
20) Lam, W.H.K., Shao, H. and Sumalee, A.: Modeling impacts of adverse weather conditions on a road network with uncertainties in demand and supply, *Transportation Research*, Vol. 42B, pp. 792～806 (2008)
21) 内田賢悦:需要・供給・認知の確率変動を反映した利用者均衡配分, 土木学会論文集 D, Vol. 65, pp. 386～398 (2009)
22) Clark, S. and Watling, D.: Modelling network travel time reliability under stochastic demand, *Transportation Research*, Vol. 39B, pp. 119～140 (2005)
23) 小林潔司:不完備情報下における交通均衡に関する研究, 土木計画学研究・論文集, No. 8, pp. 81～88 (1990)
24) 小林潔司, 藤岡勝巳:合理的期待形成過程を考慮した経路選択モデルに関する研究, 土木学会論文集, No. 458/IV-18, pp. 17～26 (1993)
25) 衛翀, 井料隆雅, 朝倉康夫:ネットワークにおける利用者交通行動の事後確率分布, 土木計画学研究・講演集, Vol. 40, CD-ROM (2009)
26) 井上博司, 飯田祐三, 岸野啓一, 長谷川哲郎:確率利用者均衡を用いた道路網の時間信頼性評価, 土木計画学研究・論文集, Vol. 15, pp. 647～654 (1998)
27) Asakura, Y.: Evaluation of network reliability using stochastic user equilibrium, *Journal of Advanced Transportation*, Vol. 33, pp. 147～158 (1999)
28) Cascetta, E.: A stochastic process approach to the analysis of temporal dynamics in transportation networks, *Transportation Research*, Vol. 23B, pp. 1～17 (1989)
29) Cascetta, E. and Canterella, G.E.: A day to day and within-day dynamic stochastic assignment model, *Transportation Research*, Vol. 25A, pp. 277～291 (1991)
30) Waller, S. T. and Ziliaskopoulos, K.: A chance-constrained based stochastic dynamic traffic assignment model: Analysis, formulation and solution algorithms, *Transportation Research*, Vol. 14C, pp. 418～427 (2006)
31) Boyce, D.E., Ran, B. and Li, I.Y.: Considering travelers' risk-taking behavior in dynamic traffic assignment, *Transportation Networks: Recent Methodological Advances*, Bell, M.G.H. ed., Pergamon, pp. 67～81 (1998)
32) Bell, M. G. H.: A game theoretical approach to measuring the performance reliability of transportation networks, *Transportation Research*, Vol. 34B, pp. 533～546 (2000)
33) Bell, M.G.H. and Cassir, C.: Risk-averse user equilibrium traffic assignment: an application of game theory, *Transportation Research*, Vol. 36B, pp. 671～681 (2002)
34) Szeto, W.Y., O'Brien, L. and O'Mahony, M.: Generalisation of the risk-averse traffic assignment, *Transportation and Traffic Theory*, Allsop, R.E. et al. eds., Elsevier, Amsterdam, pp. 127～153 (2007)

35) 朝倉康夫，柏谷増男，熊本仲夫：交通量変動に起因する広域道路網の信頼性評価，土木計画学研究・論文集，No. 7, pp. 235〜242 (1989)
36) 若林拓史，飯田恭敬，井上陽一：シミュレーションによる道路網の交通量変動分析とリンク信頼性推定法，土木学会論文集，No. 458/IV-18, pp. 35〜44 (1993)
37) Chen, A., Yang, H., Lo, H.K. and Tang, W.H.: A capacity related reliability for transportation networks, *Journal of Advanced Transportation*, Vol. 33, pp. 183〜200 (1999)
38) Chen, A., Yang, H., Lo, H.K. and Tang, W.H.: Capacity reliability of a road network: An assessment methodology and numerical results, *Transportation Research*, Vol. 36B, pp. 225〜252 (2002)
39) Zhao, Y. and Kockelman, K.M.: The propagation of uncertainty through travel demand models: An exploratory analysis, *Annals of Regional Science*, Vol. 36, pp. 145〜163 (2002)
40) Waller, S. T., Schofer, J. L. and Ziliaskopoulos, K.: Evaluation with traffic assignment under demand uncertainty, *Transportation Research Record*, No. 1771, pp. 69〜74 (2001)

■ I部 信頼性の考え方とその展開

7

道路の信頼性の便益評価と信頼性向上施策

本章では，道路整備等の政策の便益を信頼性の向上を含めて計算する方法について考察を行うとともに，道路の信頼性を向上させるための施策の立案等に資するこれまでの研究の概説を行う。

7.1 ネットワークデザイン

交通ネットワークの信頼性が高い道路とはどのようなものであろうか。また，現在のネットワークの信頼性を最も効率的に向上させるにはどのようにすればよいのであろうか。このような問いに答えるのが，道路ネットワークの信頼性を向上させるネットワークデザイン問題である。

ネットワークデザイン問題として，Asakuraら[1]は，リンク利用可能確率を高めるリンク増強問題を定式化し，その感度分析を明らかにしている。

5章で述べたように，拡張されたリンク信頼度（拡張リンク信頼度）は，リンク交通量が容量を超えない確率である。この概念をネットワークレベルに拡張すると，ネットワーク内のすべてのリンクが容量を超えない確率を信頼性指標とすることができる。Chootinanら[2]は，これを最大にするという問題を上位問題とする二段階最適化問題により，ネットワークデザイン問題を取り扱っている。また，Chenら[3]はこの拡張全リンク信頼度を最大にする信号制御問題に取り組んでいる。

Lo, Tung[4]は，予備容量需要係数（容量に対する需要の余裕度）を最大化させるリンク容量増強のネットワークデザインについて検討している。なお確

率均衡配分を用いていないものの，Yang, Wang[5]は，信頼性指標の一つである予備容量最大化と総旅行時間最小化の比較を行っており，Ziyou, Yifan[6]は予備容量に関する最適信号制御を取り扱っている．

Sumaleeら[7]は，Clark, Watling[8]が提案した総旅行時間に関する信頼性（総旅行時間信頼性）を用いたネットワークデザイン問題に取り組んでいる．信頼性向上のために変化させる交通容量等のデザインパラメータに関して，総旅行時間信頼度を最大化させる問題を取り扱っているが，その最大化の計算のために目的関数である総旅行時間信頼度の勾配を解析的に導出している．

Chenら[9]は，総旅行時間の分布のαパーセンタイル値を最小にするα信頼性ネットワークデザイン問題を定式化し，米国アイオワ州のある街のネットワークを対象に，予算制約下でα信頼性を最大にする（総旅行時間の分布のαパーセンタイル値を最小にする）リンク容量増大計画を立てている．

その他の研究として，Chenら[10]は，交通需要が正規分布に従うとし，ネットワークの計画・運営者の上位問題と利用者の下位問題の二段階確率最適化問題を，シミュレーション的にGA（genetic algorithm，遺伝的アルゴリズム）を用いて解いている．またPatil, Ukkusuri[11]やUkkusuri, Patil[12]は，需要が変動した場合のネットワークデザインを行っている．

7.2 情報提供・制御問題

時間信頼性と情報提供とは関係が深い．交通情報は，交通状況や旅行時間が正確にはわからない状況でこそ意味がある．よって旅行時間が確定的な均衡配分，特にワードロップ均衡配分では，基本的に情報提供を適切に扱うことはできない．また，通常の確率的利用者均衡は知覚旅行時間は確率的であるとの取り扱いも可能であるが，実旅行時間は確定的に扱っている点に注意が必要である．そこでは，実旅行時間に知覚誤差が付加されており，道路利用者は平均的には実旅行時間を知っているということになっている．

情報提供により，この知覚誤差を小さくするという設定で形式的に情報提

効果分析を行うことができるが，日々さまざまな要因で旅行時間が変動し，平均的には旅行時間が小さくなる経路の旅行時間が，その日はたまたま長くなることを情報提供により回避させるということは再現できない。これは，確率的利用者均衡モデルでは知覚誤差を小さくするもしくはなくすことしかできないためであり，また実旅行時間については確定的均衡が成立しており，なんらかの要因で平均的には旅行時間が小さくなる経路の旅行時間が，その日はたまたま長くなるというような状況は扱っていないためである。

したがって，実旅行時間が長大になるというような実際の情報提供を適切に扱うためには，旅行時間が不確実な設定，実旅行時間が確率的な確率均衡モデルが必要になる。情報提供自体の研究蓄積は多大なものがあるが，確率均衡自体が最近開発が進んだモデルであるため，上記の観点から取り扱われた情報提供の研究は少ない。

情報提供により，旅行時間の変動を抑えることも可能であると考えられる。交通情報提供によって交通集中や事故等で旅行時間が長大になった経路からそうでない経路への変更が可能であるとすると，旅行時間は安定するであろう。情報提供により旅行時間減少を例証した研究があるため，この知見から情報提供は信頼性を向上させる効果があると期待できる。しかしハンチングなど，情報提供によりシステムが不安定になる可能性も指摘されており，旅行時間減少のみならず，信頼性の観点からも情報提供効果の考察や分析が必要である。

中山ら[13]は，交通量や旅行時間が確率的に変動する状況下において，ITS（高度道路交通システム）などにより時々刻々の交通状況（各リンクの旅行時間）を正確に知ることができる場合に，救急車に最短旅行時間の経路を知らせるという情報提供を取り扱っている。金沢道路ネットワークへの適用の結果，緊急車両（救急車）に最短旅行時間経路へ経路誘導することによって，約3分の旅行時間短縮が可能であったとしている。

Lamら[14]は，前日の交通状況をつぶさに知ることができる事後的な情報提供によって信頼性を向上することを，単純ネットワークを対象に示している。間嶋ら[15]は，リンクが通行できなくなる事象が確率的に生起する場合の情報

提供効果を仮想格子ネットワークを対象に分析している。また，Arnottら[16]は交通容量が確率的に変動する場合の情報提供効果について考察している。

ランプ制御を使用してシステム最適な状態へ誘導する研究も行われている。Akamatsu, Nagae[17]や長江・赤松[18]は，1つのODが一般道と高速道で結ばれる2リンクネットワークを対象に，旅行時間が不確実に変動する場合の動的システム最適配分[19]を確率制御問題として定式化し，その最適条件や数値解法等を考察した。

また，交通需要が不確実に変動する場合の道路料金の制御について，長江[20]は同様のアプローチで考察している。若林・飯田[21]はランプ制御による信頼性向上について，若林・飯田[22]はネットワークに一方通行策を導入した場合の信頼性向上について，仮想ネットワークを対象に数値計算を行っている。

7.3 信頼性向上とその施策評価

7.2節で述べた情報提供以外にも，さまざまな交通施策や管理等で信頼性を向上することが可能である。その向上策は，需要側と供給側の2つに大別することができよう。リンク容量の増強やリンクの補強等によるリンク閉鎖確率の低減などが，供給側の対策といえる。一方，7.2節の情報提供やランプ制御等は需要側と分類できる。

村木ら[23]は，地震による交通流動変化を考慮した損失額算出手法を提案し，全国レベルの幹線交通の耐震信頼性向上分析を行うとともに，(東京-大阪間)中央新幹線新設効果と東名高速耐震補強の効果を算出している。また，坪田ら[24]は，アンケート調査を行い，首都高速道路山手トンネル供用に伴う時間信頼性向上便益を算出している。

道路整備や交通政策の費用便益分析の際に，時間信頼性向上便益を算入する試みが続けられている。諸外国の取組みとしては，特に英国，オランダ，ニュージーランド，スウェーデンで時間信頼性便益の導入の準備が進んでいる。

各国ともに，時間信頼性指標としては旅行時間の標準偏差を採用しているよ

うであり，英国やオランダでは信頼性比（標準偏差として計測した信頼性の価値を時間価値で除したもの）を0.8とし[25),26)]，ニュージーランドやスウェーデンでは0.9が検討されているようである[26),27)]。よって，これらの場合，ある施策の時間信頼性便益は，0.8～0.9×時間価値×旅行時間の標準偏差の変化量と計算できる。Eliasson[27)]は，スウェーデン・ストックホルムでの混雑税の費用便益分析で，時間信頼性の便益計算も行っている。

7.4 道路整備によるネットワーク連結性向上の便益

7.4.1 連結性向上と信頼性

道路整備は道路ネットワークの密度を高めるため，時間・連結信頼性が向上する。そのような道路整備の便益を適切に評価するためには，時間・連結信頼性の向上による便益増加を計算する必要がある。道路ネットワークの密度が高くなることに対する便益を考えるうえでは，以下の4つの視点が重要と思われる。(1) トータルの交通容量が増え，既存利用者に対するサービスレベルが向上（旅行時間が低下），(2) 新規整備部分周辺を中心に新たに利用が可能となり，新規利用者に対する便益が発生，(3) 災害等でもOD間の連結が途絶しにくくなり，連結信頼性が向上，(4) より多くの経路でOD間がつながるため，ある経路のサービスレベルが低下してもOD間としては旅行時間の増加が抑えられ，信頼性が向上，の4つである。

なお，これらは便益を捉えるための視点を示したものであり，必ずしもたがいに排反ではなく，実際の便益算定では二重計算がないよう留意しなければならない。最初の単純旅行時間減少は，これまでの需要固定型配分を用いた費用便益分析でも算入されている。2番目の新規利用者の便益も，需要固定型配分をそのまま用いるのではなく，整備前後のOD表を適切に作成することにより部分的には対応可能であり，また，需要変動モデル（もしくは機関分担モデルなど）を導入することによって，より精緻に評価することができる。3番目と4番目の2点が信頼性に関するものである。

7.4 道路整備によるネットワーク連結性向上の便益

まず，4番目の「より多くの経路でOD間がつながるため，ある経路のサービスレベルが低下してもOD間としては旅行時間の増加が抑えられ，信頼性が向上」について検討する．ここで，ノード1とノード2が一つの道路（旧道）で結ばれていたが，その間に新たな道路（新道）が整備されるという状況を考えよう．また，わかりやすくするために，各道路利用者は合理的で旅行時間の小さい道路を選択し，また，旅行時間は交通量に依存せず，自由走行時間で道路を走行できると仮定する．なお，道路利用者はその自由走行時間を知っているとする．

旧道の旅行時間が20分で，新道が30分の場合（図7.1の1期の部分参照），これまでの需要固定型ワードロップ配分を用いた便益計算では，新道整備の便益は算出されない．なぜならば，ノード1から2へ向かう利用者は新道の整備の後でも変わらず全員が旧道を利用するからである．しかしながら，「より多くの経路でOD間がつながるため，ある経路のサービスレベルが低下してもOD間としては旅行時間の増加が抑えられ，信頼性が向上」と上述したように，ノード1と2の間の連結性が向上したことにより便益が発生する場合がある．これを図7.1を用いて説明しよう．

新道建設直後の1期では，旧道の旅行時間が（確定的に1期内では変化せずに）20分で，新道が（確定的に）30分であったが，つぎの期（2期）では，

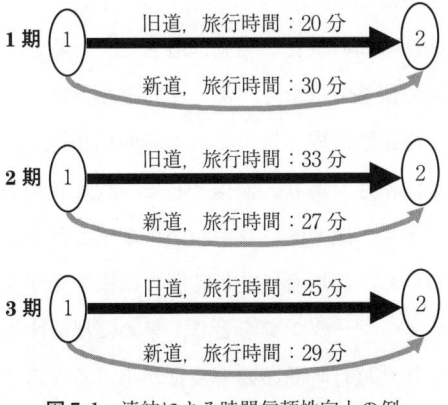

図7.1 連結による時間信頼性向上の例

- 1期: 旧道，旅行時間：20分 / 新道，旅行時間：30分
- 2期: 旧道，旅行時間：33分 / 新道，旅行時間：27分
- 3期: 旧道，旅行時間：25分 / 新道，旅行時間：29分

工事や災害・信号制御変化等により，旧道の旅行時間が（確定的に）33分で，新道が（確定的に）27分となったとする．さらに，3期では，旧道の旅行時間が（確定的に）25分で，新道が（確定的に）29分とする．

1期と3期では，全員が旧道を利用するものの，2期では，全利用者が新道を利用する．旅行時間が変化する場合は新道が利用されることがあり得て，その場合は便益が発生する．旧道と新道の両方がある場合，ノード1と2の間の移動に要した1～3期の平均旅行時間は24分である．

一方，もし仮に新道が建設されておらず，旧道のみしかなく，図7.1と同様に旧道の旅行時間が1期20分，2期33分，3期25分であった場合，ノード1と2の間の移動に要した平均旅行時間は26分となる．したがって，この場合の新道の便益は2分の旅行時間短縮となる．

ここで，各期間の旅行時間の変化を捉えず，1～3期の平均旅行時間のみで便益を考えてみよう．旧道の1～3期の平均旅行時間は26分で，新道の平均旅行時間は28.7分である．これをそのままワードロップ配分的に1～3期の平均便益を考えると，1～3期の間は全員が（1～3期の）平均旅行時間の小さい旧道のみを利用することになり，新道の便益を計測できない．図7.1の例では旅行時間の変動・変化を考慮しないと，新道の便益が計算できない．

以上のように，旅行時間の変化・変動を考慮すると，算定が可能となる連結性の便益があることがわかる．

以上の議論では旅行時間の変化・変動に着目しているが，これはすでに述べた時間信頼性の向上の便益ではなく，あくまで連結性向上による便益である．これまでにおもに交通工学が取り扱ってきた時間信頼性は，旅行時間が確率変動することに対する信頼性であり，前提として，利用者が事前に旅行時間を確実には知ることができず，確率的にしかわからないことを前提としている．

このような前提のため，利用者は旅行時間の確率変動が大きい場合は遅刻しないようにセーフティーマージン等をとり，早めに出発する必要が出てくる．これは時間損失になり，旅行時間の確率変動が小さくなることには価値が生まれる．しかし，上述の図7.1の議論では，各期内の旅行時間を利用者は知って

いることを前提としているため，時間信頼性に該当しない．つまり，旅行時間をあらかじめ知っているためセーフティーマージンをとる必要はなく，セーフティーマージン等による損失は出ていない．時間信頼性を考えるうえで重要な点は，利用者が旅行時間をトリップ前に知っているのかどうかであり，知らない場合は時間信頼性を考えることになる．

上述の議論では，対象とするノードペア間が連結しているのかどうかという，狭い意味での連結信頼性（以下，狭義連結信頼性という）の範疇ともいえない．5章においては，単に走行可能な状態で連結されているのかどうかだけでなく，サービスレベルも考慮したいくつかの信頼性研究を紹介したものの，上述の例はこれまで交通工学が対象としてきた連結信頼性と時間信頼性の狭間の信頼性ともいえる．

上述のとおり，旅行時間の変化を知ることができない場合は時間信頼性としてその価値を考えることができるが，図7.1の議論のように，利用者が旅行時間の変化を知ったうえで行動を行うことができる場合，その変化ごとに最小旅行時間（もしくは最小一般化コスト）を用いて，道路整備等による連結性向上の便益（4番目の視点からの便益）を算出することができる．

図7.1の例で行ったように，変化・変動ごとにワードロップ均衡配分等で各ODペアの最小旅行時間を計算し，その平均をとったものが利用者のコストである平均旅行時間となり，これに基づいて便益を算出することができる．また，そのような状況下での旅行時間データがある場合は，利用者のOD間の最小旅行時間を取り出して用いることもできる．

図7.1の例のような利用者が変化・変動を知ったうえで行動を行うという前提は，工事や災害等によるリンク閉鎖やリンク容量半減など，比較的長期にわたる事象などが該当し得ることが多いと考えられる．

7.4.2 連結信頼性の向上便益

つぎに，7.4.1項の3番目の視点の，狭義の連結信頼性の向上について考えよう．連結していないということは，そのノード間の旅行時間が無限大である

として取り扱うことが可能である。しかし，このような方法で現実の道路の便益評価で連結信頼性を取り扱うことには問題が伴う。より実際的には，十分に大きな時間を設定し，それで代用することが考えられる。新規公共投資の研究[28]での禁止的価格という用語にならい，この十分に大きな時間を「禁止的時間」と呼ぶことにしよう。一般的に合意可能な禁止的時間を設定できる場合には，それを用いることが可能である。しかしながら，禁止的時間をどの程度見積もればよいのかを決めることは，それほど容易とは限らない。

ODペアi間が連結されている確率をπ_iとし，その間の利用者数をq_iとすると，トリップを行えない場合のコストを含んだ期待総旅行コストは，以下のように与えることができる。

$$\sum_{i \in I} q_i \pi_i \lambda_i + \kappa \sum_{i \in I} q_i (1 - \pi_i) \tag{7.1}$$

ここで，λ_iはODペア$i(\in I)$間の最小旅行時間で，κは禁止的時間である。確率的な事象は連結の有無だけで，連結している場合の旅行時間は確定的としている。なお単純化のため，κはODにかかわらず一定，連結されている場合λ_iは一定としている。

式(7.1)の期待総旅行コストを計算するためには，禁止的時間，最小旅行時間および連結確率が必要になる。ここでは，ネットワークレベルで実務的にも利用しやすいワードロップ均衡によって最小旅行時間を計算することを想定する。連結確率の算出については道路のハードウェア部分であり，今後の課題としたい。禁止的時間については以下で述べる。

トリップを行うのか取りやめるのかの選択や，他の交通機関等への選択を考慮することにより，（非連結となって）トリップができない不便益を定量的に扱うことが可能である。交通の分野では，非集計モデルの研究蓄積や経験が豊富であるため，トリップを行うのか，とりやめるのか（もしくは道路を利用するのか，他の交通機関を用いるのか）の2項ロジットモデルが考えられる。トリップを行う場合のランダム効用U_iとトリップを取りやめる場合のランダム効用U_i^dを，（単純化のために）以下のように定義する。

$$U_i = -\theta \lambda_i + \varepsilon_i \tag{7.2}$$
$$U_i^d = -\rho + \varepsilon_i^d \tag{7.3}$$

ここで，θ は正のパラメータ，ρ は定数項，ε_i と ε_i^d はランダム項である．トリップを取りやめる場合の定数項について，$\rho=\theta\kappa$ と考えると，2項ロジットモデルで推定した定数項 ρ とパラメータ θ から，ρ/θ として，上述したトリップを取りやめるための（時間換算の）コスト κ が得られる．この κ はトリップキャンセルコストであるが，上述の禁止的時間に対応する．この推定された κ を用いることによって，トリップを行えないことに対する不便益を算定できる．

なお，ここでは OD にかかわらずトリップを行えない場合の不効用は一定としているが，より複雑な設定も可能である．また，震災時などを対象とする場合，震災直後の交通需要は通常時と大きく異なり，また，災害規模が大きくなると人命も係わるような必要性のきわめて高い需要も多く発生するため，そのような場合も考慮するときは別途トリップキャンセルコストを推定する必要があろう．逆にいうと，さまざまな状況での κ を推定し，それを用いることでさまざまな状況に対応することがある程度可能であると思われる．その推定のための SP 調査などの手法や技術開発は今後必要である．本章では紙面制約の都合上，需要が通常時（震災等の場合通常需要の復興期以降）を前提とし，最小旅行時間も配分によって与える．

7.4.3 連結性向上による便益算定

すでに述べたように，実務的な観点から配分はワードロップ均衡を用いることにするため，2項ロジットモデルを用いて κ を推定した場合，道路利用者の選択は図7.2のとおりとなる．

OD ペア i が連結されている場合はトリップを行うのか，取りやめるのかの両方を選択することができる一方，連結されていない場合はトリップを行わないしか選択できない．トリップを行う場合，便益指標としてのログサム変数（例えば，北村・森川[29]のp.144参照），つまり，最大効用の期待値は

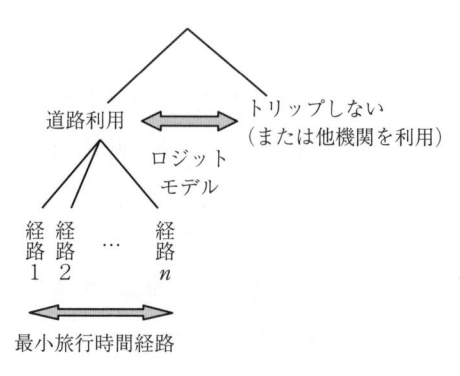

7. 道路の信頼性の便益評価と信頼性向上施策

図 7.2 連結信頼性便益評価のための利用者選択構造

$-\ln[e^{-\theta\lambda_i}+e^{-\theta\kappa}]/\theta$ として与えられる．非連結の場合，その OD 間旅行時間は無限大と考えると，最大効用の期待値は $-\ln[e^{-\infty}+e^{-\theta\kappa}]/\theta=\kappa$ である．

連結される確率が π_i であることを踏まえ，式 (7.1) にこれらのログサム変数を代入すると

$$\tilde{C}(\pi)=-\frac{1}{\theta}\sum_{i\in I}q_i\pi_i\ln[e^{-\theta\lambda_i}+e^{-\theta\kappa}]+\kappa\sum_{i\in I}q_i(1-\pi_i) \quad (7.4)$$

が得られる．2 項ロジットモデルを用いた図 7.2 の選択構造を仮定する場合，式 (7.1) よりも上式の方が理論的に整合性の取れたものとなっている．

この式 (7.4) は狭義連結信頼性の便益を含むものである．上述のとおり，これだけでなく，連結性が向上し，「より多くの経路で OD 間が繋がるため，ある経路のサービスレベルが低下しても OD 間としては旅行時間の増加が抑えられ，信頼性が向上」する効果もある．これは 7.4.1 節で述べたとおり，各 OD ペアの最小旅行時間の平均によって計測できる．式 (7.4) とこれを組み合わせると，これら 2 つの観点からの連結性向上便益（以下，単に連結性向上便益と呼ぶ）を算出することができる．この場合，式 (7.4) では，最小旅行時間は確定的であったが，それを変化・変動させることが必要となる．

リンクが通ることができるのか，できないのかが確率的に決まるため，それに応じて経路旅行時間が変化する．したがって，OD 間の最小旅行時間もリン

クの途絶確率によって確率変動する。λ_iの平均を$\bar{\lambda}_i$として，それを式 (7.4) に代入すると，(2つの観点からの) 連結性向上便益計算のための総コスト$\widehat{C}$は以下の通りとなる。

$$\widehat{C} = -\frac{1}{\theta} \sum_{i \in I} q_i \pi_i \ln[e^{-\theta \bar{\lambda}_i} + e^{-\theta \kappa}] + \kappa \sum_{i \in I} q_i [1 - \pi_i] \tag{7.5}$$

トリップキャンセルに関する調査データを集め，二項ロジットモデルによって，トリップキャンセルコストκを推定する。各 OD 間の連結確率を5章に述べた方法などで計算し，これらを式 (7.5) に入れて計算する。これによって，道路整備前の総コスト$\widehat{C}$と整備後の総コスト$\widehat{C}$の差として，道路整備による連結信頼性を含んだ便益を計算することができる。なお，この便益は（分などの）時間単位であり，時間価値をかけて貨幣換算する必要がある。

7.5 連結・時間信頼性統合評価に向けて

7.4 節の式 (7.5) を用いることによって，連結信頼性を含んだ便益計算を行うことができる。本節では，時間信頼性をそれに追加し，連結・時間信頼性の両方を含んだ便益評価方法について考察する。

旅行時間やリンク途絶が確率的に変化する状態を考えているが，変動する旅行時間を，道路利用者があらかじめ知っているのか知らないのかで，取り扱いが大きく異なる。道路利用者が事前に旅行時間を知ることができない場合は，遅刻等をしないためにセーフティーマージンを取る必要がある。

そのセーフティーマージン等による時間損失を考える必要があり，3章で述べたように，旅行時間の 85 パーセンタイル値などを使うことになる。一方，旅行時間が変化するものの，その値をあらかじめ知ることができる場合は，セーフティーマージンをとる必要はない。しかし，旅行時間が変化するとトラベルコストが増えることがあり，なんらかの信頼性の価値がある。その計測は 7.4.1 節で述べたように，最小旅行時間を用いて計測することができる。

以上のように旅行時間の変化について，その変化をあらかじめ利用者が知っ

ているのかいないのかの2つに分けて考える必要がある。長期工事の車線減少や災害復旧時など比較的中長期の間変化しない場合（図7.3の長期的変化を参照）は，利用者は旅行時間を知っていると仮定することができることも多いと考えられる。一方，**図7.3**のような日々の旅行時間変化はあらかじめ知ることは難しい。

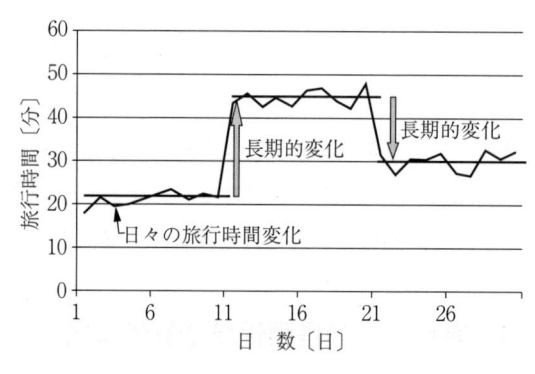

図7.3 旅行時間変化の種類

まずわかりやすさのために，利用者が事前に知ることができない旅行時間変動について考えよう。何度も述べたように，セーフティーマージンをとるなどが必要で，旅行時間の85パーセンタイル値で評価するものとする。

つぎに，利用者が知ることができるものとできないものの両方が確率変動する場合である。図7.3を用いて考えると，長期的変化に関して，3つの状態があるが，その3つの状態旅行時間の85パーセンタイル値が変化する。利用者が事前認知が可能なものと不可能なものの両方を考える場合，85パーセンタイル値は（長期的には）確率的に扱うことになる。また，利用者は合理的であることを前提としているため，$t_{ij}^{0.85}$（旅行時間の85パーセンタイル値）が最も小さい経路を選択する。ODペアiの経路旅行時間の85パーセンタイル値の最小値

$$\lambda_i^{0.85} = \min_{j \in J_i}[t_{ij}^{0.85}] \qquad (7.6)$$

がそのODペアの利用者が費やすコストとなる。各期ごとにOD間で最小となる85パーセンタイル値を利用者はコストとして被っており，期が異なるこ

7.5 連結・時間信頼性統合評価に向けて　　111

とで，その最小 85 パーセンタイル値は確率的に変化する．これを式 (7.4) に代入すると，以下の式が得られる．

$$C = -\frac{1}{\theta} \sum_{i \in I} q_i \pi_i \ln[e^{-\theta E[\lambda_i^{0.85}]} + e^{-\theta \kappa}] + \kappa \sum_{i \in I} q_i [1 - \pi_i] \qquad (7.7)$$

ここで，$E[\cdot]$ は（対象 OD 間連結時のみでの）期待値をとるオペレータである．この総期待最小コスト C によって，連結・時間信頼性の便益を統合的に評価することができる．

　時間価値を τ とし，道路政策（もしくは道路整備等）の実施前の総期待最小コストを C^b，実施後は C^a とすると，$\tau(C^b - C^a)$ によって，その政策効果（整備効果）の便益を連結性向上および時間信頼性の向上を含めた形で算出することができる．

　式 (7.7) で示した連結・時間統合信頼性評価のための総コスト式を，図 7.1 のネットワークに適用する．交通需要 q は 1.0 万台とする（OD を表す添字は省略）．利用者が認知できる要因によって変化するリンク 1 と 2 の旅行時間を，**表 7.1** の通り与える．利用者が認知できない旅行時間変動はともに平均が 0.0 で，標準偏差はそれぞれ 5.0 と 2.5 の正規分布とする．また，調査によって，$\kappa = 90.0$，$\theta = 0.1$ と推定できたとする．

表 7.1　認知できる事象の旅行時間変化および確率

	事象 1	事象 2	事象 3	事象 4
リンク 1	20 [分]	33 [分]	25 [分]	通行止め
リンク 2	30 [分]	27 [分]	29 [分]	通行止め
生起確率	0.32	0.32	0.32	0.04
最小 85 % 値	25.2 [分]	29.6 [分]	30.2 [分]	−

小数 2 位を四捨五入

　まず，旧道・新道両方ある場合を考える．各事象での最小 85 パーセンタイル値は表 7.1 のとおりである．よって，$E[\lambda^{0.85}] = 28.4$ 分である．また，表より OD 間が非連結となる確率は 0.04 である．これらを式 (7.7) に入れると，$C^a = 30.8$ 万分となる．つぎに，新道（リンク 2）がない場合を考える．このときの OD 間非連結確率は 0.08 とする（新道もある場合は 0.04 と改善してい

る)。このとき，$E[\lambda^{0.85}]=31.2$ 分であり，$C=35.9$ 万分となる。したがって，新道の整備効果は 5.1 万分の減少である。

このうち，非連結確率減少部分は 2.3 万分，認知可能な旅行時間変化部分は 2.0 万分，認知できない旅行時間変動部分（平均ではなく，85 パーセンタイル値を用いたことによる部分）は 0.8 万分となっている。

引用・参考文献

1) Asakura, Y., Hato, E. and Kashiwadani, M.: Stochastic network design problem: An optimal link investment model for reliable network, Bell, M.G.H. and Iida, Y. eds., *The Network Reliability of Transport*, Pergamon, Oxford, U.K., pp. 245〜259 (2003)
2) Chootinan, P., Wong, S. C. and Chen, A.: A reliability-based network design problem, *Journal of Advanced Transportation*, Vol. 39, pp. 247〜270 (2005)
3) Chen, A., Chootinan, P. and Wong, S. C.: New reverse capacity model of signal-controlled road network, *Transportation Research Record*, No. 1964, pp. 35〜41 (2006)
4) Lo, H.K. and Tung, Y.K.: Network with degradable links: capacity analysis and design, Transportation Research, Vol. 37B, pp. 345〜363 (2003)
5) Yang, H. and Wang, J.Y.T.: Travel time minimization versus reserve capacity maximization in the network design problem, *Transportation Research Record*, No. 1783, pp. 17〜26 (2002)
6) Ziyou, G. and Yifan, S.: A reserve capacity model of optimal signal control with user-equilibrium route choice, *Transportation Research*, Vol. 36B, pp. 313〜323 (2002)
7) Sumalee, A., Watling, D.P. and Nakayama, S.: Reliable network design problem, *Transportation Research Record*, No. 1964, pp. 81〜90 (2006)
8) Clark, S. and Watling, D.: Modelling network travel time reliability under stochastic demand, Transportation Research, Vol. 39B, pp. 119〜140 (2005)
9) Chen, A, Kim, J., Zhoua, Z. and Chootinan, P.: Alpha reliable network design problem, *Transportation Research Record*, No. 2029, pp. 49〜57 (2007)
10) Chen, A., Subprasom, K. and Ji, Z.: Mean-variance model for the build-operate-transfer scheme under demand uncertainty, *Transportation Research Record*, No. 1857, pp. 93〜101 (2003)
11) Patil, G.R. and Ukkusuri, S.V.: System-optimal stochastic transportation network

design, *Transportation Research Record,* No. 2029, pp. 80〜86（2007）
12) Ukkusuri, S.V. and Patil, G.R.: Multi-period transportation network design under demand uncertainty, *Transportation Research,* Vol. 43B, pp. 625〜642（2009）
13) 中山晶一朗，高山純一，長尾一輝，所　俊宏：現実道路ネットワークの時間信頼性評価のための確率的交通均衡モデルおよびそれを用いた情報提供効果分析，土木学会論文集 D，Vol. 62, No. 4, pp. 526〜536（2006）
14) Lam, T.H., Yang, H. and Tang, W.H.: Generalized travel cost reliability in a simple dynamic network under advanced traveler information system, Bell, M.G.H. and Iida, Y. eds., *The Network Reliability of Transport,* Pergamon, Oxford, U.K., pp. 323〜338（2003）
15) 間嶋信博，朝倉康夫，柏谷増男，越智大介：ドライバーへの情報提供を考慮したネットワーク信頼性評価，土木学会年次学術講演会講演概要集，Vol. 55, pp. 732〜733（2000）
16) Arnott, R., de Palma, A. and Lindsey, R.: Does providing information to divers reduce traffic congestions?, *Transportation Research,* Vol. 25A, pp. 309〜318（1991）
17) Akamatsu, T. and Nagae, T.: Dynamic ramp control strategies for risk averse system optimal assignment, Allsop, R.E. et al. eds., *Transportation and Traffic Theory,* Elsevier, Oxford, U.K., pp. 87〜110（2007）
18) 長江剛志，赤松　隆：リアルタイム観測情報を活用した動的なシステム最適交通配分：確率制御アプローチ，土木学会論文集 D，Vol. 63, pp. 311〜327（2007）
19) 山崎周一，赤松　隆：不確実性に対するリスク回避度を考慮した動的な交通システム最適配分，土木計画学研究・論文集，Vol. 23, pp. 963〜972（2006）
20) 長江剛志：交通需要の不確実性を考慮したネットワークの動的有料道路料金更新問題，土木計画学研究・論文集，No. 23, pp. 955〜961（2006）
21) 若林拓史，飯田恭敬：交通管理運用策による道路システムの信頼性向上効果，土木計画学研究・講演集，No. 14, pp. 51〜54（1991）
22) 若林拓史，飯田恭敬：交通管理運用策による道路システムの所要時間信頼性向上効果，土木計画学研究・講演集，No. 15, pp. 99〜102（1992）
23) 村木康行，高橋　清，家田　仁：利用者便益から見た全国幹線交通ネットワークの耐震信頼性評価と耐震性向上による影響分析，土木計画学研究・論文集，No. 16, pp. 341〜348（1999）
24) 坪田隆宏，菊池春海，梶原一夫，坂爪　誠，割田　博，倉内文孝：首都高速道路における所要時間信頼性向上便益の試算，土木計画学研究・講演集，Vol. 39, CD-ROM（2009）
25) Department for Transport: The reliability sub-objective TAG unit 3. 5. 7, Transport Analysis Guidance（TAG）, Department for Transport, London, U.K.

(2009)
26) 牧浩太郎，土谷和之，伊藤智彦，由利昌平：諸外国における道路の所要時間信頼性向上に関する評価手法のレビュー，土木計画学研究・講演集，Vol. 39, CD-ROM（2009）
27) Eliasson, J.: A cost-benefit analysis of the Stockholm congestion charging system, *Transportation Research*, Vol. 43A, pp. 468〜480（2009）
28) 例えば，上田孝行，森杉壽芳，林山泰久：交通整備事業の便益計測に関するいくつかの留意事項，運輸政策研究，Vol. 5, pp. 23〜35（2002）
29) 北村隆一，森川高行：交通行動の分析とモデリング，技報堂出版（2002）

II 部 信頼性評価の方法と事例

8 時間信頼性評価のためのデータ整備

本章では，時間信頼性指標の算出に用いる観測データについて概説するとともに，それぞれのデータ特性を考慮した旅行時間の算出手法を解説する。さらに，日々の旅行時間データから時間信頼性指標を算定する際の留意点を述べる。

8.1 旅行時間算出用データ

2000年前後から顕著になったICT (information and communication technologies) の普及・進展によって，旅行時間の算定に用いることができるデータは，種類・量ともに飛躍的に増えている。時間信頼性指標を算定するには，比較的長い期間にわたって日々の旅行時間データを取得する必要がある。したがって，豊富な観測データを得るための技術的な進展によって，時間信頼性に基づいたサービス水準評価を行う実務的な下地が整えられつつあるといえる。一方で，観測された旅行時間はデータソースに応じた特性を有しているため，その取扱いには留意が必要である。

8.1.1 時間信頼性評価のための旅行時間データ

ICTの普及・進展が始まる以前は，調査員が同乗した調査車両を一定のル

ールに基づいて走行させて，通過ポイントごとに時刻をマニュアルで記録して旅行時間を観測することが一般的であった．その後，2000年5月にSA (selective availability) が解除されたことによりGPSの位置特定精度が大幅に向上し，調査員の代わりにGPS機器を搭載した調査車両による旅行時間計測が，広く普及することになった．

しかしながら，調査実施主体が調査車両とドライバーをあらかじめ用意することが必要であるという点では，従来のマニュアル記録型の旅行速度調査と本質的な差異はないといえる．時間信頼性は，日々の旅行時間変動を評価するものである．そのため，比較的長い期間にわたって日々の旅行時間データを取得する必要がある．

例えば，時間信頼性指標として用いられることが多い95パーセンタイル旅行時間を，観測データに基づいて算出するケースを想定しよう．この場合，少なくとも評価対象とする時間帯において平日21日間の旅行時間データが取得されていることが望ましい．観測日数がこれより少ない場合でも，観測値の直線内挿によって95パーセンタイル旅行時間は算出可能である．しかし，内挿に用いる2つの観測値の一方が事故等による外れ値であることが少なくない最大値であるため，95パーセンタイル旅行時間もその影響を受けてしまうからである．

したがって，たとえ従来よりも調査コストの安いGPSを搭載した調査車両が利用可能となったとしても，時間信頼性評価を行うことができるレベルまで連続的な旅行時間データを観測することは，現実的には難しい．

では，現時点において実際に時間信頼性を評価するために利用することができるデータには，どのような種類があるのだろうか．次項からは，現状における利用可能性を踏まえて，代表的なデータソースについて概観する．

8.1.2 トラカンデータ

定点で交通状況を観測するトラフィックカウンター（以下，トラカンとする）のデータ利用が考えられる．トラカンには超音波式，ループ式，画像処理

などいくつかの種類があるが，基本的には設置地点における交通量，占有率，時間平均速度といったパラメータが，直接的あるいは間接的に観測可能である．これらのデータは定点における交通状況を表す指標であるため，区間旅行時間を直接算出することはできない．

しかしながら，トラカンで観測されたパラメータを一定の空間的範囲（一般的には勢力範囲と呼ばれる）の代表値とみなすことで，区間の旅行時間を算出することが可能となる．1つひとつの区間は短くても，連続するいくつかのトラカンを組み合わせることで，中長距離の地点間でも旅行時間を算出することができる．トラカンデータの特徴としては，観測地点は限定されるものの，時間的網羅性が高いことが挙げられる．したがって，トラカンが密に設置されている都市高速道路，あるいは大都市近郊の高速自動車国道等では，トラカンデータから時間信頼性評価に用いる旅行時間データを算出することができる．

8.1.3 VICSデータ

トラカンデータと似た特徴を有するデータとして，VICS（vehicle information and communication system）データが挙げられる．VICSデータは，VICS対応のカーナビゲーションシステムに配信されているデータであり，交通管理者や道路管理者が設置しているトラカンデータ等から推定された5分ごとの旅行時間および渋滞度のデータを含んでいる．

旅行時間および渋滞度データは，デジタル道路地図（以下，DRM，digital road mapとする）をベースとして定義されたVICSリンクと呼ばれる単位で作成されており，提供路線は高速道路および都道府県道以上の幹線道路が中心となっている．トラカンデータを主たるデータソースとしているために，VICSデータも時間的網羅性は高く，時間信頼性評価に適したデータであるといえる．

しかし，特に一般道路の場合には，観測機器のメンテナンス等に起因するデータ欠損が生じているリンクが少なからず存在することに留意が必要である．また，VICSデータを使って時間信頼性評価を行う際には，旅行時間に下限値

（もしくは旅行速度の上限値）が設けられていることも考慮すべきである。

原田ら[1]は，首都高速道路3号渋谷線および4号新宿線を対象としてトラカンデータとVICSデータの旅行速度を比較し，VICSデータはおおむね60km/h程度で頭打ちされていることを明らかにしている（図8.1参照）。また，それぞれのデータを用いて時間信頼性指標の一つであるBTI（バッファタイムインデックス）を算出・比較し，旅行時間に下限値があるVICSデータを使った場合には旅行時間の変動幅が小さくなり，結果的にBTIも小さくなると指摘している。したがって，VICSデータを用いる場合には，旅行時間の下限値をあらかじめ確認したうえで使用することが望ましい。

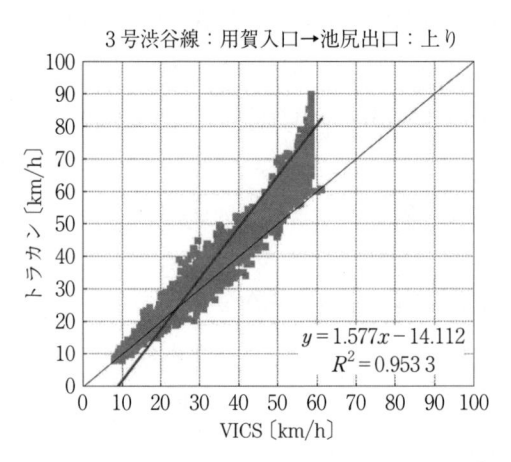

図8.1　5分間平均速度の比較（VICS/トラカン）[1]

なお，VICSデータを使って中長距離の評価対象路線の旅行時間を算出する場合には，トラカンデータと同様に経路に含まれるVICSリンクの旅行時間を足し合わせる処理が必要となる。

8.1.4　AVIデータ

トラカン等の観測機器が設置されていない郊外部で時間信頼性を評価するために，可搬型の車両番号自動読取装置（AVI：automatic vehicle identification）を路側に設置して旅行時間を計測することも試みられている。評価対

象路線の上流端と下流端に設置したAVIによって通過車両のナンバープレートを読み取ることで，同一ナンバープレートの通過時刻の差分から設置地点間の旅行時間を算出することができる．

一般的にAVIによる車両検出率は90%を超えるといわれており，AVI設置地点間を通過する車両に対する代表性はほぼ問題にならない．AVIによる観測には，個別車両の旅行時間を計測できることや，集計時間単位をデータ取得状況や用途に応じて分析段階で任意に設定できるなどの利点がある．一方で，設置地点間で沿道施設等に立ち寄った車両のレコードまで含まれてしまうため，集計・分析に先立ってデータクリーニングが必要となる．

また，通過する車両数がある程度見込まれる地点を選んで機器を設置する必要があるが，一方で路側にAVIを仮設する必要があるため，設置場所が**図 8.2**のように照明柱や標識柱などの道路付属施設があるところに限定されることにも留意が必要である．さらに，設置に係る交通管理者・道路管理者との協議に要するコストも，あらかじめ考慮しておく必要がある．

図 8.2　一般道路におけるAVIの設置事例

8.1.5 ETC データ

高速道路の料金収受に用いられているETC（electronic toll collection system）のログデータは，AVIと似かよった性質を有するデータソースである．匿名化処理されたETCカードID・車載機IDと入口・出口の通過時刻が記録されているため，その差分をとることでインターチェンジ間の旅行時間を

算出することができる．料金収受業務のログデータを活用するため，設備等に関する追加コストが不要であるという利点がある．また，近年は ETC 利用率がおおむね 90％ に達していることから，代表性やサンプルの偏りに係わる課題もクリアされている．

ただし，評価対象のインターチェンジ間が長い場合には，途中のサービスエリア・パーキングエリアで休憩する車両が少なからず存在するため，このようなレコードをデータクリーニングする必要性があるのは AVI と同様である．また，インターチェンジ間に複数経路が存在する場合には，利用経路の判別ができないことが多く（環状道路を利用した交通に対する料金割引が実施されている路線では，経路を判別するためにジャンクションや本線上に DSRC (dedicated short range communication) アンテナが設置されているが，きわめて限定的である），適切な評価が難しいという問題も指摘されている[2]．

8.1.6 プローブデータ

これまでに解説したデータソースは，定点で観測されたデータを基に旅行時間を算出するものであった．一方で，ICT の普及・進展を契機として，プローブ調査が拡がりをみせつつある．GPS に代表される位置特定技術によって，道路ネットワーク上における移動体の位置・軌跡を把握することが容易にできるような環境が生まれ，タクシーの配車，あるいはトラックの動態管理などのシステムが広く普及している．また整備が進められている ITS (intelligent transport system，高度道路交通システム）スポットサービスでは，データ提供に同意した利用者に限定されるが，ITS スポット対応車載機に蓄積されたプローブデータが DSRC アンテナを通じて道路管理者のサーバーにアップリンクされる機能が備わっている．

これらのシステムを通じて収集・蓄積された 1～数秒間隔の位置データ（移動体 ID，時刻，経度，緯度）を使えば，車両が走行した区間の旅行時間を算出することが可能となる．原理的には，評価対象区間の上流端・下流端に最も近い位置データを特定すれば，その時刻差から旅行時間を求めることができ

る．しかし，このような方法では，当該移動体が評価対象区間を連続して走行した保証が得られないため，DRM リンク†にマップマッチング[3),4)]とよばれる処理を施してから旅行時間を求めるのが一般的である．

8.1.7 民間プローブデータ

近年，道路行政分野で積極的な活用が図られている民間プローブデータも，リンク単位の旅行時間が利用できるという点では，VICS データと同じような扱いが可能である．ただし，データの時間的・空間的な網羅性には大きな相違がある．現在，民間プローブデータとして広く流通しているのは，DRM リンク単位・15 分単位の平均旅行時間と情報件数（通過車両台数）である．

民間プローブデータの主たるデータソースは，テレマティックスサービスを提供する民間事業者が会員の搭載したカーナビゲーションシステムなどの車載機，あるいは会員が所有するスマートフォンなどの携帯端末を通じて独自に収集したプローブデータである．そのため，会員の車両が通行しなかった時間帯・リンクの観測データは当然ながら取得できない．時間信頼性評価に用いる場合には，評価対象路線におけるデータの取得状況をあらかじめ確認しておく必要がある．

8.1.8 データソースに関するまとめ

時間信頼性評価に用いることを前提として，長期間にわたって旅行時間の観測データが得られるデータソースを概説した．それらのデータソースを一覧にして表 8.1 にまとめた．

ここで述べたデータソース以外にも，スマートフォンやカーナビゲーションシステムが発する Bluetooth の固有 ID（MAC アドレス）と通過時刻を路側で観測し，地点間で ID をマッチングして旅行時間を計測するなどの新たな取組みもなされている[5)]．研究や実務において時間信頼性を評価する際には，デ

---

† 一般財団法人 日本デジタル道路地図協会が作成したデジタル地図上のリンク

8. 時間信頼性評価のためのデータ整備

表 8.1 旅行時間算出のためのデータソース

項　目	トラカンデータ	AVI データ	VICS データ
データ内容	時間平均速度	車両番号と設置地点通過時刻	旅行時間
計測区間	機器設置地点	機器設置地点間（通過する車両数がある程度みこめる地点間）	VICS リンク
計測周期	1〜5分	任意に設定可能	5分
旅行時間算出に必要な処理	トラカン単位の旅行時間データからタイムスライス法等で対象区間の旅行時間を算出	地点間での車両番号をマッチングして，通過時刻の差分から旅行時間を算出	VICS リンク単位の旅行時間データからタイムスライス法等で対象区間の旅行時間を算出
データ利用上の留意点等	機器設置地点の状況しかわからず，対象区間内で設置地点以外にボトルネック等があると区間旅行時間に誤差が生じる	設置地点間における立ち寄り車両のクリーニングが必要，機器設置作業が必要	エリアによっては旅行時間が取得できない，上限値が設定されている

表 8.1　つづき

項　目	ETC データ	プローブデータ（バス，タクシー，物流など）	民間プローブデータ
データ内容	ETC カードの ID（もしくは車載機の ID）と DSRC ゲート通過時刻	位置データと時刻	旅行時間
計測区間	DSRC 設置地点間（主にインターチェンジ）	DRM リンク	VICS リンク
計測周期	任意に設定可能	任意に設定可能	15分
旅行時間算出に必要な処理	地点間での車両番号をマッチングして，通過時刻の差分から旅行時間を算出	DRM リンク等へのマップマッチング	DRM リンク単位の旅行時間データからタイムスライス法等で対象区間の旅行時間を算出
データ利用上の留意点等	設置地点間における立ち寄り車両のクリーニングが必要	タクシー・物流プローブの場合には必ずしも対象路線のデータが得られるとは限らない	現時点ではデータ数，取得エリアが限定的

ータの入手可能性はもちろんのこと，それぞれのデータソースの特性を十分に理解したうえで，適切なデータを選択することが肝要である．

8.2 旅行時間の算出

　旅行時間算出方法は2つに大別される．一つは，AVIデータやETCデータなどを用いる場合であり，車両番号やETCカード番号など，個々の車両を識別可能なIDを地点間でマッチングし，通過時刻の差分から旅行時間を算出する方法である．一方，トラカンデータ，VICSデータ，民間プローブデータなどを扱う場合には，区間あるいはリンク単位の旅行時間を合算して，評価対象路線の起点から終点までの旅行時間を算出する必要がある．ここでは，それぞれの旅行時間算出方法を解説するとともに，データ処理を行ううえでの留意点について述べる．

8.2.1　IDマッチングによる旅行時間算出

　AVIデータやETCデータを用いて旅行時間を算出する場合，AVIデータならば車両番号，ETCデータならばETCカード番号もしくはETC車載機IDなど個別車両を識別可能なIDを評価対象区間の上流側と下流側でマッチングする必要がある．なぜならば，AVIデータやETCデータは機器が設置された地点におけるIDと通過時刻しか得られないからである（図8.3）．

　IDマッチングによって個別車両の旅行時間が得られたら，つぎのステップとして時間信頼性評価に用いる単位時間ごとに旅行時間の平均値を算出する必要がある．時間信頼性は，出発時刻を固定して旅行時間の日々の変動を評価する概念であり，異なった走行特性をもつ複数の車両が走行したときに得られる旅行時間分布を評価するものではないからである．

　平均値の算出に当たっては，IDを観測した地点間の途中で立ち寄り等をした車両のデータをクリーニングする必要がある．AVIデータの場合であればロードサイドの店舗等への立ち寄り，ETCデータの場合には途中のサービス

124　8. 時間信頼性評価のためのデータ整備

■上流側の観測データ

ID	通過時刻
AF0201	07:01:55
BD8572	07:02:20
EQ0864	07:02:43
JB2119	07:03:08
KY5406	07:03:34

■下流側の観測データ

ID	通過時刻
QL7508	07:14:55
AF0201	07:15:08
CS2009	07:16:11
BD8572	07:16:35
KY5406	07:17:06

■マッチングデータ

ID	上流通過時刻	下流通過時刻	所要時間
AF0201	07:01:55	07:15:08	00:13:13
BD8572	07:02:20	07:16:35	00:14:15
KY5406	07:03:34	07:17:06	00:13:32
HU2398	07:04:02	07:44:38	00:40:36
KV8762	07:04:18	07:18:53	00:14:35

図 8.3　ID マッチングのイメージ

エリア・パーキングエリアに立ち寄った車両が含まれている可能性が高い。そのため，これらのデータをクリーニングしたうえで平均値を求めないと，算出した値が実際のサービスレベルと乖離してしまう。

図 8.4 は，AVI で一般道路の 2 地点間の旅行時間を計測した例である。オフピーク時間帯である 14 時台は，平均値が 75 パーセンタイル値を上回るなど，立ち寄り車両の影響が無視できないことがわかる。

このような，立ち寄り車両のデータをクリーニングするための方法がいくつか提案されている。これらの方法は，旅行時間に関する統計値を使って外れ値をクリーニングしていくという基本構造を共有しているが，時間区分のとり方やトレンドの考慮などの点でバリエーションが存在する。

宇野ら[7]は，1 年分の ETC データを用いて，事故等の突発事象の影響を含まない平常状態における都市間高速道路の時間信頼性評価を試みている。この研究では，各 IC ペアの 1 年分の全原データから算出した旅行時間の平均値 μ，標準偏差 σ を用いて $\mu \pm 2\sigma$ を外れるデータをクリーニングすることで，サービスエリア・パーキングエリアにおける立ち寄り車両，あるいは突発事象の影響を排除する方法が提案されている。時間帯ごとに 1 年分のデータをプーリン

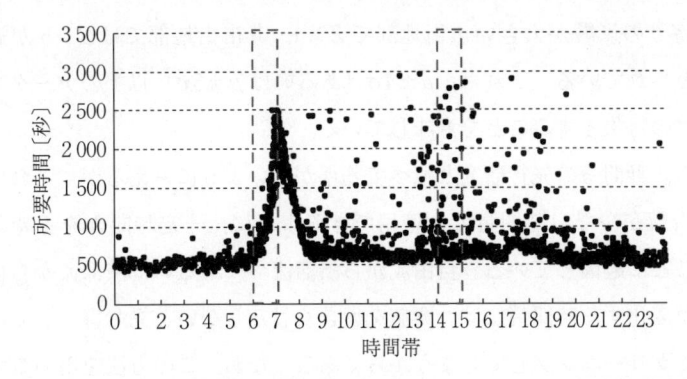

	平均値	最小値	25パーセンタイル値	中央値	75パーセンタイル値	最大値	平均値－中央値
6時台	1 068	529	688	926	1 236	2 494	142
14時台	767	523	615	646	700	2 789	121

〔単位：秒〕

図 8.4 AVIによるある1日の旅行時間計測事例[6]

グして平均値 μ_h と標準偏差 σ_h を算出し，データをクリーニングする方法も試みられているが，この方法を用いた場合には，立ち寄りした車両と通過した車両の割合によっては適切なクリーニングができない可能性があることを指摘している。

野間ら[8]は，得られたデータを時系列に並べたうえで，単位時間ごとに区切って μ_t と標準偏差 σ_t を算出してクリーニングする方法を提案している。一般道路に設置したAVIによって観測されたデータを使って分析した結果，単位時間を20分とし，$\mu_t \pm 2\sigma_t$ を超えるデータを除去することで，立ち寄り車両等の影響をおおむね排除できるとしている。

上坂ら[9]は，旅行時間のトレンドをより明示的に扱ったデータクリーニング方法を提案している。対象とする1台の車両の旅行時間 x と，その車両が到着するまでの一定時間 h の内に観測された車両のデータから算出した旅行時間の平均値 μ および標準偏差 σ を用いてZ値（$Z=(x-\mu)/\sigma$）を算出し，一定の閾値以上のデータを外れ値として除去している。この研究では，平均値と標準偏差の算定に用いる一定時間 h は1時間とし，外れ値の判定に関する閾値

は立ち寄りの影響が大きい市街地部で $Z>4$，非市街地部では $Z>5$ が適切であったとされている．これは，$\mu \pm 4\sigma$（あるいは $\mu \pm 5\sigma$）以上のデータをクリーニングの対象とすることを意味している．

宇野ら，野間らの先行研究と較べて基準が緩いようにみえるが，これはマッチング台数が少ない時間帯でも適用できるように，一定時間 h を1時間としていることに起因している．自由流から渋滞流へ，あるいは渋滞流から自由流に位相が変化する時間帯には，閾値を大きく設定しないと立ち寄りしていない車両までクリーニングしてしまうからである．なお，この方法を用いる場合には，Z 値の算出に用いる平均値・標準偏差が安定するように，観測開始直後からある程度のリードタイムが必要となる．したがって，取得したデータをすべて利用できない点には留意が必要である．

以上のように，現時点ではデータクリーニングに関しては確立された方法や閾値はない．取得したデータを吟味したうえでのトライアンドエラーが必要である．

8.2.2 タイムスライス法による旅行時間算出

本項では，トラカンデータ，VICS データ，民間プローブデータなど，区間あるいはリンク単位の旅行時間データの扱いについて述べる．

これらのデータを用いる場合には，区間あるいはリンク単位の旅行時間を合算して評価対象路線の起点から終点までの旅行時間を算出する必要がある．評価対象路線の延長が短く，起点から終点に至る間に大きな交通状況の変化が見込まれない場合には，評価したい時間帯の旅行時間をすべての区間・リンクについて足し合わせることで評価対象路線の旅行時間（リアルタイムの旅行時間情報提供等に用いられている，いわゆる瞬時値）を算出しても，大きな問題は生じない．

しかしながら，評価対象路線の延長がある程度長く，渋滞等の影響によって起点から終点に至るまでの旅行時間がデータソースの単位時間を超えることが想定される場合には，瞬時値を時間信頼性評価に用いることは妥当ではない．

特に，図 8.5 のように交通状況が大きく変化する渋滞の延伸時・解消時には，瞬時値と実際の旅行時間の乖離が大きくなることが知られている。このような場合には，タイムスライス法[10]を用いて旅行時間を算定することが必要となる。

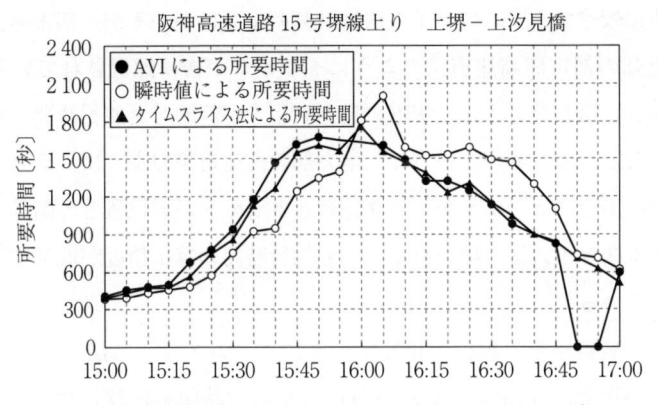

図 8.5 旅行時間算定方法の違いによる誤差の発生状況[11]

タイムスライス法は，出発時刻からの経過時間を考慮して，算出に用いる時間帯を車両の走行軌跡に沿うように徐々にずらしながら，区間・リンクの旅行時間を足し合わせる方法である（図 8.6）。

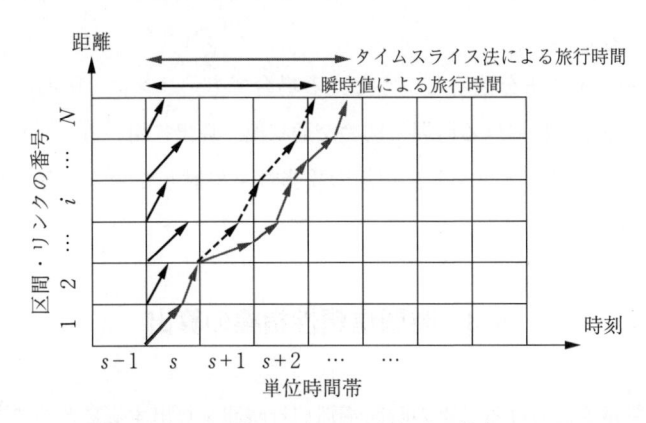

図 8.6 タイムスライス法による旅行時間算定イメージ

$$T(s) = \sum_{i=1}^{N} t_i(s + \tau_i(s)) \tag{8.1}$$

ここで，$T(s)$ は時間帯 s に出発したときの評価対象区間の旅行時間，$t_i(s)$ は時間帯 s における区間・リンク i の旅行時間，$\tau_i(s)$ はリンク 1 からリンク $i-1$ までの旅行時間である。

瞬時値に較べてタイムスライス法は計算の手間はかかるが，都市高速道路や大都市近郊の都市間高速道路のようにトラカンが密に配置されている場合には，図 8.5 に示したように，実際に道路利用者が経験した旅行時間に近い値を算出することができる[11]。一方で，地方部の高速道路のようにトラカンの設置間隔が長い場合には，ボトルネック位置とトラカン設置位置との関係によっては，タイムスライス法を用いた場合でも旅行時間の算出精度が低下することが指摘されている[2]。

また，一般道路を対象に VICS データにタイムスライス法を適用して算出した旅行時間と，AVI データから算出した旅行時間を比較した事例[1]では，旅行時間はいずれの時間帯でも VICS データ＜AVI データとなったと報告されている。原田らは，AVI データから算出した旅行時間には立ち寄り車両の影響が含まれている可能性，およびトラカンによる地点速度をソースとする VICS データには，ボトルネックでの遅れが十分に反映されていない可能性に言及している。

タイムスライス法を適用しようとする場合でも，リンク・区間の空間的配置，評価対象区間における時間帯別の交通状況，算出に用いるデータソースの解像度等を事前にチェックし，適用の妥当性を検討しておくことが肝要である。

8.3 時間信頼性指標の算出

評価対象路線における日々の時間帯別旅行時間を算出することができれば，その分布に基づいて時間信頼性を評価するための指標を求めることは，さほど

8.3 時間信頼性指標の算出

困難ではない．I部の3章に記載された時間信頼性指標の大半は，旅行時間の平均値，標準偏差，パーセンタイル値といった統計値を組み合わせることで算出でき，これらの統計値も，市販されている表計算ソフトウェアやデータベースソフトウェアを用いることで，容易に求めることができるからである．しかしながら，実際に観測されたデータを用いて時間信頼性を評価しようとする際には，いくつかの留意点がある．

時間信頼性を評価したとするこれまでの事例の中には，評価する時間帯を特定せずに時間信頼性指標を算出するような取組みが散見される．例えば，1時間単位で算出した日々の旅行時間を，時間帯を考慮せずにプーリングして平均値やパーセンタイル値を算出したような例である．

このようなデータ処理によって得られた変動は，旅行時間の日々の変動ではなく，1日の中の時間変動を表しているにすぎない．ピーク時・オフピーク時の旅行時間にほとんど差異がなく，特定の日・季節だけに混雑による遅れが発生するような路線であれば，例に挙げたような算出方法に基づく指標にも一定の意味が見出せないこともない．しかしながら，意味合いの異なる指標を同列に評価してしまうような事態を避けるためにも，評価対象とする時間帯を固定したうえで，当該時間帯における日々の旅行時間から時間信頼性指標を算出することを基本とすべきであろう．

もう一つの留意点は，評価に必要となるデータ取得日数である．トラカンデータ，ETCデータ，AVIデータ，VICSデータのように，評価対象期間のほぼすべての日・時間帯で旅行時間データが得られる場合には，このような問題は発生しない（ただし，VICSデータに関しては欠損が生じている場合もある）．一方で，プローブデータや民間プローブデータを用いる場合には，現状のサンプリングレートに鑑みれば，評価対象路線の全リンクで評価対象期間のすべての日・時間帯の旅行時間データが得られる可能性はきわめて小さい．

評価対象路線を構成する一部のリンクで旅行時間データが得られなかった場合，厳密には欠損が生じた日・時間帯の評価対象路線全体の旅行時間は算出できない．しかも，現状では比較的サンプル数が多い都市部の幹線道路において

もこのようなデータ欠損は珍しくないため，プローブデータや民間プローブデータは時間信頼性の評価には使えないこととなる。しかしながら，トラカンが密に設置された高速道路とは異なり，一般道路において比較的安価に旅行時間データを取得する手段は，プローブデータや民間プローブデータに限られているのが実状である。

そこで若干のデータ欠損を許容しながら，精度を大幅に下げることなく，データが取得できたリンクの旅行時間を補正して評価対象路線全体の旅行時間を推定する方法[12]も検討されている。ただ，このような推定を行った場合でも，データが欠損したリンクが多いときには，精度を担保する観点から当該日を欠損扱いせざるをえない場合が生じる。

したがって，実際の観測データを用いた時間信頼性指標を行うためには，対象期間のうち何日分の旅行時間データがあれば，平均値，標準偏差，パーセンタイル値といった指標を一定の精度で算出できるのかを考慮する必要がある。特に，標準偏差やパーセンタイル値は事故等で旅行時間が長くなった日のデータに大きく影響されるため，そのような日の観測データが得られる・得られないによって，時間信頼性の評価が大きく異なってしまうこともあり得る。

関谷ら[12]は，ブートストラップ法に準じたアプローチでこの問題に取り組み，90パーセンタイル値を99％の精度で算定するのに必要となるデータ取得日数を評価対象日数から求める関係式を構築している。この関係式を用いれば，実際のデータ取得状況が時間信頼性評価を行うのに十分か否かを判断することができる。しかしながら，著者らが論文中で述べているように，この関係式は限られた期間・路線のデータに基づく結果であり，今後はより汎用性の高い関係式を構築することが課題であろう。

また，標準偏差やパーセンタイル値に較べると，平均値は比較的少ないサンプルでも精度を担保できる可能性があることに着目し，リンク旅行時間の平均値や車線数などの幾何条件を説明変数として標準偏差を推定したうえで，リンク間の相関を考慮して評価対象路線全体の標準偏差を算出する方法も提案[13),14)]されている。このようなアプローチを用いることで，データ欠損が時間的・空

間的にランダムに生じているような場合でも,時間信頼性指標を算出できる可能性があるが,一方で変動を推定するという難しい領域に足を踏み入れることにもなる。

　変動に関する指標を推定することの是非に関しては,時間信頼性の予測や経済評価にかかる課題とも共通する部分が多く,今後,方向性も含めて議論を深めるべきテーマであろう。

引用・参考文献

1) 原田優子,中村俊之,田名部淳,上坂克巳:旅行時間データの取得方法の違いによる時間信頼性指標の差異に関する事例分析,土木計画学研究・講演集,Vol. 43, CD-ROM(2011)
2) 松下　剛,村上貴行,熊谷孝司,石田貴志:都市間高速道路における所要時間信頼性情報提供の可能性検討,土木計画学研究・講演集,Vol. 43, CD-ROM(2011)
3) 朝倉康夫,羽藤英二,大藤武彦,田名部淳:PHSによる位置情報を用いた行動調査手法,土木学会論文集,No. 653/Ⅳ-48, pp. 95～104(2000.7)
4) Miwa, T., Sakai, T. and Morikawa, T.: Route Identification and Travel Time Prediction Using Probe-Car Data, International Journal of ITS Research, Vol. 2, No. 1, pp. 21～28(2004)
5) 北澤俊彦,塩見康博,田名部淳,菅　芳樹,萩原武司:Bluetooth通信を用いた旅行時間計測に関する基礎的分析,土木計画学研究・講演集,Vol. 47, CD-ROM(2013)
6) 田名部淳,菅　芳樹:データに応じた所要時間作成方法(マッチング,タイムスライス等),交通工学研究会セミナー「道路網の時間信頼性:研究と実務の最新動向」資料(2009)
7) 宇野伸宏,倉内文孝,嶋本　寛,山崎浩気,小笹浩司,成田　博:ETCデータを用いた都市間高速道路の旅行時間信頼性分析,土木計画学研究・講演集,Vol. 35, CD-ROM(2007)
8) 野間真俊,奥谷　正,橋本浩良:道路ネットワークの評価における時間信頼性指標の運用に関する研究,土木計画学研究・講演集,Vol. 37, CD-ROM(2008)
9) 上坂克巳,橋本浩良,吉岡伸也,中西雅一,朝倉康夫:AVIデータを用いた一般道路における時間信頼性指標の算出方法,土木計画学研究・講演集,Vol. 41, CD-ROM(2010)
10) 割田　博,岡田知朗,田中　淳:所要時間情報の精度向上に関する研究,第21

回交通工学研究発表会論文集, pp. 301〜304 (2001)
11) 吉村敏志, 管　芳樹：阪神高速道路における所要時間情報提供と精度検証, 土木学会年次学術講演会講演概要集Ⅳ部門, Vol. 59, pp. 364〜365 (2004)
12) 関谷浩孝, 諸田恵士, 高宮　進：プローブデータの取得状況と旅行時間信頼性指標の算定精度との関係, 土木計画学研究・講演集, Vol. 47, CD-ROM (2013)
13) 諸田恵士, 関谷浩孝, 上坂克巳：旅行時間変動に影響を与える要因の特定および旅行時間信頼性指標算定式の推計, 土木計画学研究・講演集, Vol. 45, CD-ROM (2012)
14) 関谷浩孝, 諸田恵士, 上坂克巳：プローブデータを用いた一般幹線道路における旅行時間信頼性指標の算定方法〜交通調査基本区間単位の標準偏差を統合〜, 土木計画学研究・講演集, Vol. 45, CD-ROM (2012)

■ II部 信頼性評価の方法と事例

9

時間信頼性に関する指標を用いた評価事例

　本章では，国土交通省がこれまでに実施した，時間信頼性に関する指標を用いた道路の整備効果や，道路交通のサービスレベルの評価事例を紹介する。

9.1　道路の整備効果の評価事例

　政府債務が1 000兆円を超え，政府支出には以前にも増して厳しい国民の目が向けられている。特に公共事業を実施する際には，「真に必要な事業を厳選しているか」，「最大限のコスト縮減に努めているか」，「予測どおりの事業の効果は得られているか」等，事業実施の入口から出口に至るまで税金を投入して事業を実施することの妥当性について，高い説明責任が求められている。国土交通省では，道路施策や道路事業を実施することにより道路交通のサービスレベルがどのように向上したのか，地域社会にどのような恩恵をもたらしたのか等，事業の効果を客観的な指標を用いて評価し，結果を広く公表するよう努めている。

　事業の目的が混雑緩和や交通円滑化である場合，効果を表す指標には「平均旅行速度・時間」がおもに用いられる。これまで，平均旅行速度・時間は調査職員による実走行調査により計測されていた。実走行調査は多大な時間と費用を要することから，事業実施前と実施後それぞれ1日の混雑時間帯等，限られた一部の時間帯のみで実施されることが多かった。しかし，旅行速度・時間は，同じ時間帯であっても日々変動している。このため，実走行調査で得られ

る計測値は，必ずしも平均的な旅行速度を表すものではない場合もあったと思われる。

　近年，情報通信技術の進展，カーナビゲーションの普及により，車両の走行位置・時刻に関するデータを大量に取得できるようになった．これにより，長期間の観測結果から平均旅行速度・時間を算定することが可能になり，値の信頼度が向上した．また，旅行速度・時間の「平均的な値」だけでなく，「ばらつき」，いわゆる時間信頼性指標についても比較的容易に把握することが可能となった．

　国土交通省では，こういった車両の位置・時刻データから得られる DRM 区間[1),2)]†単位の旅行時間データ（以下「プローブ旅行時間データ」という）を平成 21（2009）年度から購入しており，これを道路の整備効果の評価に活用している．本節では，時間信頼性に関する指標を用いて整備効果の評価を行った事例を紹介する．

9.1.1 新東名高速道路（御殿場 JCT～三ケ日 JCT 間）の整備効果の評価事例

　図 9.1 に示す新東名高速道路（新東名）（御殿場 JCT～三ケ日 JCT 間）が，平成 24（2012）年 4 月に開通した．この 8 カ月前となる平成 23（2011）年 8 月に「新東名（静岡県）インパクト調整会議」を設置し，関係機関が協力しながら整備効果の評価や広報を行っている[3)]．この会議は国土交通省中部地方整備局を事務局とし，**表 9.1** のメンバーで構成される．

　表 9.2 のとおり，開通後 1 週間から 1 年まで 5 回にわたり，整備効果をまとめた資料を公表している．以下に，開通から 1 年後に公表した整備効果の評価事例を示す．

---

† DRM 区間とは，日本デジタル道路地図協会が作成しているデジタル道路地図の区間のことをいう．全国の幅員 5.5 m 以上の道路（基本道路）において，約 143 万区間が設定されている．区間当たりの平均延長は約 300 m である．

9.1 道路の整備効果の評価事例　　135

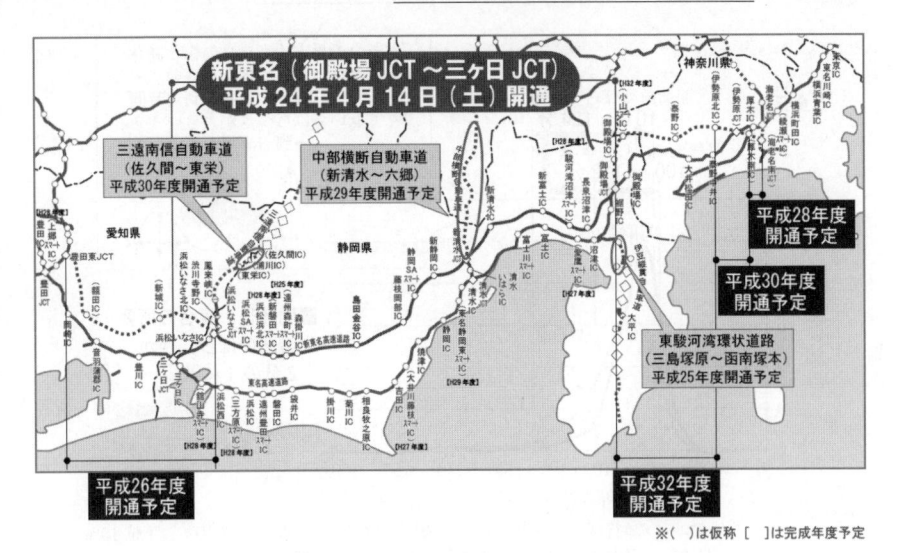

図 9.1　新東名高速道路の開通区間[3]

表 9.1　新東名（静岡県）インパクト調整会議の構成員

国土交通省 中部地方整備局	道路部長
中日本高速道路（株）東京支社	建設事業部長
静岡県	交通基盤部長
静岡市	建設局長
浜松市	土木部長

表 9.2　新東名の整備効果の広報（開通後）

1週間後	平成 24 年 4 月 20 日
1カ月後（GW明け）	平成 24 年 5 月 18 日
3カ月後	平成 24 年 7 月 24 日
6カ月後	平成 24 年 10 月 18 日
1年後	平成 25 年 4 月 19 日

● 時間信頼性の向上効果

図 9.2 は，東名高速道路（東名）（御殿場 JCT〜三ヶ日 JCT 間）の旅行時間を開通前後で比較し，時間信頼性の向上効果を示したものである．①は新東名の開通前，②は開通後の，それぞれ 9 カ月間における昼間 12 時間の旅行時間の分布である．新東名の開通後には，右側のテールが短くピークが立つ形状になり，通常より大幅な遅れが発生する頻度が減少したことがわかる．

9. 時間信頼性に関する指標を用いた評価事例

[全日]

グラフの見方：グラフの幅と高さ
- 狭くて高い＝ばらつきが小さい
  →いつも同じ到着時間
- 広くて低い＝ばらつきが大きい
  →到着事項が不確定

開通前のばらつき★ 101〜124分
開通後のばらつき★ 100〜112分

① 開通前
② 開通後

■開通後、東名の所要時間のばらつきが 2 分の 1 に減少

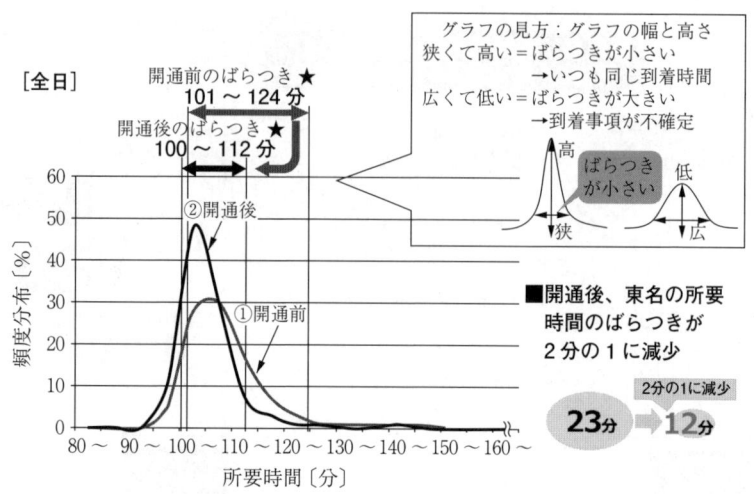

23分 → 12分（2分の1に減少）

利用データ：プローブ旅行時間データ
開通前：平成 23 年 4 月 17 日〜平成 24 年 1 月 31 日
開通後：平成 24 年 4 月 15 日〜平成 25 年 1 月 31 日

★特異値（所要時間の上位 10％，下位 10％）を除いた所要時間のばらつき

図 9.2 所要時間の分布（御殿場 JCT〜三ケ日 JCT 間，全日）[3]

　時間信頼性指標には，プランニングタイムの 90 パーセンタイル値と 10 パーセンタイル値の差を用いている。10 パーセンタイル値は，新東名の開通前後でほとんど変化していない（開通前 101 分，開通後 100 分）。これに対し，90 パーセンタイル値は開通前の 124 分から 112 分に，12 分（約 1 割）減少している。この結果，90 パーセンタイル値と 10 パーセンタイル値の差が 2 分の 1 に減少し（開通前 23 分→開通後 12 分），時間信頼性が向上したことを示している。

　これに加え，ゴールデンウィーク（GW）およびお盆の期間のみを対象にして同様の比較を行っている（**図 9.3**）。

　この場合，所要時間のばらつきが 3 分の 1 に減少しており（開通前 76 分→開通後 22 分），図 9.2 の「2 分の 1 に減少」に比べ時間信頼性の向上度合いが大きいことを示している。

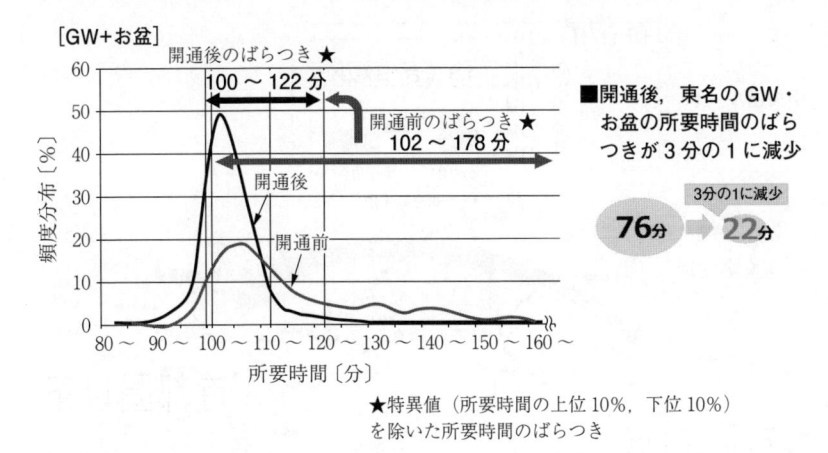

図 9.3 所要時間の分布（御殿場 JCT～三ケ日 JCT 間，GW およびお盆）[3]

● わかりやすい「時間信頼性」の説明

図 9.2 では，グラフの内容を誰もが容易に理解できるような配慮がなされている．例えば「グラフの見方」として，旅行時間の分布形状が「狭くて高い」場合は「ばらつきが小さい」ことを意味することを説明している．さらに「ばらつきが小さい」ことは，ドライバーにとって「いつも同じ到着時間」を期待できるというメリットがあることを説明している．また，90 パーセンタイル値や 10 パーセンタイル値といったあまり一般的でない用語は使用していない．ここでは，90 パーセンタイル値と 10 パーセンタイル値の差を，「特異値（所要時間の上位 10 %，下位 10 %）を除いた所要時間のばらつき」と表現している．

● その他の効果

新東名（静岡県）インパクト調整会議では，新東名の開通による広域的な交通流動の変化についても分析している．図 9.4 は，首都圏以東と中京圏以西の長距離トリップの交通量を，東名・新東名と中央自動車道（中央道）で比較したものである（それぞれ平成 23（2011）年および平成 24（2012）年の 9 月 1 ヵ月間の日平均交通量）．中央道の交通量は開通後に 1.3 千台/日減少した．一

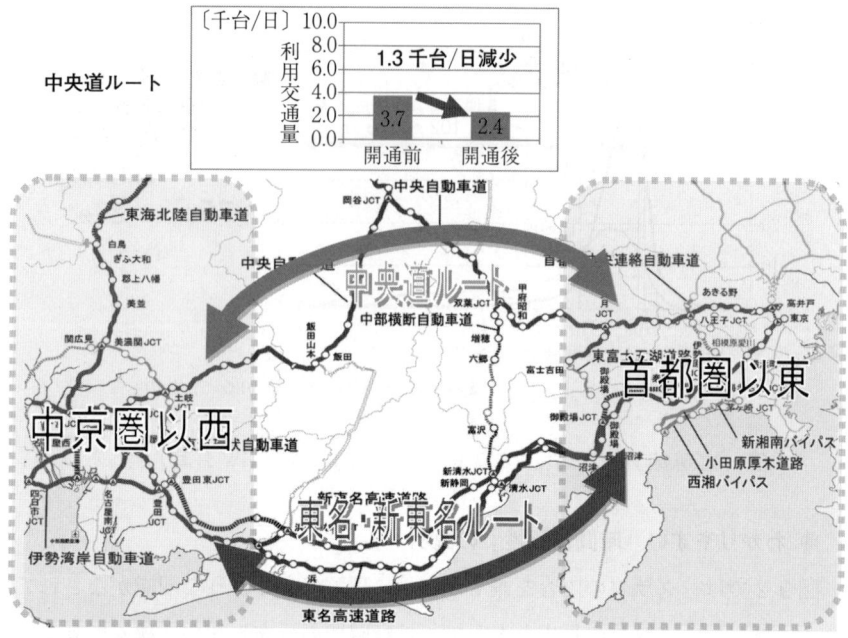

138   9. 時間信頼性に関する指標を用いた評価事例

中央道ルート

〔千台/日〕
利用交通量: 開通前 3.7 → 開通後 2.4（1.3千台/日減少）

東名・新東名ルート

〔千台/日〕
利用交通量: 開通前 25.7 → 開通後 27.5（1.8千台/日増加）
開通後内訳: 0.8 / 19.9 / 6.8

- 凡例 -　　　　　　　　　　　　　〔千台/日〕
- 東名を利用（6.8）
- 新東名を利用（19.9）
- 連絡路を利用して，東名・新東名を利用（0.8）

利用データ：ETCデータ（中日本高速道路（株））
開通前 平成23年9月1日～平成23年9月30日
開通後 平成24年9月1日～平成24年9月30日

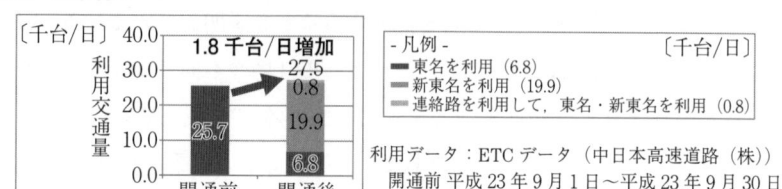

図9.4 首都圏以東-中京圏以西の長距離トリップの交通量[3]

方，東名および新東名を合わせた交通量は1.8千台/日増加している。このことから，開通前に中央道を利用していたドライバーが，新東名の開通により速達性や定時性が向上した東名・新東名ルートを利用するようになったと推察される。

図9.5は，東名と新東名の交通量を，静岡県外を起点および終点とするトリップ（通過交通）と，同県内を起点および終点とするトリップ（内々交通）に区分し比較したものである。通過交通の約7割は新東名を利用し，内々交通の約8割は東名を利用している。つまり，長距離を移動する車両は新東名を利用

9.1 道路の整備効果の評価事例　　139

通過交通 27.5〔千台/日〕
東名 6.8
併用 0.8
新東名 19.9
約 7 割

内々交通 93.3〔千台/日〕
新東名 15.1
併用 6.0
東名 72.2
約 8 割

利用データ：ETC データ（中日本高速道路 ㈱）
開通後　平成 24 年 9 月 1 日～平成 24 年 9 月 30 日

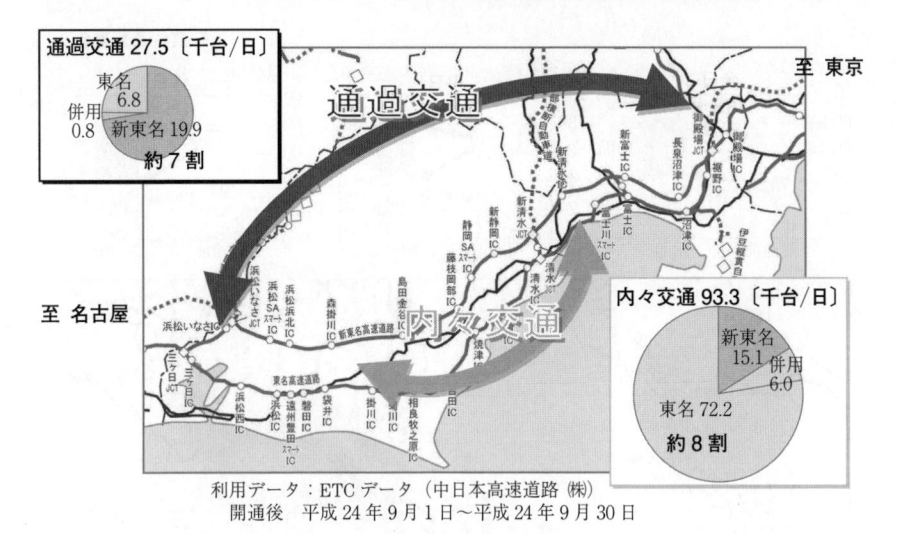

図 9.5　通過交通と内々交通の比較[3]

する割合が大きい．これは，新東名が東名に比べ走行性や安全性に優れる道路線形を有しているためであると思われる．

図 9.6 および **図 9.7** は，東名および新東名の交通量および所要時間（御殿場 JCT～三ケ日 JCT 間）を，新東名の開通前後で比較したものである．開通後は，これまで東名を利用していた車両，特に長距離トリップ車両が新東名を利用するようになり，東名の交通量が開通前から 4 割程度減少している．この東名での交通量の大幅な減少が，図 9.2 および図 9.3 で示した時間信頼性の向上の要因であったと考える．また，東名の御殿場 JCT～三ケ日 JCT 間の旅行速度は，開通前の 90 km/h から 95 km/h へ 5 km/h 増加している．

9.1.2　名古屋環状 2 号線の整備効果の評価事例

名古屋環状 2 号線は名古屋市のほぼ外周部を通る直径約 20 km，全長約 66 km の環状道路で，自動車専用道路の名古屋第二環状自動車道（名二環）と国道 302 号で構成される．このうち **図 9.8** に示す区間が平成 23 年 3 月に開通した．開通区間と並行する **図 9.9** に示す区間（名古屋中環状線の牧の原南交差点→大平戸交差点）における平日夕方の混雑時間帯（18～19 時）の旅行時間を

140   9. 時間信頼性に関する指標を用いた評価事例

全日 〔千台/日〕 開通前 73.2 → 開通後 83.0（13%増）、内訳 39.5 (48%) / 43.5 (52%)、41%減

平日 〔千台/日〕 開通前 72.0 → 開通後 81.0（13%増）、内訳 37.5 (46%) / 43.5 (54%)、40%減

休日 〔千台/日〕 開通前 75.6 → 開通後 87.3（15%増）、内訳 43.9 (50%) / 43.4 (50%)、43%減

凡例：交通量前年比
- ：40 千台/日～
- ：20 千～40 千台/日
- ：0 ～20 千台/日
- ：0 ～▲25 千台/日
- ：▲25 千～▲30 千台/日
- ：▲30 千台/日～

利用データ：NEXCO 中日本、国土交通省　交通量計測データ
（御殿場JCT～三ヶ日JCT間の交通量を集計）
開通前：平成 23 年 4 月 17 日～平成 24 年 4 月 13 日
開通後：平成 24 年 4 月 15 日～平成 25 年 4 月 12 日

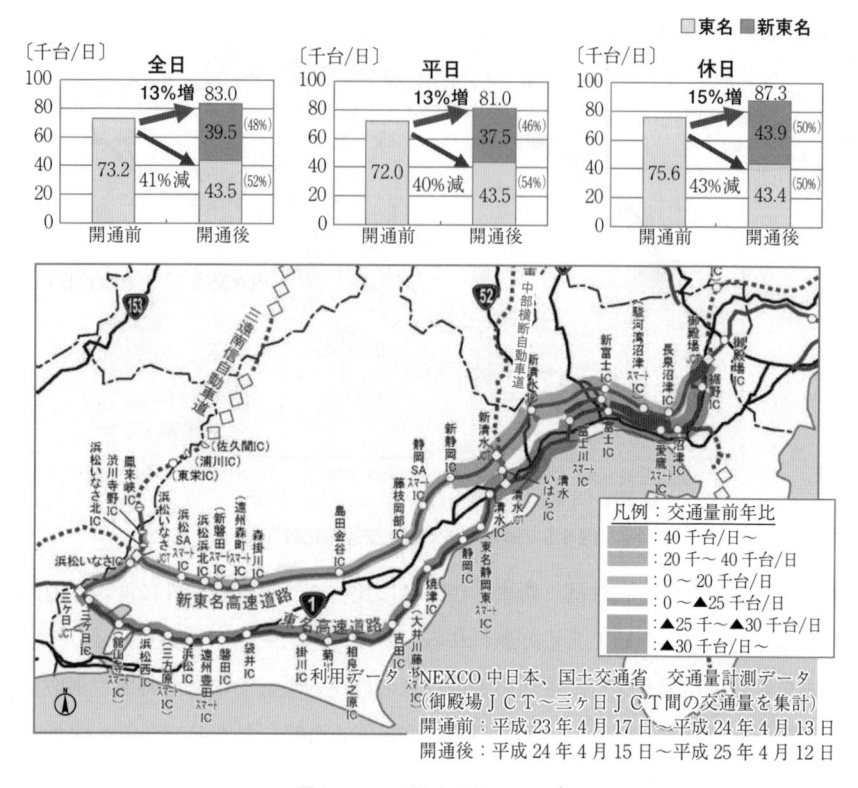

図 9.6　日平均交通量の比較[3]

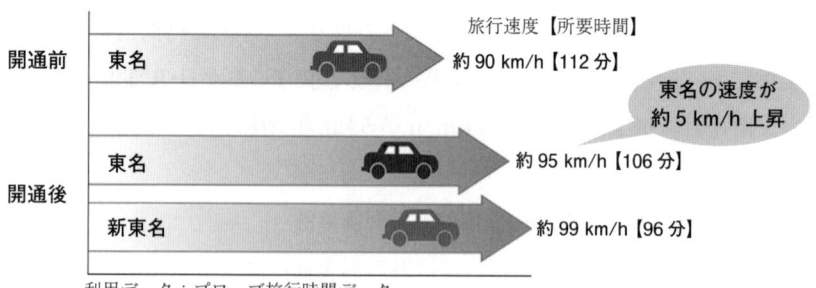

開通前
東名　約 90 km/h【112 分】

開通後
東名　約 95 km/h【106 分】
新東名　約 99 km/h【96 分】

東名の速度が約 5 km/h 上昇

利用データ：プローブ旅行時間データ
　　開通前：平成 23 年 4 月 17 日～平成 24 年 1 月 31 日
　　開通後：平成 24 年 4 月 15 日～平成 25 年 1 月 31 日
　　旅行速度は，御殿場 JCT～三ヶ日 JCT 間※の各区間の旅行速度の平均値
　　※東名の 80 km/h 規制区間および連絡路は対象としない。
　　所要時間は，新東名・東名と御殿場 JCT～三ヶ日 JCT 間の時間

図 9.7　旅行速度の比較[3]

9.1 道路の整備効果の評価事例　　141

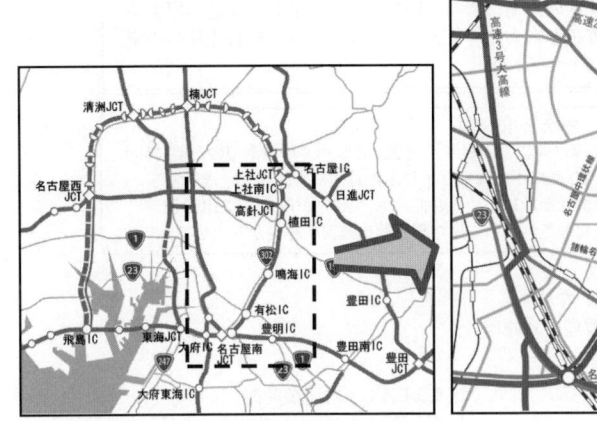

図 9.8　名古屋環状 2 号線の開通区間[4)]

図 9.9　指標算定の対象区間[4)]

開通前後で比較し，時間信頼性の向上効果を示している[4)]。

　時間信頼性指標には，プラニングタイムの 95 パーセンタイル値およびバッファータイムを用いている。図 9.10 に示すとおり，95 パーセンタイル値が開通前の 61 分から 32 分に「29 分減」，バッファータイムが開通前の 16 分から 3 分に「8 割減」となっている。

一般道路の定時性向上　　開通6カ月後

●交通量の減少と走行速度の向上により，国道302号と並行する名古屋中環状線を利用して，高針周辺から大高のショッピングセンターへ行く場合の定時性（時間信頼性）が向上しています。

○平均所要時間が45分から29分と16分減。
○20回に1回程度（平日1カ月間に1回程度）遭遇するレベルの渋滞での所要時間も，61分から32分に29分減。20回に1回程度（平日1カ月間に1回程度）遭遇するレベルの渋滞による遅れ（平均より余計にかかる時間）も，16分から3分に13分減。
○渋滞遭遇時の遅れ時間も短縮され，名古屋中環状線の時間信頼性が向上しています。

■20回に1回程度（平日1カ月間に1回程度）
　遭遇するレベルの渋滞での所要時間

□ □：平均所要時間
▨ ▨：20回に1回程度（平日1カ月間に1回程度）遭遇するレベルの渋滞による遅れ（平均より余計にかかる時間）

利用データ：プローブ旅行時間データ
　　　　　開通前　平成22年4〜6月（平日）
　　　　　開通後　平成23年4〜6月（平日）

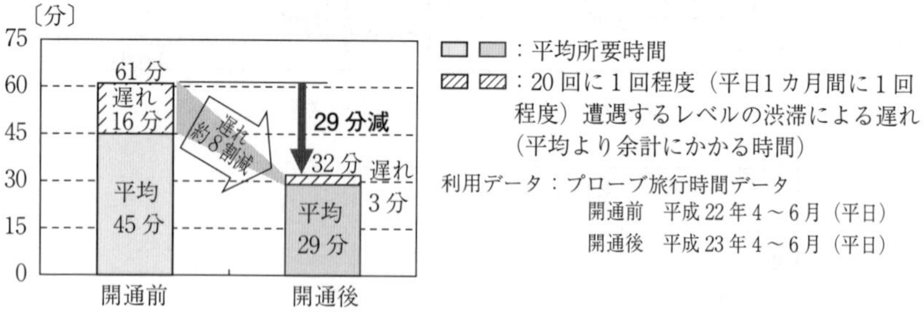

図9.10　時間信頼性指標の比較（文献4）をもとに作成

図9.11のとおり，平均値が開通後に45分から29分に16分減少（3割減）したことも同時に示している。しかし，この減少幅「16分減」あるいは「3割減」は，95パーセンタイル値の「29分減」やバッファータイムの「8割減」が与えるインパクトに比べて小さい。

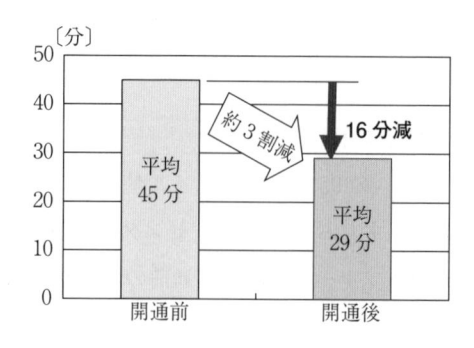

図9.11　平均所要時間の比較
　　　　（文献4）をもとに作成

9.2　道路交通のサービスレベルの評価事例　　143

● わかりやすい表記による時間信頼性の説明

　図9.10では，95パーセンタイル値およびバッファータイムのような専門用語ではなく，平易な用語を使用している．例えば95パーセンタイル値を「20回に1回程度（平日1カ月間に1回程度）遭遇するレベルの渋滞での所要時間」，バッファータイムを「20回に1回程度（平日1カ月間に1回程度）遭遇するレベルの渋滞による遅れ（平均より余計にかかる時間）」と表現している．

　また，評価区間の表記の仕方にも工夫がみられる．もし，評価区間を正式な交差点名による「牧の原南交差点-大平戸交差点」とすると，車を利用しない人が位置をイメージしづらいと感じることもあるだろう．このため，起点を「高針周辺」，終点を「大高のショッピングセンター」とし，車を利用しない人も含めた多くの住民にとってわかりやすいと思われる名称を使用している．

9.2　道路交通のサービスレベルの評価事例

　混雑解消等の対策を実施することが必要な箇所を特定したり，優先順位付けを行ったりするためには，現況の道路交通のサービスレベルを的確に把握しておくことが重要である．

　これまで，おもに道路交通センサス[5]の結果を用いて全国を俯瞰した道路交通のサービスレベルの把握を行ってきた．これは，5年に一度実施される全国規模の調査である．ここでの旅行速度は，秋季のある1日の朝または夕方の混雑時間帯のみを対象に実走行により計測されていたため，いくつか課題があった．

　例えば図9.12に示すように，「朝の通勤時間帯のみ混雑している区間」と，「日中慢性的に混雑している区間」とでは，1日を通した道路交通のサービスレベルは大きく異なる．また，ある県の月別の平均旅行速度（図9.13）をみると，1月と2月の値は他の月とは異なっている．しかし，上記の調査方法ではこういった詳細な交通状況を捉えることができない．

　近年，9.1節で示したプローブ旅行時間データを用いることにより，旅行速

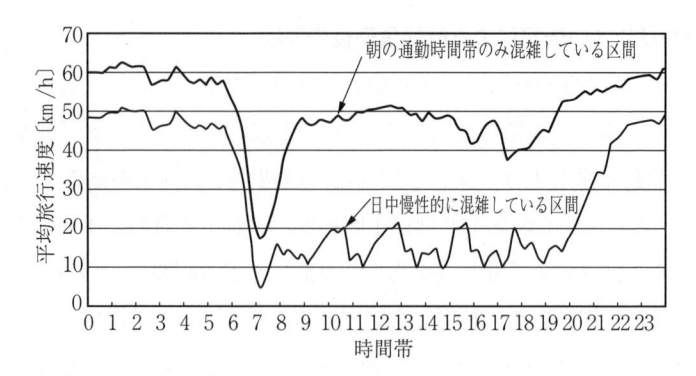

144   9. 時間信頼性に関する指標を用いた評価事例

図 9.12 1 日の平均旅行速度の変化

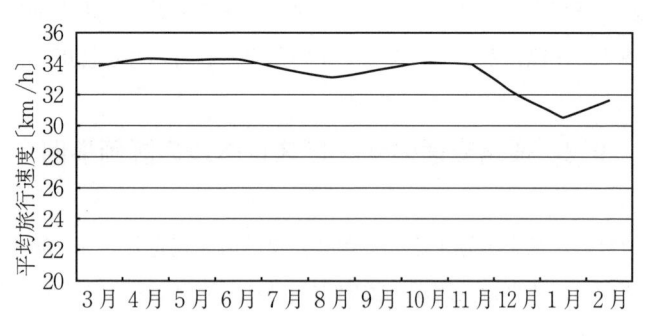

図 9.13 1 年間の平均旅行速度の変化

度を常時計測し，365 日 24 時間の道路交通のサービスレベルを把握することが可能になった．本節では，プローブ旅行時間データから算定した時間信頼性指標を用いて道路交通のサービスレベルを評価した事例を示す．

9.2.1　県・路線単位の時間信頼性の評価

表 9.3 は，国土交通省が管理する道路における平日の朝の混雑時間帯（7～9時）の時間信頼性指標を，県単位，路線単位で算定したものである．ここでの値は，交通調査基本区間[6),7)]†単位で算定した値を，区間距離で重み付け平均

---

† 幹線道路を対象とした各種交通調査の基本となる区間であり，おもに幹線道路同士の交差点間で区切られている．全国の都道府県道以上を対象に約 9 万区間が設定されている．区間当たりの平均延長は約 2 km である．

表 9.3 県単位,路線単位の時間信頼性指標(平成 23 年度,関東の例)

都道府県	路線〈国道〉	総延長(全国)〔km〕	延長(県内)〔km〕	BTI_{95} $(T_{95}-T_{ave})/T_{ave}$	PTI T_{95}/T_{free}	20 km/h を下回る割合
茨城県	4 号	887.6	28.5	0.44	2.59	0.09
	6 号	378.2	149.9	0.49	2.83	0.12
	50 号	159.9	82.5	0.41	2.40	0.06
	51 号	133.8	80.2	0.30	1.92	0.02
栃木県	4 号	887.6	163.6	0.38	2.28	0.05
	50 号	159.9	41.0	0.29	2.08	0.03
群馬県	17 号	389.1	126.9	0.37	2.26	0.06
	18 号	211.7	40.0	0.32	1.97	0.03
	50 号	159.9	36.4	0.37	2.53	0.07
埼玉県	4 号	887.6	65.5	0.46	2.71	0.12
	16 号	273.8	56.9	0.45	3.27	0.18
	17 号	389.1	137.6	0.48	2.95	0.16
千葉県	6 号	378.2	23.5	0.48	2.94	0.11
	16 号	273.8	109.0	0.47	3.24	0.13
	51 号	133.8	53.6	0.43	2.63	0.11
東京都	1 号	678.5	18.3	0.58	4.20	0.33
	4 号	887.6	14.4	0.70	4.88	0.37
	6 号	378.2	15.1	0.61	4.90	0.41
	16 号	273.8	32.5	0.62	3.79	0.26
	17 号	389.1	19.5	0.60	4.53	0.33
	20 号	229.3	55.8	0.54	3.35	0.21
	246 号	123.8	16.4	0.78	4.73	0.31
神奈川県	1 号	678.5	78.6	0.55	3.17	0.16
	16 号	273.8	75.4	0.54	3.76	0.25
	20 号	229.3	13.9	0.28	1.66	0.04
	246 号	123.8	71.7	0.60	3.48	0.22
山梨県	20 号	229.3	101.8	0.31	1.90	0.04
	52 号	110.5	91.1	0.31	1.97	0.05
長野県	18 号	211.7	134.4	0.41	2.28	0.06
	19 号	272.2	177.1	0.29	1.84	0.04
	20 号	229.3	57.8	0.37	2.22	0.07
	153 号	129.9	51.1	0.23	1.62	0.01

して算定している.いずれの指標をみても東京都の値が高く,都心部における道路での時間信頼性が小さいことがわかる.

なお,プランニングタイムインデックス(PTI)の算定では,交通調査基本区間ごとに観測されたすべての旅行時間データの小さいものから 10% に当たる値を自由走行時間 T_{free} とした.

「20 km/h を下回る割合」は,7 時台,8 時台,17 時台および 18 時台の 4 つ

の時間帯で観測された旅行速度データ（1時間値）のうち 20 km/h を下回るデータの割合を示すもので，式（9.1）により算定した．

$$P_{20\,\text{km/h 以下},i} = \frac{N_{20\,\text{km/h 以下},i}}{N_i} \times 100 \tag{9.1}$$

$P_{20\,\text{km/h 以下},i}$：交通調査基本区間 i において 20 km/h を下回る割合

N_i：交通調査基本区間 i において旅行速度が観測された時間帯の数

$N_{20\,\text{km/h 以下},i}$：交通調査基本区間 i において 20 km/h 以下となる時間帯の数

交通調査基本区間 i における「20 km/h を下回る割合」の算定例を示す（**図 9.14**）．評価対象期間（平成 23（2011）年 4 月 1 日〜平成 24（2012）年 3 月 31 日）の平日の 7 時台，8 時台，17 時台および 18 時台の 4 つの時間帯で，旅行速度が観測された時間帯（1 時間値）の数をカウントする（N_i=211）．このうち，20 km/h 以下となる時間帯（■）の数をカウントし（$N_{20\,\text{km/h 以下},i}$=58），N_i に占める割合を求める（58/211=27.5％）．

	7時台	8時台	…	17時台	18時台
H23.04.01（金）	18.8	22.6		20.7	22.8
04.02（土）	26.3	−		23.3	21.8
04.03（日）	−	41.6		33.2	21.6
04.04（月）	38.1	25.7		39.0	39.9
04.05（火）	26.6	26.3		44.2	21.0
04.06（水）	36.3	17.9		33.0	20.7
︙					
H24.03.25（日）	31.4	20.5		20.5	18.0
03.26（月）	22.1	26.4		30.7	33.8
03.27（火）	24.8	24.0		22.0	25.7
03.28（水）	20.9	25.4		23.2	19.1
03.29（木）	39.2	19.7		21.5	−
03.30（金）	19.9	23.2		42.1	37.3
03.31（土）	−	21.0		33.7	24.9

〔単位：km/h〕

【凡例】
■：20 km/h となる時間帯
−：旅行時間データが取得できなかった時間帯

【算定例】
平日の 7, 8, 17, 18 時台の 4 つの時間帯で旅行速度が観測された時間帯の数
N_i =211
20 km/h 以下となる時間帯（■）の数
$N_{20\,\text{km/h 以下},i}$ =58
$P_{20\,\text{km/h 以下},i} = \dfrac{N_{20\,\text{km/h 以下},i}}{N_i}$
=58/211=27.5％

図 9.14　20 km/h を下回る割合の算定例

9.2.2 主要交差点間の時間信頼性の評価

図 9.15 は，国道 6 号（国道 16 号交差点～国道 293 号交差点間 99.7 km）

7 時台〔分〕

発 地		着 地							
		356号交差点	294号交差点	6号BP交差点	408号交差点	354号交差点	355号交差点	51号交差点	293号交差点
16号交差点からの距離〔km〕		2.7	9.8	17.0	23.7	31.7	49.1	79.0	99.7
16号交差点	平均値	4	17	30	47	63	96	143	177
	90%タイル値	6	24	39	60	78	116	167	205
	BTI_{90}	0.46	0.45	0.32	0.27	0.24	0.22	0.17	0.16
356号交差点	平均値		12	26	43	59	91	139	173
	90%タイル値		19	34	55	74	111	163	200
	BTI_{90}		0.52	0.34	0.28	0.24	0.22	0.17	0.16
294号交差点	平均値			13	31	47	81	131	165
	90%タイル値			17	40	59	100	154	192
	BTI_{90}			0.31	0.29	0.26	0.23	0.18	0.16
6号BP交差点	平均値				17	34	68	119	153
	90%タイル値				24	44	85	141	179
	BTI_{90}				0.39	0.31	0.25	0.18	0.17
408号交差点	平均値					16	52	103	139
	90%タイル値					22	67	123	162
	BTI_{90}					0.37	0.28	0.19	0.17
354号交差点	平均値						36	87	125
	90%タイル値						48	105	147
	BTI_{90}						0.34	0.20	0.17
355号交差点	平均値							52	94
	90%タイル値							64	112
	BTI_{90}							0.23	0.20
51号交差点	平均値								45
	90%タイル値								60
	BTI_{90}								0.33

凡例：BTI_{90} 0.4未満　　BTI_{90} 0.4以上0.5未満　　BTI_{90} 0.5以上

図 9.15 主要交差点間の時間信頼性指標

の下り7時台の時間信頼性指標を，主要交差点間単位で算定したものである（平成21（2009）年4月から平成23（2011）年11月の平日656日）。ここでの値は，まず交通調査基本区間単位で標準偏差を算定し，式（9.2）を用いて算定している[8]（**図9.16**）。これをみると，都心寄りの国道16号交差点〜国道294号間でBTI_{90}が大きく（図9.15中0.45，0.46，0.52），他の区間より時間信頼性が小さいことがわかる。

$$\sigma_{Path}^2 = \sum_{i=1}^{n} \sigma_i^2 + 2\sum_{i=1}^{n-1}\sum_{j=i+1}^{n} \sigma_i^2 \sigma_j^2 \rho_{ij} \tag{9.2}$$

σ_{Path}：主要交差点間（交通調査基本区間1〜n）の標準偏差
σ_i：交通調査基本区間iの旅行時間の標準偏差
σ_j：交通調査基本区間jの旅行時間の標準偏差
ρ_{ij}：交通調査基本区間iとjの旅行時間の相関係数

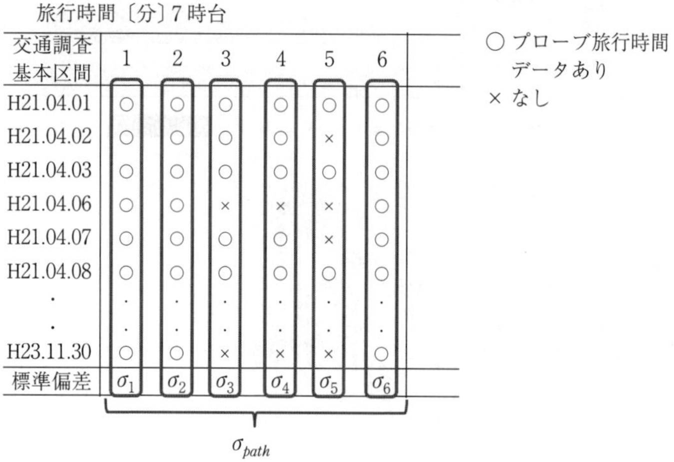

図9.16 交通調査基本区間単位の標準偏差の統合

図9.17は，国道6号上りにおける90パーセンタイル値およびBTI_{90}を算定し，国道293号交差点を「ピーク時（7時台）」に出発した場合と，「オフピーク時（10時台）」に出発した場合の値を比較したものである[8]。横軸は国道293号交差点からの距離である。ピーク時はオフピーク時より90パーセンタ

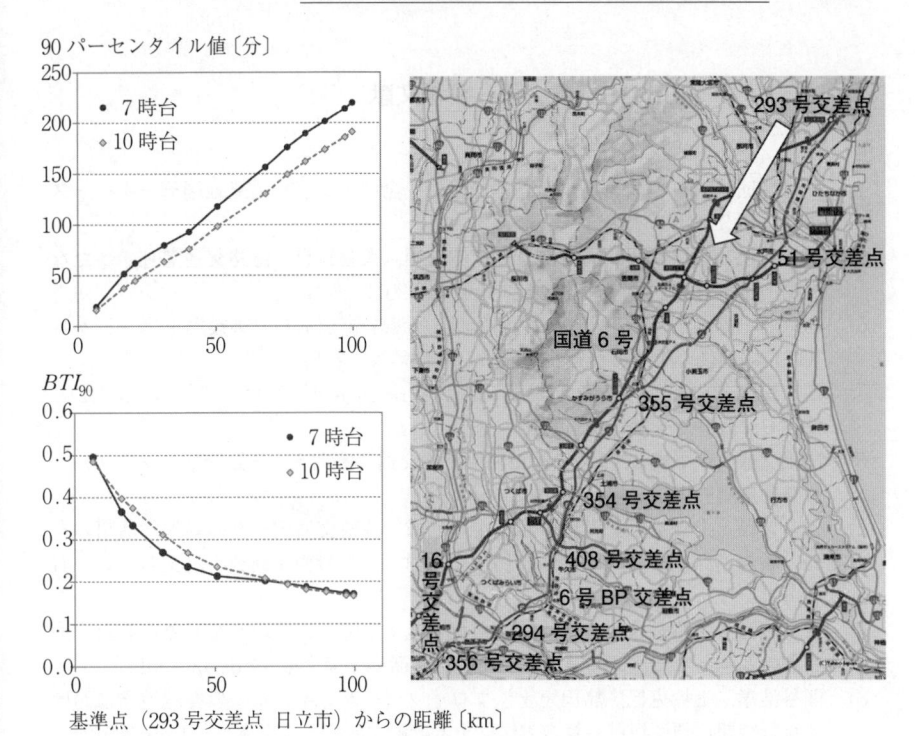

9.2 道路交通のサービスレベルの評価事例

(90 パーセンタイル値および BTI_{90}　7 時台と10 時台（国道 6 号上り））

図 9.17 異なる時間帯の時間信頼性指標の比較

イル値が大きく，かつ BTI_{90} が小さい（変動が小さい）。このことから，ピーク時の旅行時間は「高め安定」，つまり慢性的に混雑していることがわかる。

謝　辞

「9.2.2 主要交差点間の時間信頼性の評価」の研究を進めるに当たり，「交通工学研究会『実用的な旅行時間信頼性指標に関する展開研究グループ（代表：東京工業大学　朝倉康夫教授)』」から，丁寧かつ熱心なご指導を賜りました。ここに感謝の意を表します。

引用・参考文献

1) 一般財団法人日本デジタル道路地図協会:全国デジタル道路地図データベース標準,第 3.8 版(2009)
2) 上坂克巳,門間俊幸,橋本浩良,松本俊輔,大脇鉄也:道路交通調査の新たな展開,土木計画学研究・論文集,Vol. 43(2011)
3) 新東名(静岡県)インパクト調整会議:新東名高速道路(御殿場 JCT～三ヶ日 JCT)開通後 1 年間の交通状況および整備効果(2013)
4) 国土交通省中部地方整備局:名二環(名古屋南 JCT～高針 JCT)・国道 302 号開通 6 ヶ月後の交通状況(2011)
5) 国土交通省:平成 22 年度全国道路・街路交通情勢調査(道路交通センサス)一般交通量調査実施要綱(2010)
6) 松本俊輔,上坂克巳,大脇鉄也,古川 誠:各種交通データの効率的活用のための幹線道路網のリンク表現に関する検討,土木計画学研究・論文集,Vol. 41(2010)
7) 松本俊輔,大脇鉄也,古川 誠,上坂克巳:全国の幹線道路を対象とした交通調査の基本となる区間の導入,土木計画学研究・論文集,Vol. 43(2011)
8) 関谷浩孝,上坂克巳,諸田恵士:プローブデータを用いた一般幹線道路における旅行時間信頼性指標の算定方法,土木計画学研究・論文集,Vol. 45(2012)

II部 信頼性評価の方法と事例

10

代替経路形成による時間信頼性向上および交通分散・代替効果の評価

　高速道路における所要時間の信頼性を論じるうえで，代替経路の存在が信頼性に及ぼす影響は大きいと考えるが，このことに関する実証的知見は必ずしも十分に蓄積されているとはいえない．本章では，名神高速道路と京滋バイパスによる2ルート区間を対象として，所要時間信頼性指標（時間信頼性指標）を用いて代替経路形成に伴う交通分散，および災害や交通事故，あるいは補修工事等（以下，「インシデント」という）の回避効果を分析し，経路選択可能なネットワークの形成が所要時間信頼性にもたらす効果の実証的評価を行う[1]．

10.1 分析対象とデータ

　分析対象区間を図10.1に示す．京滋バイパス全通により2ルート化された

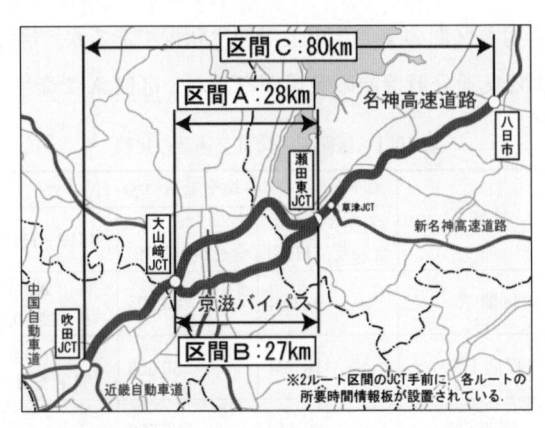

注）分析対象年である平成19年時点では，新名神高速道路は開通していない（平成20年2月23日開通）

図10.1　分析対象区間位置図

名神高速道路の瀬田東JCT~大山崎JCT間(区間A:約28 km),京滋バイパスの瀬田東JCT~大山崎JCT間(区間B:約27 km),および2ルート区間を含む名神高速道路の八日市IC~吹田JCT間(区間C:約80 km)を対象とする.

分析対象期間は,京滋バイパス全通(平成15(2003)年8月)前後の各1年間とし,全通直後の不安定な交通状況下の比較を避けるため,全通前は平成13(歴)年,全通後は平成19(歴)年とした.分析に使用するデータは,本線上に約2 km間隔で設置されている車両感知器により計測される速度データとし,タイムスライス法により毎日の時間帯別の所要時間データを算出した.

10.2 交通分散に伴う所要時間の信頼性回復効果

10.2.1 交通状況の変化

京滋バイパス全通前後における分析対象区間の平均日交通量を表10.1に示す.また,交通集中渋滞の発生回数を表10.2に示す.なお,分析対象区間には複数のIC区間が存在するため,各IC区間の平均日交通量をIC区間の延長で加重平均することにより,対象区間の平均交通量を算出した.

つぎに,分析対象区間の交通集中渋滞発生状況であるが,区間Aにおいて2ルート化による交通分散機能の発現がみられ,区間Aで発生する交通集中

表10.1 区間別平均日交通量の比較

区間	区間平均交通量〔台/日〕		
	京滋バイパス全通前(H13)	京滋バイパス全通後(H19)	H19−H13
区間A	92 984	83 905	▲9 079 (9.8%減)
区間B*	16 594	30 660	14 066 (84.8%増)
区間C	88 443	90 559	2 116 (2.4%増)

* 平成13年の区間B(京滋バイパス)は部分開通時点の交通量

10.2 交通分散に伴う所要時間の信頼性回復効果

表 10.2 区間別交通集中渋滞発生回の比較

区間	交通集中渋滞発生回数〔回/年〕		
	京滋バイパス全通前（H13）	京滋バイパス全通後（H19）	H19－H13
区間 A	1 050	310	▲740 (70.5 % 減)
区間 B*	14	38	24 (171.4 % 増)
区間 C	1 452	888	▲564 (38.8 % 減)
区間 A＋B （2ルート区間）	1 064	348	▲716 (67.3 % 減)
区間 C－A （2ルート区間外）	402	578	176 (43.8 % 増)

＊ 平成13年の区間B（京滋バイパス）は部分開通時点の渋滞

渋滞は 70.5 %，740 回減少している。2 ルート区間全体（区間 A＋B）でみても 67.3 %，716 回減少しており，同様に交通分散機能が確認される。区間 C では京滋バイパス全通前後で 38.8 %，564 回減少しているが，区間 A を除く区間（区間 C－A）では，交通量の増加に伴い，交通集中渋滞が 43.8 %，176 回増加している。

10.2.2 平均所要時間の変化

2 ルート区間に位置する名神ルートである区間 A と，2 ルート区間を包括する名神ルートである区間 C の，京滋バイパス全通前後における出発時刻別平均所要時間を図 10.2 と図 10.3 に示す。ここで，平均所要時間は毎正時に出発する1年間すべての所要時間データの平均値である。区間 A と区間 C における平均所要時間の時間帯別変動傾向はおおむね一致している。

京滋バイパス全通に伴い交通分散が図られている区間 A では，上下線ともに混雑時間帯における平均所要時間が5分程度短縮しており，京滋バイパス全通後は1日を通じて安定した平均所要時間が実現している。

一方，区間 C の上り線では区間 A の混雑緩和により，混雑時間帯の平均所要時間が改善しているが，下り線においては京滋バイパス全通後の平均所要時

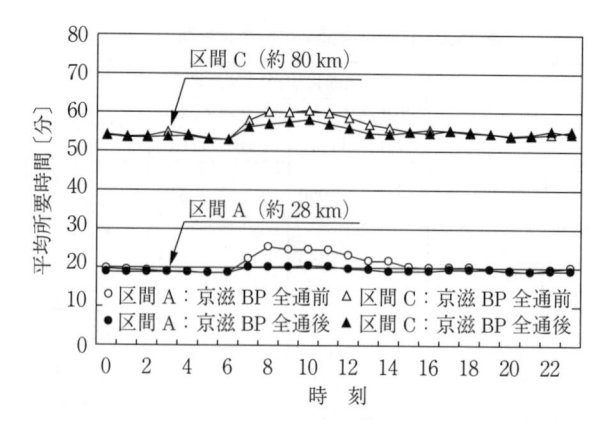

図10.2 区間A・Cの平均所要時間（上り：全日）

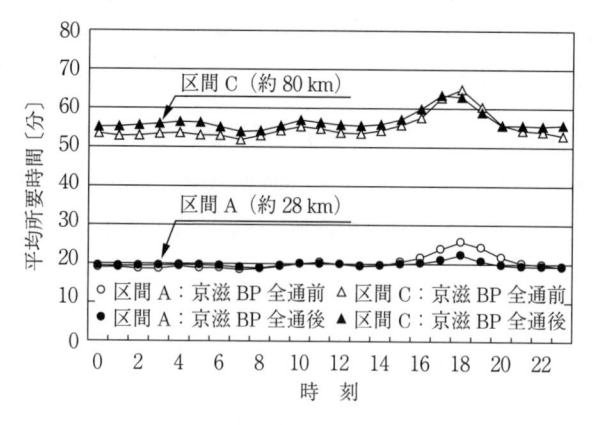

図10.3 区間A・Cの平均所要時間（下り：全日）

間は，ほぼ終日にわたり全通前のそれを上回る．これは，京滋バイパス開通以前は名神高速道路の集中工事は瀬田東JCT以東にて実施していたが，平成15年の京滋バイパス開通以後は対象区間を吹田JCTまで西伸したため，交通集中に起因する渋滞は減少する一方，集中工事による渋滞が新たに発生したことが原因と考えられる．

実際，区間Cの下り線における京滋バイパス開通前（平成13年）と開通後（平成19年）の渋滞回数は，交通集中によるものがおのおの742回と494回（248回の減少）であるのに対し，工事によるものはおのおの254回と555回

（301回の増加）であり，事故等も含む総渋滞回数は全通前の1 178回から全通後は1 200回と微増している．なお，区間C上り線においても，バイパス全通後の総渋滞回数は全通前を上回っているが，平均所要時間の増加はみられない．平均所要時間の変動要因については，渋滞回数ではなく渋滞量（km・hr）の変動等，より詳細な分析が必要と考えられる．

10.2.3 時間信頼性の変化

京滋バイパス全通前後の区間A，および区間Cにおける全日のピーク時における所要時間信頼性指標の算出結果を，**表10.3**と**表10.4**に示す．ここで，平日と休日では交通状況が異なると考えられるが，全日を評価対象としたのは，京滋バイパス全通後に年間を通じて安定した所要時間を提供可能になったかを検証するとともに，インシデント発生時に迂回可能な状況にあるかの検証

表10.3 京滋バイパス全通前後の信頼性指標の変化（区間A）

指標	上り線（8時台）		下り線（18時台）	
	全通前 (H13)	全通後 (H19)	全通前 (H13)	全通後 (H19)
T_{min}〔分〕	16.8	16.8	17.6	18.0
T_{ave}〔分〕	25.5	20.2	25.3	21.5
PT〔分〕	51.1	25.8	40.9	25.9
BT〔分〕	25.6	5.6	15.6	4.4
PTI	3.04	1.54	2.32	1.44
BTI	1.00	0.28	0.62	0.20

表10.4 京滋バイパス全通前後の信頼性指標の変化（区間C）

指標	上り線（8時台）		下り線（18時台）	
	全通前 (H13)	全通後 (H19)	全通前 (H13)	全通後 (H19)
T_{min}〔分〕	47.1	47.7	49.2	50.5
T_{ave}〔分〕	60.1	57.4	63.1	61.0
PT〔分〕	88.8	76.7	94.1	86.3
BT〔分〕	28.7	19.3	31.0	25.3
PTI	1.89	1.61	1.91	1.71
BTI	0.48	0.34	0.49	0.41

に着目したためである．また，ピーク時を対象としたのは，対象区間は毎日恒常的に渋滞が発生する区間ではないため，渋滞が発生する日と未発生の日が混在するピーク時が，1日のうちで最も所要時間の分散が大きい時間帯と考えたからである．

算出に当たっては，上り線（名古屋方向）のピーク時は8時台（最上流地点出発時刻），下り線（大阪方向）のピーク時は18時台を対象として，車両感知器の計測単位である5分間隔ごとの所要時間データ（1時間につき12サンプル）を使用している．代替経路形成時におけるインシデントの回避効果について実証するため，対象とする所要時間データは平常時だけでなくインシデント発生時も含めて分析している．

代替経路形成に伴う交通分散により混雑緩和している区間Aでは，上下線ともに各指標で改善傾向を示している．95パーセンタイル所要時間であるPTは上り線で約25分に半減し，下り線で3割以上，約15分短縮しており，大きな遅延の発生が減少している．また，利用時の余裕時間と位置付けられるBTは，上下線ともに，全通前の1/3～1/5に相当する5分程度まで大きく短縮しており，区間Aでは京滋バイパス全通前に比べ所要時間の信頼性は向上しているといえる．区間Aの所要時間信頼性向上に伴い，区間Cでも各指標に改善の傾向がみられる．また，京滋バイパス全通後における区間Aと区間Cの所要時間信頼性を，PTI，BTIで比較すると，全通後は両指標ともに2ルート区間である区間Aの方が，より信頼性が高いとの結果を得ている．

つぎに，所要時間信頼性指標の算出に用いた京滋バイパス全通前後における区間Aと区間Cの所要時間分布を，図10.4～図10.7に示す．区間Aでは，京滋バイパスの全通により所要時間の分布形状が改善されている．

例えば，**図10.4**から，上り線の8時台では，京滋バイパス全通前は平均所要時間（25分）が最頻値（19分）よりも約5分大きかったが，京滋バイパス全通後はおおむね最頻値（19分）と平均値（20分）が一致している．京滋バイパス全通後は，平均所要時間を押し上げるほどの大きな遅延の発生が減少していることを裏付けている．この傾向は**図10.5**でも同様である．

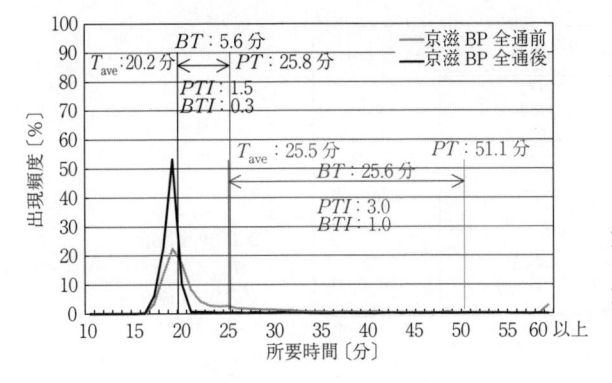

10.2 交通分散に伴う所要時間の信頼性回復効果

図 10.4 区間 A の所要時間分布比較（上り線 8 時台）

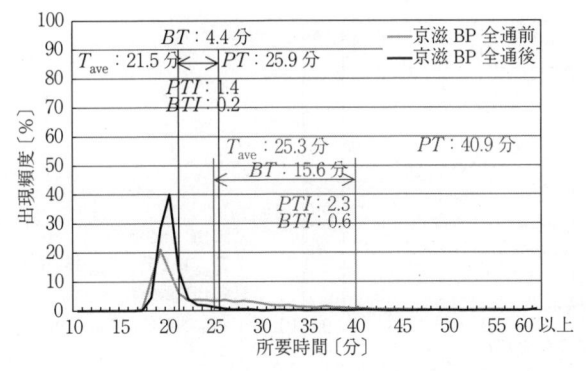

京滋 BP 全通前
 T_{min}:16.8 分, T_{max}:183.7 分
京滋 BP 全通後
 T_{min}:16.8 分, T_{max}:61.8 分

図 10.5 区間 A の所要時間分布比較（下り線 18 時台）

京滋 BP 全通前
 T_{min}:17.6 分, T_{max}:126.9 分
京滋 BP 全通後
 T_{min}:18.0 分, T_{max}:144.3 分

一方，区間 C では京滋バイパス全通前後で所要時間の信頼性指標は改善しているが，**図 10.6**，**図 10.7** からわかるように，所要時間の最頻値が右側に 2 分程度シフトしている．通常時の所要時間の大半は最頻値の所要時間周辺に位置することから，当該区間では通常時におけるサービスレベルが若干低下していることになる．区間内の一部に代替経路が形成されるだけでは，区間全体のサービスレベルが必ずしも十分に向上するとは限らないことがあるといえる．

しかしながら，すでに述べたように，95 パーセンタイル所要時間等は減少しており，なんらかの原因で所要時間が長大になるようなことは減っており，（通常時のサービスレベルは若干低下していることがあるものの）信頼性自体

図 10.6 区間 C の所要時間分布比較（上り線 8 時台）

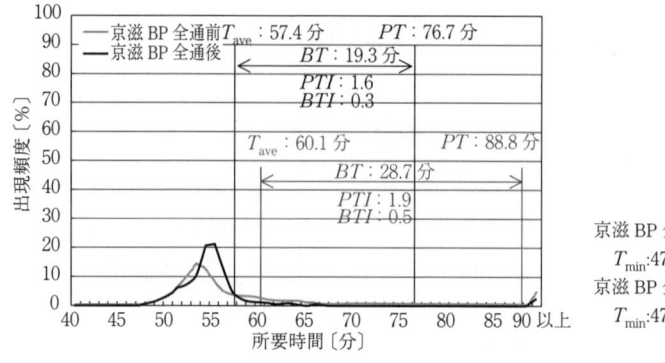

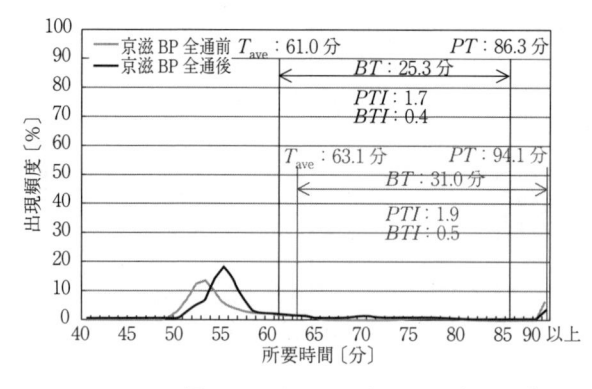

京滋 BP 全通前　T_{min}:47.1 分，T_{max}:203.5 分
京滋 BP 全通後　T_{min}:47.7 分，T_{max}:137.3 分

図 10.7 区間 C の所要時間分布比較（下り線 18 時台）

京滋 BP 全通前　T_{min}:49.2 分，T_{max}:159.5 分
京滋 BP 全通後　T_{min}:50.5 分，T_{max}:176.5 分

は向上していると考えても差し支えはないとも思われる。これについては，以下でさらに詳細に検討する。

10.3　代替機能による所要時間の信頼性向上効果

　経路選択可能な高速道路ネットワークは，交通分散による混雑緩和に寄与するだけでなく，代替機能（redundancy）も併せもつ。
　インシデント発生時にも利用者が適切に経路を選択することができれば，所要時間信頼性を低下させずに済むことが期待される。災害や荒天による通行止

め時のネットワーク評価としては,一般的に目的地への到達可能性を表す連結信頼性が適用されるが[2]，本節ではインシデント渋滞発生時に所要時間の増加を回避できるかどうかを,所要時間信頼性指標より検証する。

10.3.1 インシデントの遭遇確率

インシデント渋滞発生時における影響回避の可能性を検証するに先立ち,分析対象区間のインシデント遭遇状況を整理する。ここでは,分析対象区間の所要時間データのうち,インシデント渋滞に遭遇している所要時間データの構成率を「インシデント遭遇確率」と定義する。

区間 A～C についてその値を**表 10.5** に示す。分析対象は京滋バイパス全通後のピーク時の所要時間データである。代替経路形成に伴い交通分散が図られている区間 A のインシデント遭遇確率は4～5％であり，1カ月に1回（1/20～1/25）程度インシデント渋滞に遭遇する状況にある。区間 A を包含する区間 C では,区間 A よりも走行距離が長いことから,インシデント遭遇確率が8％前後まで上昇する。また,区間 A の代替経路である区間 B では,インシデント遭遇確率は1％未満と低く,インシデントの影響が小さい区間として機能している。参考として，対象区間のインシデント渋滞発生回数を**表 10.6** に示す。

表 10.5 インシデント遭遇確率（H19）

区間	方向	所要時間データサンプル数*			インシデント遭遇確率〔％〕(2/3×100％)
		1) インシデント未遭遇	2) インシデント遭遇	3) 計**	
区間A	上り線	3 958	161	4 119	3.9
	下り線	3 959	213	4 172	5.1
区間B	上り線	4 347	14	4 361	0.3
	下り線	4 321	38	4 359	0.9
区間C	上り線	3 341	282	3 623	7.8
	下り線	2 833	277	3 110	8.9

* 上り線は8時台,下り線は18時台の毎5分に出発する所要時間データ。
** 全サンプルは4 380（365日×1時間 12サンプル）であるが,データ欠測時は対象外としている。

表10.6 インシデント渋滞回数（H19）

区間	方向	インシデント渋滞回数〔回/年〕			
		交通事故	工事	その他	計
区間A	上り線	26	290	12	328
	下り線	19	231	12	262
区間B	上り線	5	8	0	13
	下り線	7	4	6	17
区間C	上り線	85	554	38	677
	下り線	116	555	35	706

10.3.2 インシデント遭遇時の所要時間

区間Aと区間Cを対象として，インシデント遭遇時の所要時間分布を図10.8〜図10.11に示す．インシデント遭遇時の所要時間は広範囲に分布しており，区間Aの下り線を除くと，出現しやすい所要時間レベルを明確にすることはできない．これは，インシデント渋滞は交通集中渋滞のように特定の場所で発生していないため，対象区間を走行する際に巻き込まれる渋滞の長さが事象ごとに異なること，また各インシデントの形態が異なることから，インシデント渋滞発生時の交通容量が一様でなく，その影響により渋滞中の走行速度が変動するためである．

インシデント遭遇時の所要時間に着目すると，年間の全所要時間に対してイ

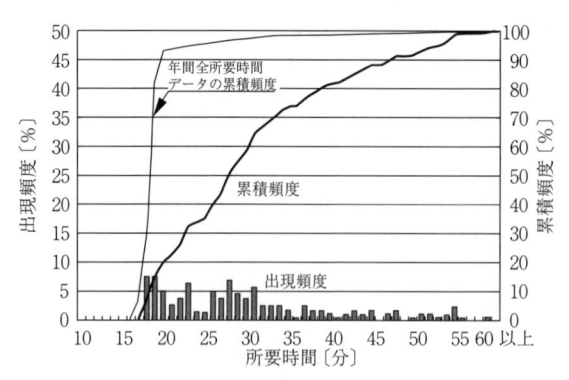

※区間A内のインシデント渋滞に遭遇した上り線8時台の所要時間データ（全161サンプル）を対象

図10.8 区間Aのインシデント遭遇時所要時間分布（上り線）

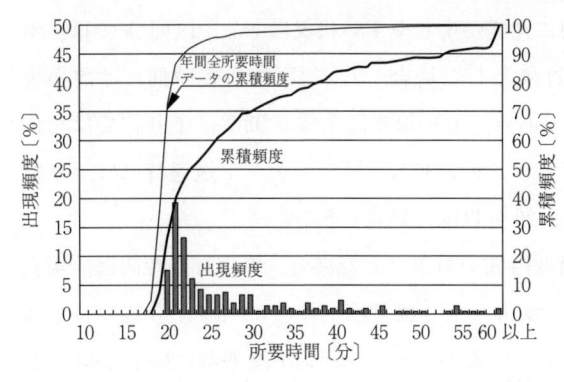

図 10.9 区間 A のインシデント遭遇時所要時間分布（下り線）

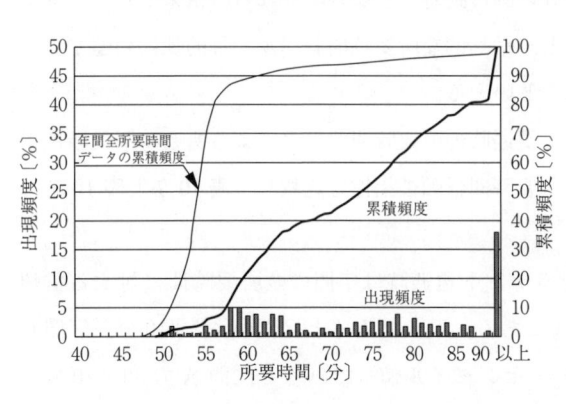

図 10.10 区間 C のインシデント遭遇時所要時間分布（上り線）

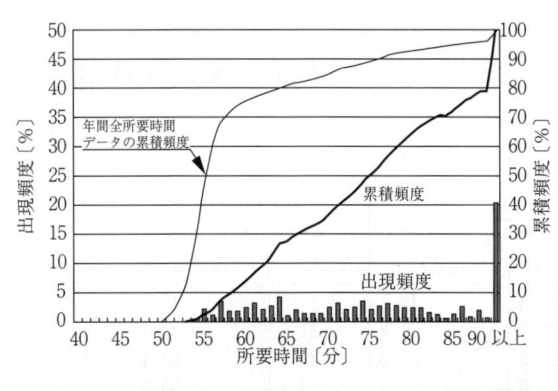

図 10.11 区間 C のインシデント遭遇時所要時間分布（下り線）

ンシデント遭遇時は相対的に遅延が生じやすい状況にある。区間Aでは，年間の全所要時間データを対象とした場合，T_{ave}（平均所要時間）は前掲表10.3に示すとおり約20分であり，上り線では全体の93％，下り線では全体の73％が20分以内で到着できるのに対し，インシデント遭遇時には上り線で20％，下り線で27％しか20分以内に到着できない。

区間Cでは，年間の全所要時間を対象とした場合，平均所要時間は前掲表10.4に示すとおり約60分であり，上り線では全体の89％，下り線では全体の75％が60分以内に到着しているが，インシデント遭遇時には上り線で22％，下り線で14％しか60分以内に到着できない。これらの結果から，一旦インシデント渋滞に遭遇すると，平均的な所要時間レベルで目的地に到達することは，ほとんど不可能であるといえる。

参考として，インシデント遭遇時の所要時間データによる所要時間信頼性指標と年間の全データによる所要時間信頼性指標を比較し，**表 10.7**と**表 10.8**に示す。

区間A，Cともに，インシデント遭遇時は年間の全所要時間に対する信頼性指標がより低下する傾向にある。T_{ave}でみると区間Aで約10分，区間Cで約20分増加，PT（95パーセンタイル値）でみると区間Aで30〜70分，区間Cで40分程度増加しており，両区間ともにインシデント遭遇時は大きく信頼性が低下するといえる。

代替経路形成区間において，インシデント渋滞を回避可能であれば，交通分

表 10.7 年間値とインシデント遭遇時の
信頼性指標比較（区間 A（H19））

指標	上り線（8時台）		下り線（18時台）	
	全データ（年間値）	インシデント遭遇時	全データ（年間値）	インシデント遭遇時
T_{min}〔分〕	16.8	18.1	18.0	19.5
T_{ave}〔分〕	20.2	31.2	21.5	32.9
PT〔分〕	25.8	53.6	25.9	98.1
BT〔分〕	5.6	22.4	4.4	65.2
PTI	1.5	3.0	1.4	5.0
BTI	0.3	0.7	0.2	2.0

表 10.8 年間値とインシデント遭遇時の信頼性指標比較（区間 C（H19））

指標	上り線（8時台）		下り線（18時台）	
	全データ（年間値）	インシデント遭遇時	全データ（年間値）	インシデント遭遇時
T_{min}〔分〕	47.7	50.5	50.5	54.0
T_{ave}〔分〕	57.4	76.5	61.0	80.2
PT〔分〕	76.7	113.6	86.3	124.7
BT〔分〕	19.3	37.1	25.3	44.5
PTI	1.6	2.2	1.7	2.3
BTI	0.3	0.5	0.4	0.6

散に伴う所要時間の信頼性回復に加え，インシデント回避効果が得られると考える．

10.3.3 インシデント回避の可能性検証

2ルート区間において，区間Aのインシデント渋滞を，代替経路となる区間Bを選択することにより回避可能か検証するため，区間Aのインシデント遭遇時における所要時間データと，同一時刻に出発する区間Bの所要時間データを比較して，**図 10.12** と **図 10.13** に示す．

図 10.12 から，上り線8時台では区間Aでインシデント渋滞に遭遇する可能性があったとしても，ほとんど遅延のない区間Bを選択することができれば，所要時間の遅延を回避可能な状況にある．図 10.13 から，下り線 18 時台

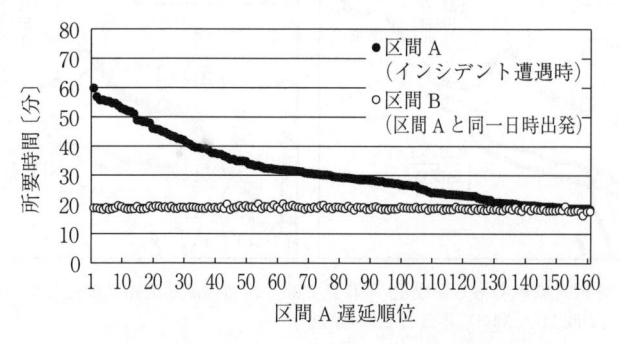

図 10.12 インシデント遭遇時の所要時間比較
（区間A：上り線8時台）

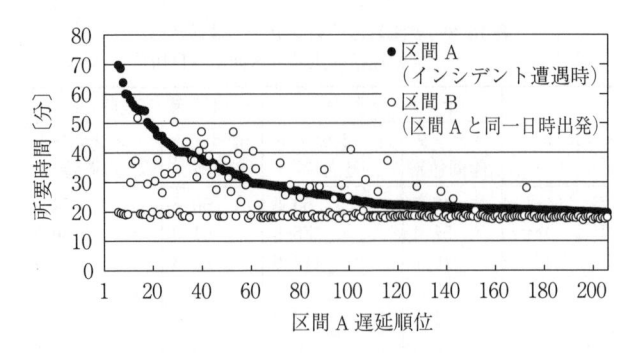

図10.13 インシデント遭遇時の所要時間比較
（区間A：下り線18時台）

では区間Aから区間Bに経路を変更できたとしても区間Bでも遅延が発生し，十分にインシデントの影響を回避しきれないケースがあることがわかる。このようなケースは全体の約15％出現しているが，残りの85％は遅延を回避できる可能性がある。このことから，区間Aでは適切な経路選択により，インシデント回避による信頼性向上効果が発現する可能性があるといえる。

なお，代替経路である区間Bでもインシデント発生時に遅延が生じるのは，インシデント発生位置に原因がある。区間Aの下り線走行時におけるインシデント渋滞遭遇パターンは，図10.14に示すようにインシデントを回避可能なケースと，回避不可能なケースに分類される。

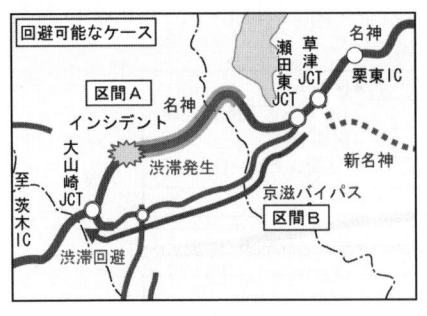

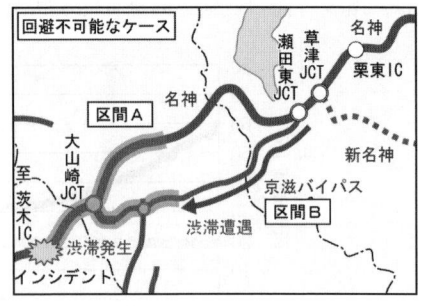

注）分析対象年である平成19年時点では，新名神高速道路は開通していない
（平成20（2008）年3月23日開通）

図10.14 インシデント発生時の代替機能概念図

10.3 代替機能による所要時間の信頼性向上効果　　　165

回避可能なケースは，区間A内でインシデントが発生する場合であり，インシデント渋滞の影響が区間Bに及ばないケースである．回避不可能なケースは，区間Aの下流側で発生したインシデント渋滞が延伸する場合であり，インシデント渋滞が区間Aと区間Bに延伸することにより，どちらを選択してもインシデント渋滞に遭遇するケースである．図10.13はこのようなケースが15％程度は発生したことを意味している．

なお，上り線では，分析対象時間帯に下流側区間からインシデント渋滞が延伸する事象は発生していない．上下線で異なる結果が得られた要因として，インシデント渋滞の発生状況が上下線で大きく異なることが挙げられる．

下り線では，区間AとBに影響を及ぼす可能性が高い名神高速道路の大山崎JCT〜茨木IC間（下り線）において，平成19（2007）年18時台（1年間）にインシデント渋滞が47件（事故28件，工事13件，その他6件）発生している．一方，上り線の区間AとBに影響を及ぼす可能性が高い名神高速道路の栗東IC〜瀬田東JCT間（上り線）では，平成19年8時台（1年間）にインシデント渋滞は4件（事故2件，工事2件）しか発生しておらず，影響を及ぼすインシデント渋滞の発生自体，上り線は下り線に比べきわめて少ない状況にある．

これら上下線でのインシデント発生件数の違いであるが，事故件数は交通量の違い（交通集中渋滞は前者が123件，後者は1件）に，工事件数は道路構造の老朽化度合いの違いに起因するものと推測される．

10.3.4 経路選択に伴う信頼性回復効果

区間A，Bおよび区間Cを対象として，2ルート区間では最短所要時間となる区間を選択すると仮定した所要時間信頼性指標の算出結果を表10.9〜表10.12に示す．なお，インシデント回避効果を検証するため，インシデント発生時のみ最短経路を選定するケースと，常時最短経路を選定する2ケースを比較検討している．

表10.9から，区間A，Bの上り線では，インシデント遭遇時に最短経路を

表 10.9 最短経路選択に伴う信頼性指標の変化
（区間 A, B：上り線 8 時台）

指標	京滋 BP 全通前	京滋 BP 全通後		
	区間 A 走行	区間 A 走行	最短経路選択	
			インシデント遭遇時	常時
T_{min}〔分〕	16.8	16.8	16.8	16.6
T_{ave}〔分〕	25.5	20.2	19.9	18.2
PT〔分〕	51.1	25.8	21.5	18.9
BT〔分〕	25.6	5.6	1.6	0.7
PTI	3.04	1.54	1.28	1.14
BTI	1.00	0.28	0.08	0.04

選択することにより，所要時間の信頼性が向上している．上り線ではインシデント遭遇時に代替経路（区間 B）に遅延が生じていないことから，利用時の余裕時間と位置付けられる BT が，5.6分から1.6分まで向上しており，インシデントによる信頼性の低下を抑制している．

一方，表 10.10 に示すように，下り線の BT は 4.4分から 3.8分までの短縮にとどまり，上り線に比べインシデントによる信頼性低下の抑制効果は小さい．これは，インシデント発生時以外にも大きな遅延の生じている所要時間データ（交通集中渋滞）が存在することを意味する．

常時最短経路を選択することにより，上り線の BT はさらに0.7分にまで短縮，下り線の BT も0.5分まで短縮することから，2ルート区間では適切に

表 10.10 最短経路選択に伴う信頼性指標の変化
（区間 A, B：下り線 18 時台）

指標	京滋 BP 全通前	京滋 BP 全通後		
	区間 A 走行	区間 A 走行	最短経路選択	
			インシデント遭遇時	常時
T_{min}〔分〕	17.6	18.0	17.0	16.7
T_{ave}〔分〕	25.3	21.5	21.1	18.6
PT〔分〕	40.9	25.9	24.9	19.1
BT〔分〕	15.6	4.4	3.8	0.5
PTI	2.32	1.44	1.46	1.14
BTI	0.62	0.20	0.18	0.03

10.3 代替機能による所要時間の信頼性向上効果

経路が選択されれば,確実な高速移動サービスを提供可能といえる.

2ルート区間を通過する区間Cでは,一部区間の経路選択であるもののインシデント遭遇時に所要時間信頼性は向上し,**表10.11**に示すように,上り線ではBTが19.3分から13.2分まで6.1分短縮する.一方,**表10.12**から,下り線では区間A,Bと同様の理由により25.3分から23.4分と1.9分しか短縮できない.

表10.11 最短経路選択に伴う信頼性指標の変化
(区間C:上り線8時台)

指標	京滋BP 全通前 区間C走行	京滋BP全通後		
		区間C走行	最短経路選択	
			インシデント遭遇時	常時
$T_{\min}$〔分〕	47.1	47.7	47.7	47.5
T_{ave}〔分〕	60.1	57.4	56.9	55.5
PT〔分〕	88.8	76.7	70.1	67.8
BT〔分〕	28.7	19.3	13.2	12.3
PTI	1.89	1.61	1.47	1.43
BTI	0.48	0.34	0.23	0.22

表10.12 最短経路選択に伴う信頼性指標の変化
(区間C:下り線18時台)

指標	京滋BP 全通前 区間C走行	京滋BP全通後		
		区間C走行	最短経路選択	
			インシデント遭遇時	常時
$T_{\min}$〔分〕	49.2	50.5	50.5	49.7
T_{ave}〔分〕	63.1	61.0	60.7	58.7
PT〔分〕	94.1	86.3	84.1	81.6
BT〔分〕	31.0	25.3	23.4	22.9
PTI	1.91	1.17	1.67	1.64
BTI	0.49	0.41	0.39	0.39

常時最短経路を選択した場合,さらに所要時間の信頼性は向上するが,区間A,Bに比べ信頼性は低い.常時経路選択が可能としたときの区間A,BのBTIは0.03〜0.04とほぼ確実な平均所要時間の提供が可能であるのに対し,区間CのBTIは0.22〜0.39である.これは,区間Cを95%の確率で到着

するには，常時最短経路を選べるとしても，平均所要時間の 1.2～1.4 倍は余裕を見込む必要があることを意味する．

最短経路選択時において，区間 A，B に比べ区間 C の所要時間信頼性が低いのは，代替経路形成区間以外のエリアにおいて遅延が生じているからであり，一部区間のみの経路変更だけでは信頼性の低下を回避できない場合もあるといえる．

10.4 京滋バイパスの代替効果分析のまとめと今後の課題

本章では，名神高速道路と京滋バイパスによる 2 ルート区間を対象として，所要時間信頼性指標を用いた代替経路形成区間の評価を試みた．その結果，経路選択可能な高速道路ネットワークの形成は，交通分散に伴う混雑緩和に起因した所要時間信頼性の回復に寄与するだけでなく，インシデント発生時には代替機能を発揮して，信頼性低下を抑制できる可能性があることを実証した．

今回の分析は京滋バイパス全通後に，年間を通じて安定した所要時間を提供可能となったか，インシデント発生時に迂回可能な状況にあるのかの検証に着目したことから，全日を対象に分析している．平日と休日の違いや季節の違いに着目した詳細な分析についても今後，必要だと思われる．また，代替経路の形成による交通分散に伴い，インシデントの発生件数自体が減少する効果も発現している可能性があるため，今後，複数年のデータを用いて代替経路の形成に伴うインシデント遭遇確率の変化を検証していくことが必要であると考える．

その他として，2 ルート区間を通過するトリップについて所要時間信頼性指標を算出し，区間内の一部に代替経路が形成されるだけでは，区間全体の所要時間に対する信頼性を十分に回復できない場合があることを示した．目的地までの確実な所要時間を提供するためには，経路選択可能な高速道路ネットワーク形成が重要であるといえよう．

なお最短経路の選択により，インシデント発生時以外においても所要時間信

頼性は向上するが，極端に転換が発生すると転換先で交通の集中による渋滞が発生することが危惧される。転換先の交通容量や渋滞発生状況を踏まえたうえで，経路選択情報をいかにわかりやすく高速道路利用者に提供していくかが，道路管理者としての今後の課題と考える。また，インシデント渋滞発生時の所要時間は，インシデント渋滞の大きさや種類，渋滞の延伸時に通過した場合と衰退時に通過した場合で大きく異なることから，経路選択情報を提供するうえでインシデントと所要時間の関連性についても検証していくことが必要であると考える。

また，今回対象としている経路選択可能区間は30km程度であり，高速道路ネットワークとしては狭域の区間である。広域な経路選択可能区間を対象にした代替ルート形成効果についても，検証する必要があると考える。

引用・参考文献

1) 足立智之，藤川　謙，朝倉康夫：代替経路を持つ高速道路区間の所要時間信頼性に関する実証分析，土木計画学研究・論文集，Vol. 26, pp. 551〜560（2009）
2) 飯田恭敬：交通計画のための新パラダイム―交通ネットワーク信頼性とOD交通量推定―，技術書院（2008）

■ II 部 信頼性評価の方法と事例

11

首都高速道路における
信頼性指標活用に関する取組み

　首都高速道路は開通総延長 300 km を超え 1 日の利用台数が約 100 万台に達する，首都圏の社会経済を支える基幹的な道路ネットワークである。2002年からインターネットで経路所要時間検索システムを，2009 年には，日本初の所要時間信頼性（時間信頼性）を考慮した統計所要時間提供サービスを提供し，信頼性を目に見える形で示している。
　この所要時間のばらつきを考慮した情報提供やその基本となっている首都高速道路における経路・所要時間・料金案内サービスについて紹介する[1],[2]。また，所要時間の信頼性とは異なった観点からの検討として，首都高速道路のネットワークの接続性（脆弱性）の評価についても紹介する。

11.1　信頼性指標に基づく情報提供サービス

　首都高速道路においては，所要時間情報に対するニーズの高さから，2002年よりインターネット上で「経路・所要時間案内」サービスを開始している。これは利用者が任意に指定した入口・出口（OD）に対する複数経路と，統計的に処理された所要時間を提供するものである。当サイトは，2002 年の開設以降，主として見やすさ・使いやすさの観点から徐々に改修を加えてきたが，2009 年 10 月より「所要時間信頼性」を考慮した新たな情報提供サービスを実施し，信頼性指標に基づく"所要時間のばらつき"を目に見える形で情報提供している。

11.1.1　時間信頼性に基づく情報提供サービス

　特定ルートの所要時間でも，曜日や時間帯，事故発生等により時々刻々と交

11.1 信頼性指標に基づく情報提供サービス

通状況は変化する.一般に「所要時間が読める」,もしくは「所要時間が読めない」時間帯やルートが存在する一方,利用者側でも「飛行機に搭乗するので遅れられない状況で知りたい『余裕を見込んだ確実な所要時間』」と「特に約束の時間はない状況で知りたい『平均的な所要時間』」では必要なレベルが異なる.そのため統計的に処理した所要時間の中から,利用者のニーズに応じた所要時間算出レベルを選択できるように4段階に細分化した.

さらに利用者により選択された算出レベル毎の所要時間優先ルートに,需要の時間分散を期待した前後3時間の所要時間推移グラフも加えて提供している.図11.1に選択画面および結果表示画面を示す.

所要時間の算出レベルは,50パーセンタイル値,70パーセンタイル値,85パーセンタイル値および95パーセンタイル値の4つを設定している.おのおののレベルに対して,想定している利用者の状況と首都高速道路の交通状況を表11.1のように設定しており,検索サイトの「使い方」のページでも目安となるレベルを案内している.

表11.1 所要時間の算出レベルと想定される状況

レベル (タイル値)	お客様の状況	首都高速道路の状況と所要時間のレベル
レベル1 (平均値) (50%タイル値)	「余裕はみずに,平均的な時間が知りたい.」	"通常はこれくらいで走行できる"平均的なときの所要時間
レベル2 (70%タイル値)	「約束の時間はないけど,少し余裕をもって向かいたい.」	やや余裕をもったときの所要時間
レベル3 (85%タイル値)	「遅れたくないけど,事故なら仕方ない…かも.」	1週間に1回くらいの渋滞(事故渋滞も含む)に巻き込まれたときの所要時間
レベル4 (95%タイル値)	「絶対に遅れたくない!」 (例:飛行機の搭乗時間があるなど)	1カ月に1回くらいのひどい渋滞(事故渋滞も含む)に巻き込まれたときの所要時間

ここで,提供している所要時間のパーセンタイル値について詳述する.当該検索サイトは任意ODに対応するため,リンクごとの区間所要時間のパーセンタイル値を積み上げて,ルート(OD間)の所要時間を提供している.「ルート全体における所要時間のパーセンタイル値(以下,ルートタイル値)」と

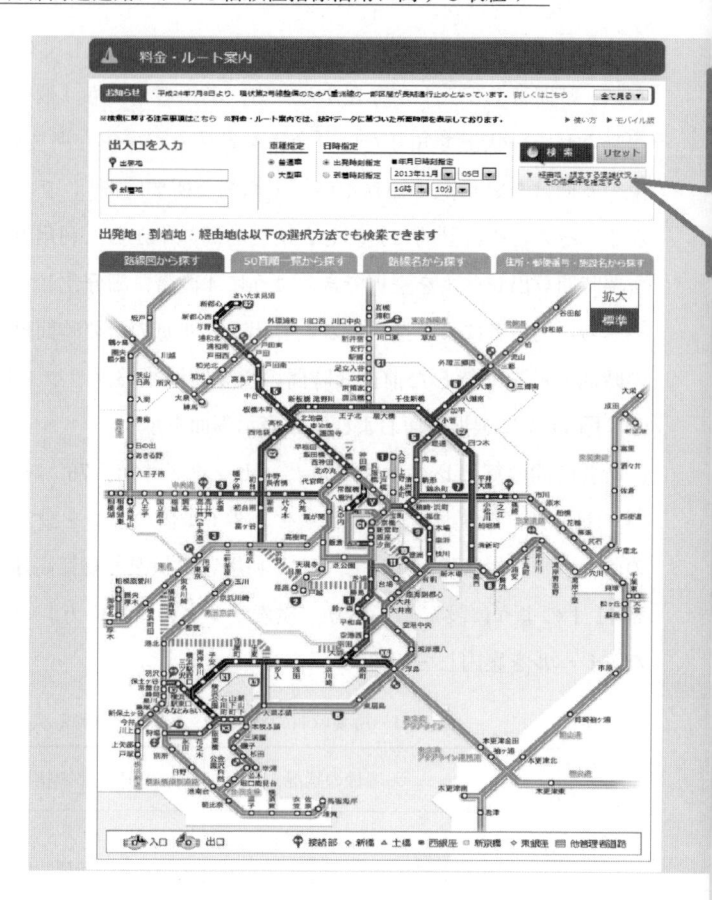

11. 首都高速道路における信頼性指標活用に関する取組み

図 11.1 所要時間信頼性を考慮

11.1 信頼性指標に基づく情報提供サービス 173

た多様な算出レベルによる提供

「リンクごとの所要時間のパーセンタイル値の積み上げ（以下，リンクタイル値）」については，この差異について検証し，目標のルートタイル値（50・70・85・95パーセンタイル値）に近似するリンクタイル値を設定した。

検証には，長トリップ・短トリップ，東京地区・神奈川地区をカバーする複数のODを選定し，目標のルートタイル値に対し，異なるリンクタイル値の誤差率が最小になり，かつ複数ルート間で誤差率にばらつきの少ないものを設定値として選定した結果を，図11.2に示す。

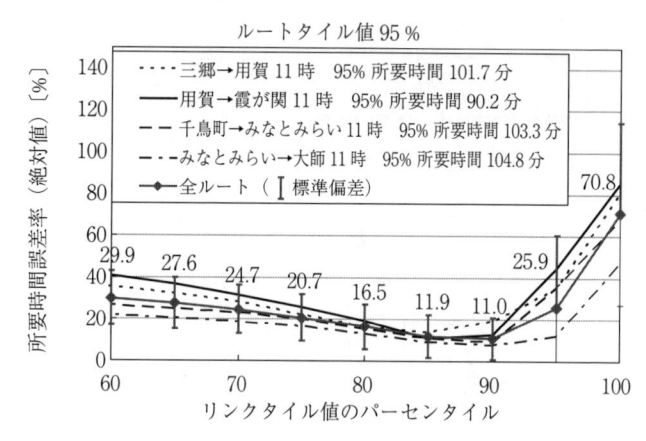

図11.2 ルートタイル値とリンクタイル値の検証

95％のルートタイル値についてはリンクタイル値90％が最適値となり，95％リンクタイル値の積み上げは，過大側の所要時間となり誤差率が大きくなる。中央値となる50％ルートタイル値は逆に，やや大きめの60％リンクタイル値が相当する等，「ルートタイル値＝リンクタイル値」とは必ずしもならないことがわかった。当該サイトで設定しているリンクタイル値を表11.2に示す。

表11.2 目標ルートタイル値と設定リンクタイル値

レベル	ルートタイル値	近似するリンクタイル値
レベル1	50％	60％
レベル2	70％	75％
レベル3	85％	85％
レベル4	95％	90％

11.1.2 首都高速道路における経路・所要時間提供サービスの変遷

首都高速道路において提供してきた経路・所要時間提供サービスについて，背景や変遷の概要を示す．中央環状線の5号線〜川口線間（板橋JCT〜江北JCT）が供用した2002年，複雑化する首都高速道路のネットワークでは，同一の入口・出口でも複数のルートが存在し，需要の空間分散を図るために出発前に任意ODの経路・所要時間情報の提供が求められていた．

これは，利用者にとって最適経路の把握にとどまらず，渋滞のピークを避ける行動計画の立案に役立ち，首都高速道路にとっても需要の時間分散が促進され，効率的な交通運用に資するものであった．2002年8月19日に初めて任意ODに対する「平均所要時間」提供が開始された．開始当時のサイトイメージを図 11.3（口絵参照）に示す．

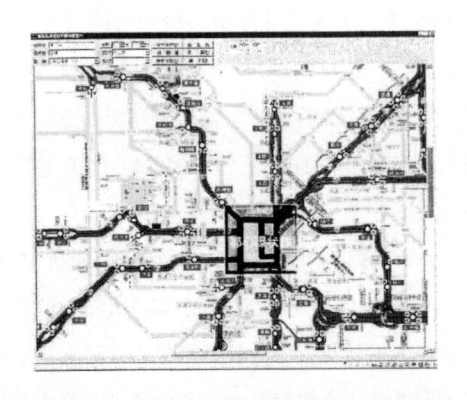

図 11.3 2002年運用開始当初の経路・所要時間検索画面

利用者は地図上から利用する入口・出口を選択，利用日時（出発時刻）を設定し検索するシステムである．検索結果は，距離最短ルートに加え，所要時間の短い3ルートが表示されるシステムであり，出発時刻変更を促すため前後時間帯の検索機能も備えていた．

利用者の意見も踏まえ，「見やすさ，使いやすさ，より精緻な所要時間」をコンセプトとして2004年に改修を行っている．月曜〜土曜，日・祝日，特異日（正月，ゴールデンウィーク，お盆）といった交通状況に応じたパターン分けを行い，パターン別の24時間について5分ごとのデータを有し，区間所要時間の中央値を用いて，指定されたOD間の所要時間を算出するものであった．

任意ODの設定としては，簡易地図からの選択，入口・出口一覧からの選択，直接入口・出口名を入力する3種類の検索方法となった．検索結果として，時間や距離のほかに，ETC割引料金やCO_2排出量（首都高速道路利用および一般街路利用）の表示を試みたのもこの時期である．この第2期の提供画面イメージを図11.4（口絵参照）に示す．なお，携帯電話による同様の検索サイトも併せて開設した．

2007年12月，中央環状線の4号線〜5号線間（西新宿JCT〜熊野町JCT）の供用がありネットワークが充実したことから，大幅な改修を行った．まず，全体の地図選択画面を大幅に見直し，検索結果のルート表示や所要時間や距離の一覧が同画面にて収まるよう設計した．これにより経由地指定や帰り道の検索が可能になり，首都高速道路出入口以外の主要なランドマークからの検索も可能になるほか，前後3時間の所要時間の推移グラフを追加した．

さらに，交通状況のパターン分類や所要時間の算出レベルについても見直しを行い，曜日別・交通量の多い時期・交通量の少ない時期・GW・お盆・年末年始等25パターンに分類した．所要時間については，過小な所要時間提供を避け，やや余裕をもたせた70パーセンタイル値を設定した[3]．さらに，住所や施設名からの一般街路も含めた検索やルートマップの表示，社会実験等で複雑となったETC割引料金に対応した表示を可能とした．

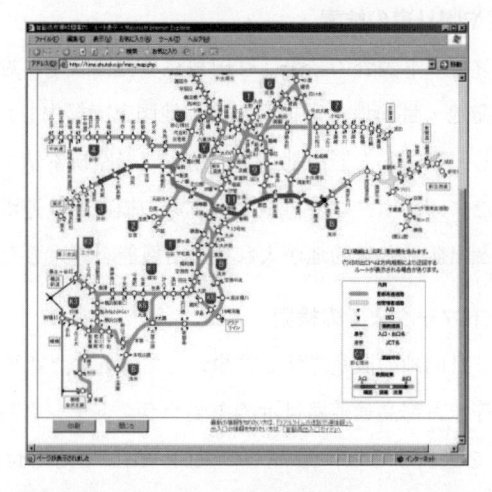

11.1 信頼性指標に基づく情報提供サービス

図 11.4 第 2 期の経路・所要時間検索画面

以下に,それぞれの提供サービスについて改善点等を紹介する.

● **地図選択画面の大幅な見直し**

従来のシステムでは,地図や入口・出口名による選択等は別の画面となっており,結果に到達するまでに複数画面が表示される等,使い勝手に課題が存在したため簡易地図を大幅に見直し,検索結果が同一画面に収まるように改善した.

● 経由地指定や帰り道の検索

利用者へのアンケート調査の結果，経由地点や往復設定に対する要望があったことから，出発地・目的地を選択した後，地図上で経由したい地点を最大3地点設定可能とし，選択した経由地点を通過する経路検索結果を表示するように改善した．また，印刷ボタンや再検索ボタンの横に帰り道ボタンを配置し，これを選択すると出発地と目的地が入れ替わる機能を導入した．

● 主要なランドマークまでの検索

アンケートから目的地の設定方法を簡単にして欲しいとの要望が判明したため，東京タワー等，首都高速道路付近の主要なランドマーク名称が書かれたボタン（20か所）を選択すると，最寄りの入口・出口と対応付けたルート検索結果を表示する機能を導入した（**図11.5**（口絵参照））．

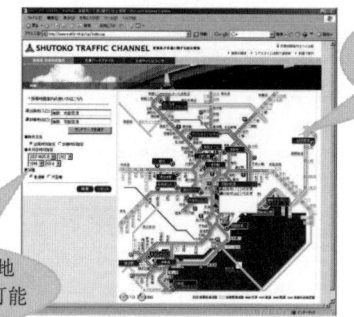

図11.5 第3期の検索画面（ランドマーク表示）

● 前後3時間の所要時間推移グラフを追加

出発時刻や到着時刻を指定した所要時間検索が可能であったが，出発時刻をずらすことで，渋滞を避けて短い所要時間で到着可能な場合も多いため，需要の時間分散を狙い，前後3時間の所要時間推移グラフを検索結果に追加した（**図11.6**（口絵参照））．

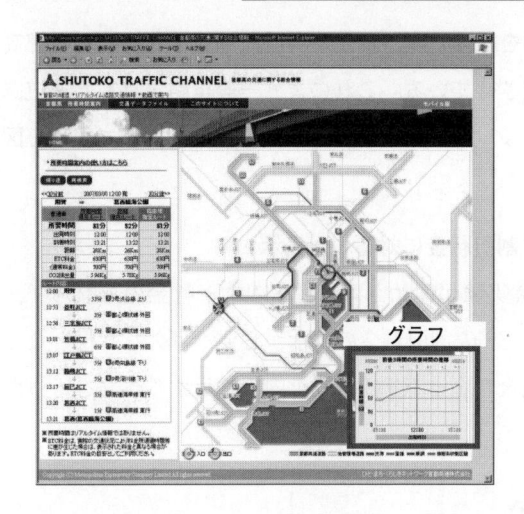

11.1 信頼性指標に基づく情報提供サービス　　179

図 11.6 検索結果表示と前後3時間推移グラフ

● **住所や施設名からの OD 検索**

「あまり首都高速道路に詳しくなく，利用する入口・出口がわからない」，「初めて行く場所なので，最寄りの首都高速道路入口・出口やそこまでのアクセスルートがわからない」といった利用者からの意見を踏まえ，こういったいわゆるサンデードライバーの利用促進を考慮し，住所や郵便番号，施設名等から一般街路を含めた検索や首都高速道路の入口・出口とのアクセスルートの表示を可能にした．

これには，異なる地図を結接する機能を用いて，一般街路部分はデジタル道

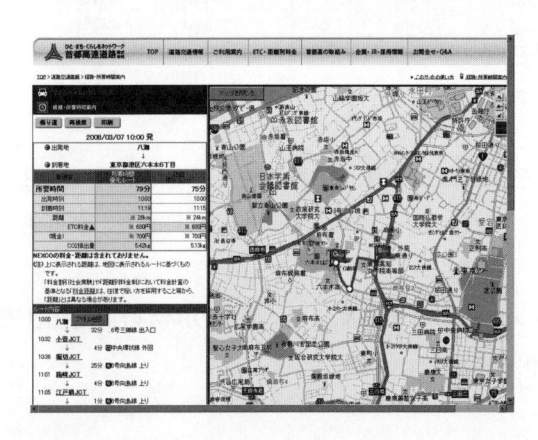

図 11.7 一般街路との接続ルートマップ表示

路地図のネットワークデータを組み込み，別途所要時間情報を保持した首都高速道路のネットワークと結合させている．これにより一般街路・首都高速道路の連続した経路案内が可能となった．一般街路との接続ルートマップ表示を図 11.7（口絵参照）に示す．

● **首都高速道路内の ETC 割引料金に対応した表示**

2007 年 8 月より距離別社会実験が開始され，従来の均一料金のみならず，入口・出口の組合せで異なる ETC 割引料金の表示が必要不可欠な状況となった．そのため，料金圏別で現金料金と ETC 料金を内訳表示する改修を行った（図 11.8（口絵参照））．

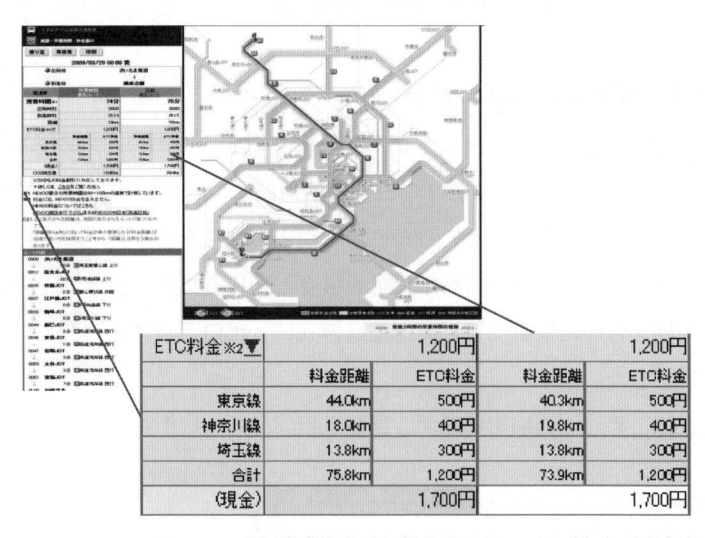

ETC料金※2 ▼		1,200円		1,200円
	料金距離	ETC料金	料金距離	ETC料金
東京線	44.0km	500円	40.3km	500円
神奈川線	18.0km	400円	19.8km	400円
埼玉線	13.8km	300円	13.8km	300円
合計	75.8km	1,200円	73.9km	1,200円
(現金)		1,700円		1,700円

図 11.8　首都高速道路通行料金表示イメージ

最近では，2014 年 1 月の料金圏撤廃に伴う距離別料金対応等も行い，中央環状線迂回割引や，環境ロードプライシングの経路に応じた料金表示が可能となっている[2]．

2009 年の交通管制中央システムの改修に併せて，既述の所要時間信頼性考慮のほかに，下記の機能強化を実施している．

11.1 信頼性指標に基づく情報提供サービス

● 動画サイトとの連携

首都高速道路ホームページ上の別サイトで提供している「動画で案内！首都高」の動画を，当サイトの検索結果から，都心環状線のジャンクション部を中心として容易に表示できるよう，連携を図った（**図11.9**）。

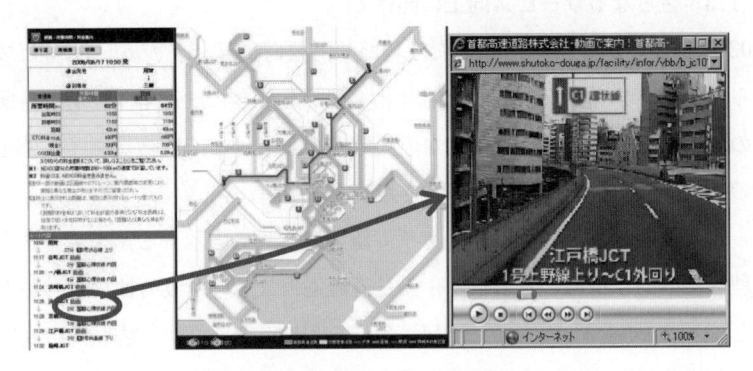

図11.9 動画サイトとの連携

● 所要時間推移グラフに直近過去データを表示

過去のパターン化された統計値を用いて前後3時間の所要時間推移グラフを表示していたが，ここに当日直近の過去データ（30分前まで）を表示することで，当日の所要時間の変動も統計グラフと比較してみることができるよう機

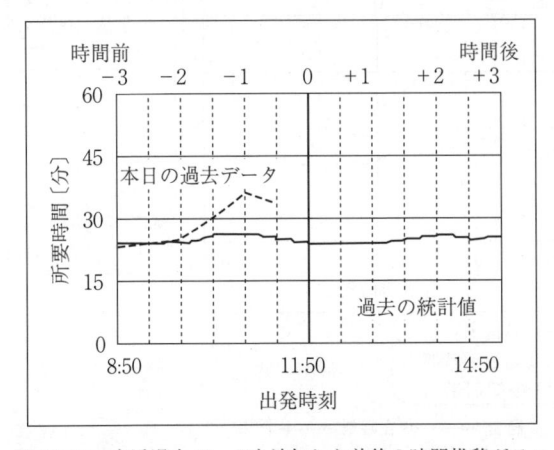

図11.10 直近過去データを追加した前後3時間推移グラフ

182　　11．首都高速道路における信頼性指標活用に関する取組み

能強化した（これは，日時を指定せず「検索」を押すと現在時刻検索とみなし，この表示が出る．日時指定では直近データは反映されない）．直近過去データを追加した推移グラフを**図 11.10** に示す．

11.1.3　さらなるサービス向上に向けて

　2002年からサービスを開始した「経路・所要時間案内」だが，サービス開始から7年でさまざまな改修・機能強化を追加してきた．近年では所要時間信頼性の議論が盛んとなり，平均的な所要時間のみではなく，複数タイル値を用いてのグラフ表示等も可能となってきた．

　さらなる機能強化として，複数タイル値を幅として表示する過去データを統計処理した静的な情報のみでなく，当日直近過去までの所要時間の推移や変動に対してパターンマッチング（PM）手法を用いることで[4]，類似性の高い日を抽出し，それらのデータが示す変動の幅を描く方法についても検討している（**図 11.11**）．ただし，インターネット上にて，リクエストに応えるサービスであることから，処理時間を極力短縮するべく，簡略的な手法の検討を行う必要がある．

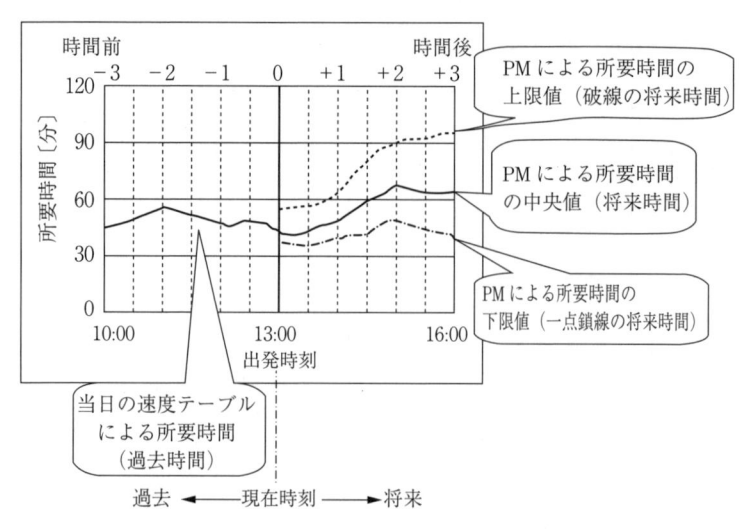

図 11.11　パターンマッチングを用いた所要時間提供イメージ

例えば，簡略的パターンマッチング手法を用いた変動幅の表示として，以下が考えられる．

- 当日の現在から過去数時間の交通状況を抽出．
- 曜日・天候・季節変動等を考慮して事前分類されたものの中から，当日の条件に合う日を抽出．
- 当日の交通状況と曜日・天候・季節変動の条件に合うデータを比較して適合度を判定．これらの判定を特定の代表地点において実施．
- さらにネットワーク全体の適合度を加味し，類似性を判定．
- 類似性の高い過去データを上位からあるデータ数抽出し，それらのデータから所要時間の幅を算出する．

上記の流れは検討段階であり，実際のデータを用いた分析により，パラメータ，基準値等の設定を行う必要がある．

11.2 脆弱性の概念を用いた道路網接続性評価[5]

首都高速道路では，ネットワーク整備やITS（intelligent transport Systems）施策等に伴う所要時間信頼性を指標とした検討を行ってきたが，平均所要時間が時間帯や施策の前後で大幅に異なるものについては，必ずしも米国で用いられている所要時間信頼性指標 BTI（buffer time index）ではニーズに合った評価ができない場合があることがわかり，新たな所要時間信頼性指標の提案も行ってきた[6],[7]．しかしながら，われわれが提案した指標を用いたとしても，ネットワークの整備に伴い連結信頼性が向上し経路選択の機会が増えるケースにおいては，所要時間信頼性指標が低下してしまう場合も起こり得る．

これは，ネットワークの連結信頼性の向上を考慮せず，単純に所要時間信頼性指標のみを比較したことに起因している．また首都高速道路においては，2009年8月大型車横転火災事故，2011年3月東日本大震災によってネットワークが断絶したことがあった．これらの経験から，ネットワークにおける「連

結信頼性確保」や「脆弱箇所特定」が急務であることを認識した。「脆弱箇所特定」とは，ネットワーク上の脆弱箇所（クリティカルリンク）を特定することであり，このクリティカルリンクは，"極力通行止めや閉鎖のないよう"より頑強に，たとえ事故等が発生しても，より速やかな対応・処置が求められる箇所といえよう。

以上を踏まえ，道路の信頼性は，連結信頼性と所要時間信頼性の両面から評価することが必要と考え，道路の基本的な機能に立ち返り連結信頼性について検討を行う。連結信頼性については，瀬戸ら[8]が「京阪神ネットワーク」を対象として脆弱性の概念を用いた接続性評価を行っている。ここでは，この脆弱性の概念を利用した連結信頼性評価を，首都高速道路ネットワークを対象として行い，さらに，"より多くの利用者に使われる路線は，より重要度が高い"ことを加味し，交通量の概念を取り入れた検討を行う。この際に，ネットワーク全体を対象とする前に，まず1つのODペアについて検討を行っている。

11.2.1 ネットワークの脆弱性に関する既往研究

瀬戸ら[8]は，"非重複経路が最低N本存在するネットワーク"を対象に，サービス上限として最短所要時間のα倍という閾値を設け，ODペアごとに最多非重複経路を算出し，全ODペアの非重複経路本数が求められた後，各リンクを1本ずつ断絶し（断絶リンク番号をiとする），断絶後に残る非重複経路本数を用いて，式 (11.1) で表されるリンク重要度指標 LCI（link critical index）を定義している。この値が大きくなるほど，リンク断絶時に通行可能な経路数が減少し，接続信頼性が低くなるといえる。

$$LCI = \sum \left(1 - \frac{リンク i 途絶後の非重複経路本数}{リンク i 途絶前の非重複経路本数}\right) \tag{11.1}$$

11.2.2 評価対象ネットワーク

以下，瀬戸らの手法を適用し，首都高速道路を対象に検討を行う。

具体的には，中央環状線およびその内側のネットワークを対象とする。中央

11.2 脆弱性の概念を用いた道路網接続性評価

環状線外側の放射路線においては，都市間高速道路と中央環状線間において代替経路が存在しないため，ここでは中央環状線上の JCT（ジャンクション）に含まれるものと考える．対象ネットワークを図 11.12 に示す．

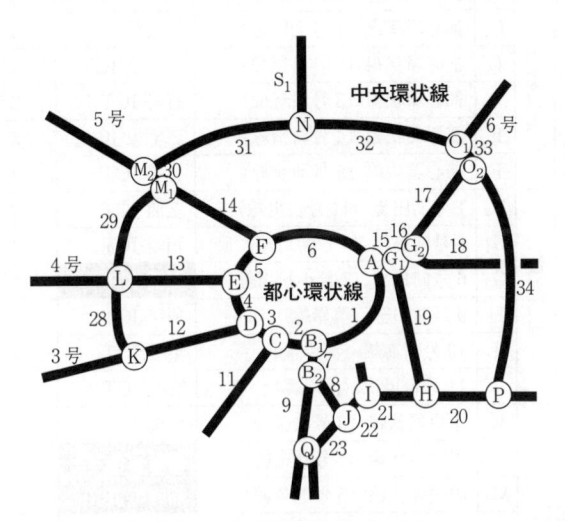

図 11.12 対象ネットワーク

各 JCT をノード，JCT 間のネットワーク部をリンクとし，ノードをアルファベット記号，リンクを番号とする．これらの対応と，各 JCT に接続するリンク数を表 11.3 に示す．

ほとんどの JCT が 3 枝 JCT となっているが，JCT によっては特定方向のみへのアクセスとなっており，行けない方向が存在することに留意しなければならない．方向性が限られる JCT は，表 11.3 にて白抜き表示としている．

また，今回は中央環状線内側の通過交通を扱うため，途中に乗継を有する八重洲線や，通過交通を含まない上野線は，今回の検討の対象外とした．

11.2.3 連結信頼性評価

対象となる首都高速道路ネットワークは，災害時における緊急交通路・緊急輸送路として指定されており，その社会的役割を果たすためにも，たとえあるリンクが断絶したとしても，首都高速道路ネットワークにて代替経路となる経

11. 首都高速道路における信頼性指標活用に関する取組み

表11.3 設定JCTおよび各JCTへの接続リンク数

			路線（接続路線）	JCT名	接続リンク数
中央環状線内側	都心環状線	A	都心環状線（6号向島線）	江戸橋JCT	3
		B_1	都心環状線（1号羽田線）	浜崎橋JCT	3
		C	都心環状線（2号目黒線）	一ノ橋JCT	3
		D	都心環状線（3号渋谷線）	谷町JCT	3
		E	都心環状線（4号新宿線）	三宅坂JCT	3
		F	都心環状線（5号池袋線）	竹橋JCT	3
	放射路線	B_2	1号羽田線（11号台場線）	芝浦JCT	3
		G_1	6号向島線（9号深川線）	箱崎JCT	3
		G_2	6号向島線（7号小松川線）	両国JCT	3
		H	9号深川線（湾岸線）	辰巳JCT	3
		I	10号晴海線（湾岸線）	東雲JCT	2
		J	11号台場線（湾岸線）	有明JCT	3
中央環状線		K	中央環状線（3号渋谷線）	大橋JCT	3
		L	中央環状線（4号新宿線）	西新宿JCT	4
		M_1	中央環状線（5号池袋線）	熊野町JCT	3
		M_2	中央環状線（5号池袋線）	板橋JCT	3
		N	中央環状線（川口線）	江北JCT	3
		O_1	中央環状線（6号三郷線）	小菅JCT	3
		O_2	中央環状線（6号向島線）	堀切JCT	3
		P	中央環状線（湾岸線）	葛西JCT	3
		Q	大井連絡路（湾岸線）	大井JCT	2

路を確保することで，最低限必要な道路交通機能を維持できると考える．

　連結信頼性評価に当たり，初めに非重複経路を算出する．出発地・到着地は，都心環状線も含めたネットワーク全体を網羅的に評価できることから，中央環状線および湾岸線上のノードとする（ここでは便宜的に湾岸線も中央環状線の一部とみなす）．列を出発地点，行を到達地点とし，非重複経路のサービス上限を設けないケース（$\alpha=\infty$）と，サービス上限を最短経路の2倍の距離としたケース（$\alpha=2$）の各ODの非重複経路数を図11.13に示す．

　$\alpha=\infty$の場合でも，首都高速道路ネットワークが"疎"な骨格のみを有するためか，非重複経路は2ないし3となってしまい，$\alpha=2$となると，1経路

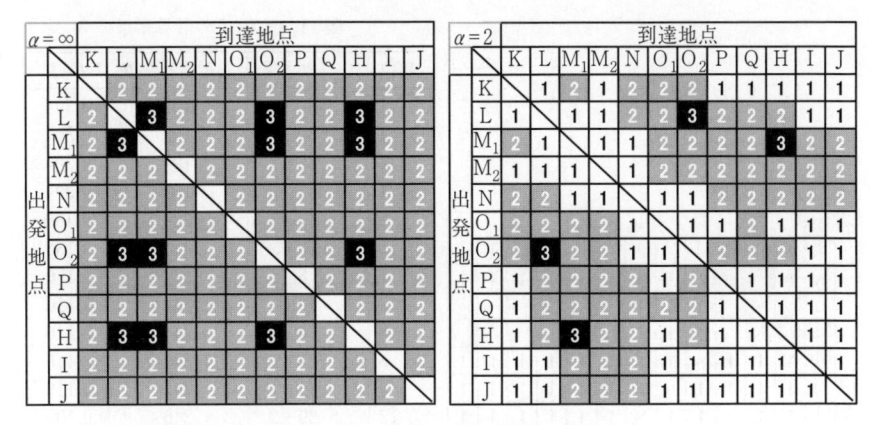

11.2 脆弱性の概念を用いた道路網接続性評価

図 11.13 対象ネットワークの最大非重複経路数（$\alpha=\infty$, $\alpha=2$）

（最短経路）しか有さない OD ペアが増加する。

　これは，代替経路としては最短経路の倍以上の OD ペアが多いということとなってしまうが，東京都市圏内のみの限定されたエリアにおけるネットワークとしては，上限を規定しなければ，首都高速道路ネットワーク単独で"少なくとも 2 以上の非重複経路を有する"ということであり，災害時や非常時における最短経路以外の代替ルートを有し，最低限必要な道路交通機能を果たしているといえよう。

　つぎに *LCI* を算出し，クリティカルリンクを特定する。リンク断絶後の非重複経路を算出し断絶前の比を用いて *LCI* を算出するため，図 11.13 の $\alpha=2$ のようにすでに非重複経路が 1 経路しか有さないのでは適正なネットワークの評価ができない可能性があるため，ここではサービス上限 α を設定せず（$\alpha=\infty$），*LCI* の算出を行う。

　リンクを 1 本ずつ断絶し，再計算し，その際の非重複経路数を算出する。事例として，小菅 JCT（O_1）～堀切 JCT（O_2）間のリンク 33 を断絶した場合を**図 11.14** に示す。ここから式（11.1）を用い *LCI* を算出した結果を**表 11.4** に示す。

　LCI の値が高いリンクは 30, 31, 32, 33 であり，中央環状線の北側，熊野町 JCT（M_1）から堀切 JCT（O_2）間がクリティカルであることがわかる。これ

11. 首都高速道路における信頼性指標活用に関する取組み

表11.4 *LCI*の計算結果

順位	リンク番号	非重複経路数	*LCI*
1	30	192	0.304
1	31	192	0.304
1	32	192	0.304
1	33	192	0.304
5	7	224	0.188
5	22	224	0.188
7	8	229	0.170
8	12	244	0.116
8	20	244	0.116
8	21	244	0.116
8	34	244	0.116
12	29	246	0.109
13	28	248	0.101
14	9	254	0.080
14	23	254	0.080
16	2	267	0.033
16	3	267	0.033
18	5	268	0.029
18	6	268	0.029
18	15	268	0.029
21	13	270	0.022
21	14	270	0.022
21	16	270	0.022
21	17	270	0.022
21	19	270	0.022
26	1	276	0.000
27	4	276	0.000

図11.14 リンク33を断絶した場合の非重複経路数

は，西新宿 JCT（L），熊野町 JCT（M_1）のように都心方向へのアクセスのない JCT を有する経路では，中央環状線の一部が断絶されると非重複経路が急激に減少するためである．

一方，都心環状線を含む経路は，都心環状線内回り・外回りの代替路を有することから *LCI* の値は低くなる．同じく，11号台場線，9号深川線等の経路選択を有する湾岸線も低い *LCI* を示すが，そこに接続する浜崎橋 JCT（B_1）～芝浦 JCT（B_2）（リンク7）の断絶に伴い，急激に非重複経路が減るためである．

以上から，首都高速道路を対象とした連結信頼性評価によりクリティカルリ

11.2 脆弱性の概念を用いた道路網接続性評価

ンクの特定ができた．クリティカルリンクを**図 11.15**に示す．クリティカルリンクの特定ができるということは，ネットワーク上にて脆弱な箇所が特定されることであり，補修・補強等の優先度の設定，事故などの発生後の処置等の迅速性の向上など，他の路線より優先的かつ重点的に対応を求められる箇所が明らかになったといえよう．

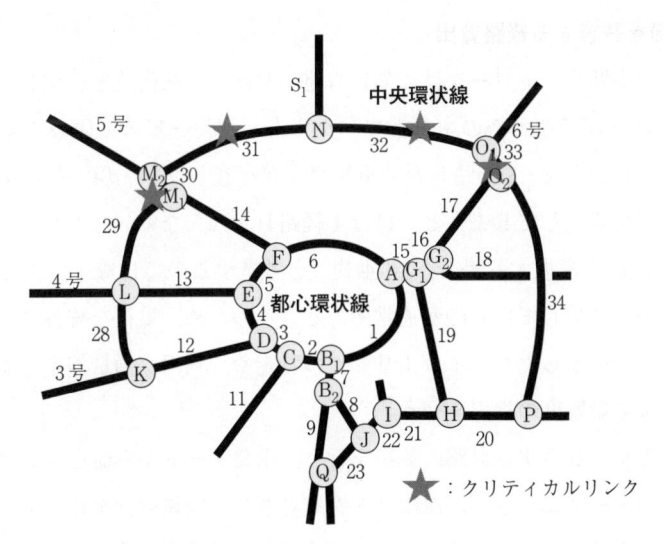

図 11.15 特定されたクリティカルリンク

ただし，今回は非重複経路にサービス上限を定めておらず，最短所要時間（もしくは最短距離）の数倍になる非現実的な経路も存在する．また，実際には，今回省略した乗継のある八重洲線や，首都高速道路と接続する周辺一般街路も密に存在することから，こういった省略した路線や一般街路まで含めた検討が必要と考えられる．

11.2.4 平常時における連結信頼性評価

これまで議論してきたのは，あえてサービス上限である α を定義せず，災害時などの非常時におけるネットワークの断絶を想定していたが，日々の交通管理・交通運用においては，非現実的な経路が見受けられる．これに対し，よ

り現実的な経路に基づき，日常的に発生する事故等による連結信頼性を"平常時の連結信頼性"と定義し，この評価手法の検討を行う。さらに，"より多くの方が利用されるリンクは重要なリンクである"という概念から，交通量にて重み付けを考慮する。全体ネットワークで検討する前に，1つのODペアを対象に検討を行う。

● **重複を許容する経路算出**

首都高速道路ネットワークは，先にも述べたが，一般街路を経由した接続を考慮しなければ疎な骨格のネットワークであり，サービス上限αを規定せずとも各ODに対し2～3経路しか非重複経路が存在しない。現実的な経路選択を考え上限を規定してしまうと，ほぼ1経路しか残らない。しかし，利用者が現実的に経路を選択する場合，"非重複"を考慮するのではなく，部分的に重複する経路を選択していくのが通常である。このため，重複を許容する経路を算出し，その中からクリティカルリンクの特定や，利用交通量等を考慮した重み付けによる影響度の算出を行う。

まず，重複を許容する経路の算出を行う。出発ノードから流出リンクをたどり，つぎのノードにてさらに流出リンクを考慮し，経路選択を行っていく。ネットワーク全体のODを考える前に，特定ODを選定し検討を行う。対象ODペアとして，利用交通量の多い東名接続（3号渋谷線）から外環・常磐道接続（6号三郷線）に当たる，大橋JCT（K）から小菅JCT（O_1）までを対象とし，最もクリティカルなリンクについて検証する。

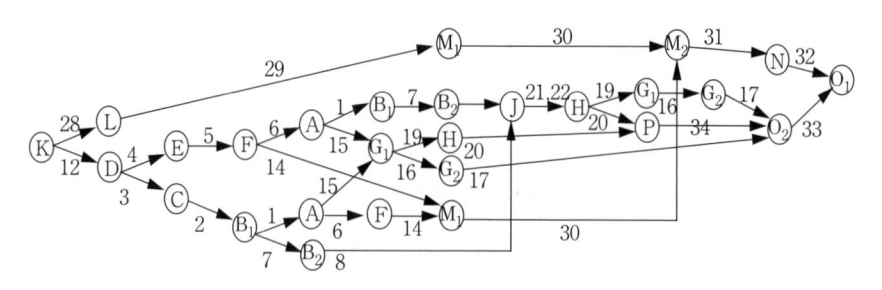

図 11.16 重複を許容する経路の算出イメージ

重複を許容する経路の選定を**図 11.16** に示す．ノード K から流出リンク 12, 28 を経由し，おのおのつぎのノード D や L に達し，さらにそこに接続するリンク 3, 4 へ枝分かれしていく．流入側に戻るリンクや，同じノードに戻るリンクは選択しないものとする．到達ノード O_1 付近でも，重複は発生する．

● **サービス上限 α の設定**

図 11.16 を経路ごとにノードと経路距離を示したものを**表 11.5** に示す．重複を許容するため 13 経路抽出されたが，ここでサービス上限値として最短距離の 2 倍以内を有効とした．これは，首都高の平均速度が 50 km/h，街路の平均速度が 20 km/h 程度であることから，少なくとも街路走行よりも所要時間の早くなることを前提とし，50/20＝2.5 に余裕を見込んで 2 倍とした．表 11.5 の 13 番以外の経路はすべて対象となる．

表 11.5 大橋 JCT（K）→小菅 JCT（O_1）の経路

	経路（ノード）	距離〔km〕
①	K→D→E→F→A→G_1→G_2→O_2→O_1→三郷	40.3
②	K→D→C→B_1→A→G_1→G_2→O_2→O_1→三郷	41.9
③	K→L→M_1→M_2→N→O_1→三郷	43.2
④	K→D→E→F→M_1→M_2→N→O_1→三郷	49.4
⑤	K→D→C→B_1→B_2→J→I→H→G_1→G_2→O_2→O_1→三郷	50.2
⑥	K→D→C→B_1→B_2→J→I→H→P→O_2→O_1→三郷	52.2
⑦	K→D→E→F→A→G_1→H→P→O_2→O_1→三郷	52.9
⑧	K→D→C→B_1→A→G_1→H→P→O_2→O_1→三郷	54.5
⑨	K→D→C→B_1→A→F→M_1→M_2→N→O_1→三郷	54.8
⑩	K→D→E→F→A→B_1→B_2→J→I→H→G_1→G_2→O_2→O_1→三郷	57.2
⑪	K→D→E→F→A→B_1→B_2→J→I→H→P→O_2→O_1→三郷	59.2
⑫	K→D→C→B_1→B_2→J→I→H→G_1→A→F→M_1→M_2→N→O_1→三郷	65.5
⑬	K→D→C→B_1→B_2→J→I→H→P→O_2→G_2→G_1→A→F→M_1→M_2→N→O_1→三郷	86.3

ここで最短距離の 2 倍以下の経路に絞っているが，**図 11.17** に示すような湾岸線方向を大幅に迂回する経路や，湾岸線から 9 号線を経由し 5 号線，中央環状線を用いる経路等，いまだ非現実的な経路も存在する．

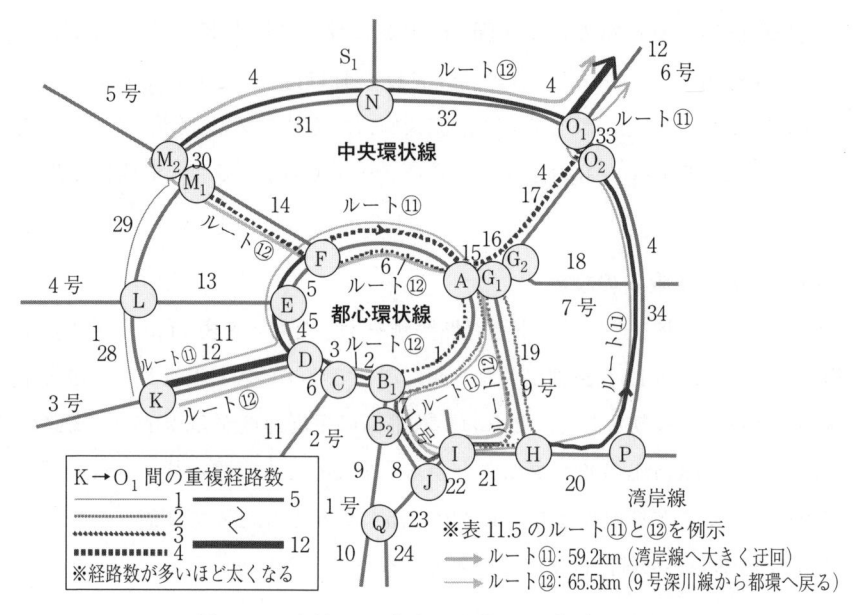

192　11．首都高速道路における信頼性指標活用に関する取組み

図11.17　大橋JCT（K）→小菅JCT（O_1）の経路

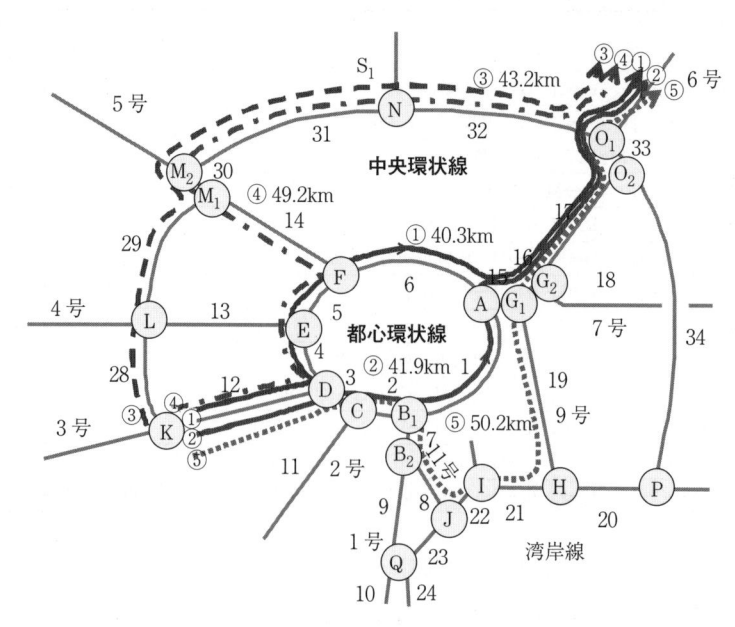

図11.18　最短距離＋10 kmを上限とした5経路

11.2 脆弱性の概念を用いた道路網接続性評価

利用者への情報提供や実務における交通管理では"実際に使われる経路"を対象としたいため，さらにサービス上限を絞り込む。当該ODペアでは，都心環状線経由・中央環状線経由に加え，最短所要時間経路は5号下り経由であることが多いことから，"最短距離+10 km"を上限とし，**図11.18**に示す5経路を選定した。

● **利用交通量による重み付け**

さらに，"現実的により多く利用されている経路はより重要度が高い"という観点から，交通量の概念を取り入れる。東名高速道路接続（3号渋谷線）から外環道・常磐道接続の三郷JCT（6号三郷線）間のOD交通量は，2009年1月の時点で約3700台である[9]。ここで，中央環状線の3号線～4号線間（大橋JCT～西新宿JCT）供用後の2010年4月平日平均交通流図を用い，交通量分岐比率から中央環状線30 %，3号線70 %とする。同様に，3号線から都心環状線内回り・外回りも距離が同程度であることから，おのおの50 %と設定する。

最短経路から10 kmちかく長い経路となる5号線経由と湾岸線経由は比率の特定が難しいが，両経路で10 %と仮定し，最短所要時間経路であった5号経由はその90 %を，路線またぎの多い湾岸経由は残り10 %を見込み，**表11.6**のように仮定する。

表11.6 各経路の推定交通比率および交通量

ルート	比率 [%]	交通量 Q [台]
① A	30	1 110
② B	30	1 110
③ C	30	1 110
④ D	9	333
⑤ E	1	37

非重複経路の検討と同様に，重複を許容する経路の上でリンクを1本ずつ断絶し，同様に LCI も算出する。推定されたOD交通量に LCI を乗じることで，各リンク断絶による影響を受ける利用者の重み付けがなされると考える。

これを各リンクの断絶による影響度とし算出した結果を，**表 11.7** に示す．特定されたクリティカルリンクを**図 11.19** に示す．

交通量を，推定とはいえ加味することでリンク断絶の影響度を計ることができた．表 11.7 より，LCI のみでは同程度の脆弱性をもつリンクである 15 や 2

表 11.7 推定交通量を加味した各リンクの影響度評価

順位	リンク番号	LCI	交通量 Q（推定）	影響度（$LCI*Q$）
1	12	0.800	2 590	2 072
2	16	0.600	2 257	1 354
2	17	0.600	2 257	1 354
2	33	0.600	2 257	1 354
5	15	0.400	2 220	888
6	4	0.400	1 443	577
6	5	0.400	1 443	577
6	30	0.400	1 443	577
6	31	0.400	1 443	577
6	32	0.400	1 443	577
11	2	0.400	1 147	459
11	3	0.400	1 147	459

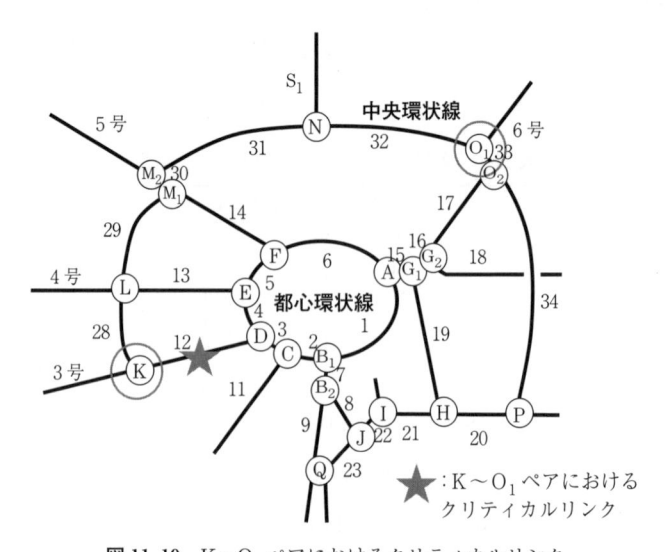

図 11.19 K～O_1 ペアにおけるクリティカルリンク

が，交通量の要素を加味することで，より重要度の高いリンクは15であることがわかる．今回は，1つのODペアに対して実施したが，これを全ODペアに対して行うことで，ネットワーク全体における最も影響度の高いリンクが特定できると考えられる．

ただし，ここで用いたOD交通量は推定であるので，精度のよいOD経路交通量の特定が望まれる．また，サービス上限を"最短距離+10 km"と距離で設定したが，他のODペアの経路へも適用可能な設定（所要時間，距離に対する比率等）の検討が必要である．

11.2.5 連結信頼性のまとめ

首都高速道路ネットワークを対象として，連結信頼性の概念に基づき評価を行った．首都高速道路ネットワークが災害時の緊急交通路・緊急輸送路であることを鑑みると，非重複経路のみを用いた連結信頼性については，最低限必要な道路交通機能はリンクの断絶があっても確保できることが確認できた．また，通常時の事故や工事による交通管理・交通運用・情報提供などに用いる指標として，より現実的な経路選択を想定し，重複経路を許容した評価を行い，さらに交通量を加味した評価手法を提案した．

OD交通量が推定であることや，特定ODペアのみの評価でありネットワーク全体への適用には至ってはいないが，"非常時"，"通常時"の連結信頼性の評価への道筋ができた．さらに，ここでは首都高速道路のみを対象としたが，距離別料金制の影響を考慮すると，一般街路も含めた乗継ぎが見込まれることから，一般街路も含めた連結信頼性の検討も必要と考えられる．

推定であったOD交通量についても，ETC-ODデータのみでは利用経路特定が困難であるが，プローブデータ等を併用することで利用経路の特定が可能となると考えられる．サービス上限値αについても，実際に利用する側の立場から，どういった条件で経路選択を行っているか等の利用意向も確認する必要がある．そして，これまでに提案されている所要時間信頼性指標[3),4)]をこういった"非常時"，"平常時"の連結信頼性検討と組み合わせることで，"連結信

頼性"および"所要時間信頼性"ともに考慮したネットワーク評価が可能と考えられる。

引用・参考文献

1) 割田 博,宗像恵子;"首都高速道路における所要時間信頼性を考慮した情報提供",交通工学,Vol. 45, No. 2 (2010)
2) 首都高速道路(株),料金・ルート案内;http://search.shutoko.jp/ (2014)
3) 宗像恵子,勝呂純一,佐々木卓,神谷聖二;"首都高速道路の経路・所要時間提供案内サイトの開発",交通工学研究発表会 (2008.11)
4) 割田 博,森田綽之,Edward CHUNG,田中 淳;"パタンマッチングを用いた所要時間予測手法の研究",第24回交通工学研究発表会 (2004.11)
5) 宗像恵子,割田 博,佐々木卓:首都高速道路における脆弱性の概念を用いた道路網接続性評価,第30回交通工学研究発表会 (2010.9)
6) Munakata K., Maruyama T., Tabata D., Warita H. & Okada T. : A study about the project evaluation using the travel time reliability on Tokyo Metropolitan Expressway : ITS-WC, New York (2008)
7) 宗像恵子,割田 博,岡田知朗;首都高速道路における所要時間の信頼性指標を用いた新規路線整備効果分析,土木計画学研究・講演集,Vol. 37 (2008.6)
8) 瀬戸裕美子,倉内文孝,宇野伸宏;脆弱性の概念を用いた道路網接続性評価に関する研究,土木計画学研究・講演集,Vol. 37 (2008.6)
9) 首都高速道路,第26回起終点調査 (2009)

■ II部 信頼性評価の方法と事例

12

利用者からみた時間信頼性と
その評価

　近年の移動にかかる時間信頼性へのニーズの高まりを受けて，阪神高速道路では平成18（2006）年度から時間信頼性の検討に取り組んでおり，信頼性指標に関する統計的分析[1],[2]，インシデント時（突発事象）における分析[3]，利用者アンケート調査[4]，サービス水準への適用検討[5]などを行い，新たな情報提供として外部発信も行っている。そこで本章では，統計的分析を踏まえた利用者アンケート調査，情報提供後の利用者評価結果から，利用者の視点からみた所要時間信頼性指標（時間信頼性指標）と，その評価について言及する。

12.1　阪神高速道路における所要時間信頼性のもつ意味

　従来，阪神高速道路では，渋滞量やロスタイム等の指標を用いて，ネットワークの混雑状況を把握・評価してきた。これらの従来指標は，リンク（＝車両検知器区間）の交通状況を時間的・空間的関係に累積化した値であることから，道路管理者以外にとっては直感的に理解しづらい側面を有していたといえる。
　そこで阪神高速道路では，既存道路網のサービスレベル評価指標として所要時間信頼性に着目し，検討を行った。

12.1.1　従来からの渋滞指標との比較

　これまで，阪神高速道路ではサービス水準の評価指標として渋滞量や渋滞損失時間など，おもに量的な観点に立脚した指標が用いられてきた。一方，所要時間信頼性指標であるパーセンタイル値（％タイル値）や，近年米国の所要時

12. 利用者からみた時間信頼性とその評価

■従来指標 ──▶ ■所要時間指標（午前ピーク時）

路線名	昼間渋滞量 [km·時]
11号池田線	11 474
13号東大阪線	9 880
14号松原線	8 083
12号守口線	6 330
15号堺線	5 490

路線名	平均所要時間 [分]	
11号池田線	26.7	8時台
12号守口線	24.2	10時台
14号松原線	23.2	7時台
13号東大阪線	22.8	10時台
15号堺線	18.0	8時台

路線名	95%タイル所要時間 [分]	
12号守口線	39.5	10時台
13号東大阪線	36.7	10時台
11号池田線	35.2	8時台
15号堺線	33.1	8時台
14号松原線	31.5	7時台

路線名	バッファータイムインデックス	
15号堺線	0.840	8時台
12号守口線	0.634	10時台
13号東大阪線	0.609	10時台
14号松原線	0.357	7時台
11号池田線	0.317	8時台

■従来指標 ──▶ ■所要時間指標（午後ピーク時）

路線名	昼間渋滞量 [km·時]
11号池田線	11 474
13号東大阪線	9 880
14号松原線	8 083
12号守口線	6 330
15号堺線	5 490

路線名	平均所要時間 [分]	
11号池田線	30.7	17時台
14号松原線	17.2	17時台
15号堺線	16.5	17時台
13号東大阪線	14.6	17時台
12号守口線	14.5	14時台

路線名	95%タイル所要時間 [分]	
11号池田線	40.3	17時台
14号松原線	31.4	17時台
13号東大阪線	28.5	17時台
15号堺線	28.2	17時台
12号守口線	26.5	14時台

路線名	バッファータイムインデックス	
13号東大阪線	0.955	17時台
14号松原線	0.820	17時台
12号守口線	0.820	14時台
15号堺線	0.714	17時台
11号池田線	0.311	17時台

図 12.1 従来指標との比較

間情報提供[6]などでも用いられているバッファータイム（buffer time, BT）やバッファータイムインデックス（buffer time index, BTI）などは，所要時間の大きさだけでなく変動範囲にも着目した指標であり，従来のサービス水準の評価指標である渋滞量や渋滞損失時間とも異なる傾向を示している。

例えば渋滞量や渋滞損失時間など，従来の渋滞指標ではサービスレベルが低い評価を示すような渋滞量の多い路線でも，BT や BTI を用いて変動範囲という観点で評価すると，恒常的な渋滞により所要時間の変動が少ないため，見掛けよりも高い評価を得るというケースもあることが確認されている[7]（図 12.1）。

渋滞量が昼間12時間（7～19時）を対象とした渋滞の総量を示す指標であるのに対して，所要時間の統計諸量は時間帯の指標であることから，両者を単純に比較することはできない。しかし，渋滞量のみならず，時間信頼性の観点も考慮に入れて，渋滞対策の優先順位を検討することで，より利用者へのサービス向上を図れる可能性があると考えられる。

12.1.2　渋滞量と信頼性指標の相関分析

本項では，渋滞量と信頼性指標の異なる特性を把握するため相関分析を行った結果を示す。仮に，信頼性指標が渋滞量と同じ傾向を示すのであれば，サービス水準の新たな渋滞指標としては必要性が低いと考えられる。相関分析の対象としたのは平均所要時間，95パーセンタイル所要時間，BT, BTI の4指標である。BTI 以外の指標は区間延長に依存するため，ここでは区間延長で除すことで基準化を図っている。渋滞量に関しても同じく区間延長で除した値を用いている。

なお，本分析については対象期間を2006年度の昼間12時間（夜間の渋滞量が少ないため），対象路線を恒常的に交通集中渋滞が発生している大阪地区の放射路線上りのみを対象としている。具体的な路線としては，11号池田線上り，12号守口線上り，13号東大阪線上り，14号松原線上り，15号堺線上り，16号大阪港線上りの6路線である。

図 12.2 をみると，(a) 平均所要時間と渋滞量との間には強い正の相関が存在している（決定係数＝0.84）。この結果は，渋滞量と平均所要時間は，渋滞を表す指標としては類似性が高いことを意味している。(b) 95 パーセンタイル所要時間についても，平均所要時間と較べると弱いが，正の相関がみられる。(c) BT については，大阪地区の放射路線上りのみを対象とした場合には，ほぼ無相関という結果が得られた。BT は，日ごとの渋滞発生の有無によっても数値が大きくなる指標であることから，渋滞量の大きさとは必ずしも関係しないため，無相関となっていると考えられる。また，(d) BTI については弱いながら負の相関がみられる。これは，渋滞量が多い区間，時間帯では交

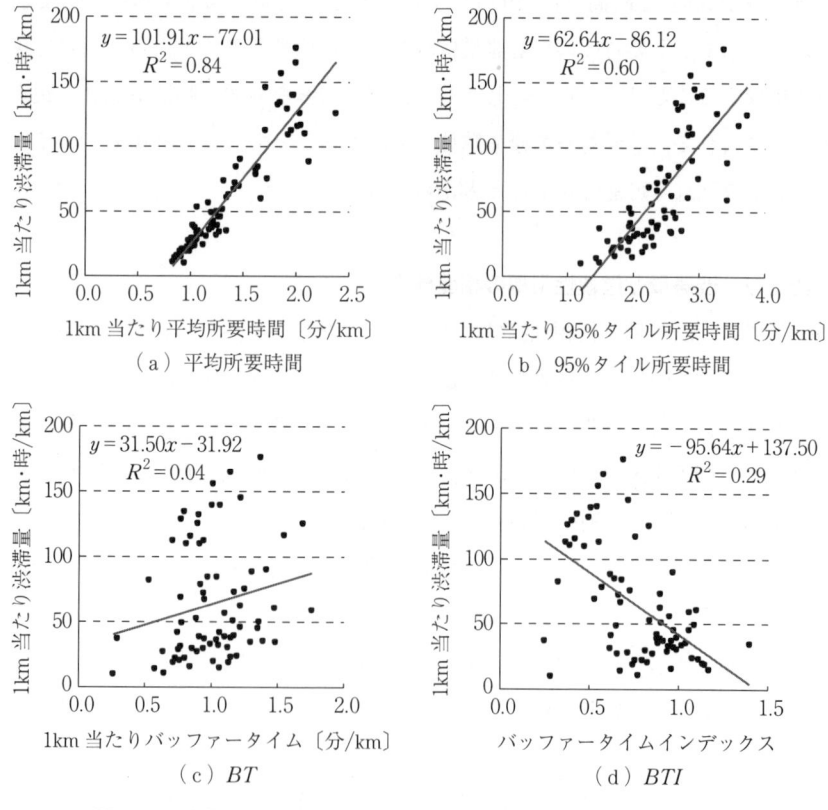

(a) 平均所要時間: $y = 101.91x - 77.01$, $R^2 = 0.84$

(b) 95%タイル所要時間: $y = 62.64x - 86.12$, $R^2 = 0.60$

(c) BT: $y = 31.50x - 31.92$, $R^2 = 0.04$

(d) BTI: $y = -95.64x + 137.50$, $R^2 = 0.29$

図 12.2 渋滞量と信頼性指標との相関分析（大阪地区の放射路線上り）

通集中による渋滞が恒常的に発生し，所要時間の変動が小さくなることに起因すると考えられる。

以上の検討結果より，BT や BTI といった信頼性指標は，従来の渋滞指標である渋滞量とは異なる傾向を示す指標であり，道路のサービスレベルを別の観点から評価することができる指標といえる[8]。

12.2 阪神高速道路における時間信頼性指標の情報提供に関する検討

12.1 節では，阪神高速道路における所要時間信頼性指標のもつ，従来の渋滞指標とは異なる特性について述べた。時間信頼性指標は，道路行政分野のサービスレベルに関する評価指標としてだけでなく，一般のドライバーや物流事業者等の道路利用者にとっても価値のある情報であると考えられる。そこで，阪神高速道路利用者に対して，時間信頼性指標を情報提供するための検討を行った。

12.2.1 利用者アンケート結果

阪神高速利用者にアンケート調査を実施し，利用者のニーズを把握した。過去に実施した阪神高速道路起終点調査のアンケート調査において「今後の調査に協力可能」と回答した 3 717 名に対して電子メール案内を送付し，そのうち 1 085 名から回答（回答率 29.2 %）があった。

"どのような指標"を利用者が望んでいるかを把握するため，アンケート調査では望ましい信頼性指標を 3 つまで選択回答してもらい，その回答から 1 位に選択されたものは 3 倍，2 位は 2 倍，3 位は 1 倍と重み付けして集計した。結果について図 12.3 に示す。

図 12.3 から，望ましい信頼性指標は，1 位：「指定時間で到達できる確率」，2 位：「80 パーセンタイル値」，3 位：「自由流時間の 2 倍かかる確率」となった。なおアンケートの設問では，一般の被験者が理解しやすいよう，設問では

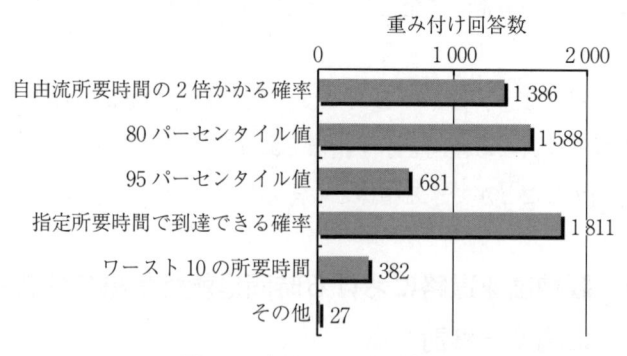

図12.3 望ましい信頼性指標

（棒グラフ：重み付け回答数）
- 自由流所要時間の2倍かかる確率　1 386
- 80パーセンタイル値　1 588
- 95パーセンタイル値　681
- 指定所要時間で到達できる確率　1 811
- ワースト10の所要時間　382
- その他　27

80パーセンタイル値を「平日5回に1回程度（1週間に1回）遭遇するひどい渋滞時の所要時間」，95パーセンタイル値を「平日20回に1回程度（1カ月に1回）遭遇するひどい渋滞時の所要時間」と表現した．

1位に挙げられた「指定時間で到達できる確率」というのは，朝倉らの旅行時間信頼性の定義[9]そのものであるが，この指標を提供するには，利用者からの入力が想定されるすべての所要時間に対して累積出現確率をあらかじめ算定しておく必要があるため，データ整備に膨大な作業を要する．また，整備したとしてもWEB上での提供に耐え得るレスポンスタイムを実現できるか懸念されるうえ，実際には利用者にとっても指定到着時刻を入力することは煩雑であることが考えられるため，当面は2位に選ばれた80パーセンタイル値を提供することとした．

12.2.2　利用者アンケート結果を踏まえた信頼性指標提供方針

12.2.1項で述べた，提供指標の候補である80パーセンタイル値の妥当性について検証を行った結果を図12.4に示す．

図12.4から，利用者の約65％は80パーセンタイル所要時間と見込み所要時間（平均＋余裕時間）がほぼ一致しており，80パーセンタイル値を時間信頼性として提供することは，利用者の交通行動を支援する観点からも適切であると考えられる．

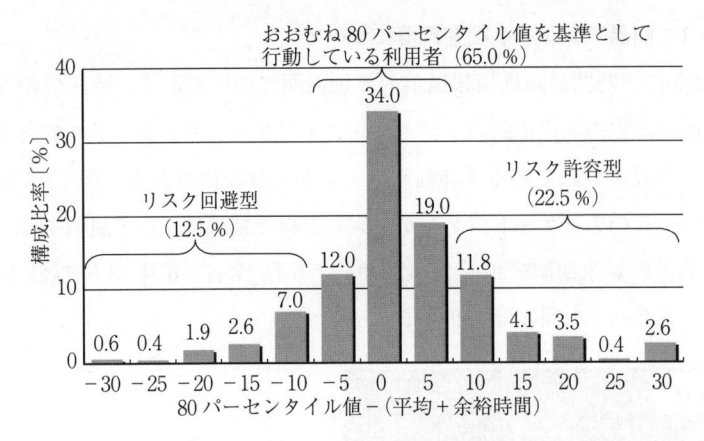

図12.4 80パーセンタイル値と見込み所要時間との関係

表12.1 提供情報の方針案

	利用者ニーズ	（参考）阪高ナビ
提供情報	80パーセンタイル所要時間（最も望ましいのは「指定所要時間で到達できる確率」）	平均所要時間
単位提供時間	15分	1時間
曜日区分	3区分もしくは7区分	3区分（平日，土曜，休日）
時刻指定方法	出発時刻指定，到着時刻指定の両方	出発時刻

また，望ましい提供時間単位，望ましい曜日区分，望ましい時刻指定方法について検討を行い，**表12.1**に示す情報提供方針案を取りまとめた．

12.3 利用者からみた時間信頼性指標

12.2節では，阪神高速道路における所要時間信頼性指標の情報提供方針について検討した結果を示した．本節では前述した方針を基に，試行的に利用者に対して所要時間信頼性情報を提供し，簡易アンケート調査を行った結果について述べる．

12.3.1 簡易アンケート調査概要について

図12.5に，時間信頼性情報提供の提供画面について示す。時間信頼性情報提供画面は，阪神高速道路のドライビングナビゲーションシステムである「阪高ナビ」に設置されている「詳細」ボタンから呼び出される。図12.5の信頼性情報ページのアンケートボタンから回答を得た結果について説明する。アンケート集計の対象期間は平成22（2010）年5月17日～6月13日の28日間であり，アンケートの回答は169件であった。

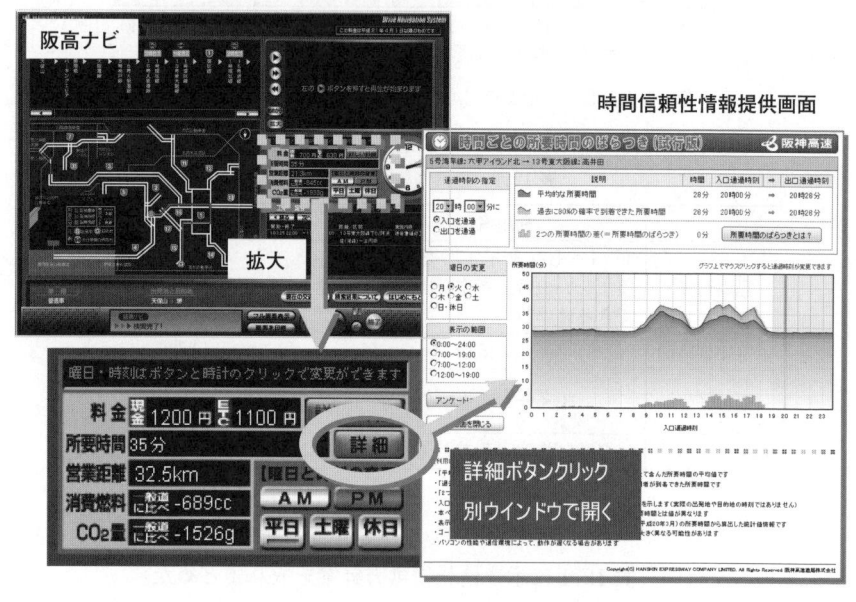

図12.5　阪高ナビと時間信頼性情報提供画面

12.3.2 簡易アンケート調査結果について

図12.6に，利用者にとって信頼性情報提供画面のわかりやすさについての集計結果を示す。「わかりやすかった」との回答が約50％と最も多く，「まぁまぁわかった」との回答も約31％と多かった。一方，「わかりにくかった」との回答も約7％あり，「少しわかりにくかった」と合わせると，提供ページがわかりにくかったと回答した人は約19％を占める。年齢別にみると，30代

12.3 利用者からみた時間信頼性指標

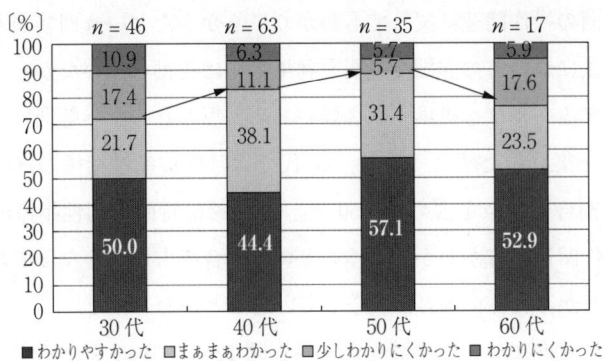

図12.6 年齢別・提供ページのわかりやすさ

〜50代と年齢が高くなるにつれて,「わかりにくかった」の割合が低くなる傾向がみられた。

図12.7に,利用者にとって信頼性情報提供画面でわかりにくかった内容を集計した結果を示す。時間信頼性指標の内容がわかりにくかったとの回答が多く,「80パーセンタイル所要時間の意味」が全体の22％を占め,「2つの所要時間の差の意味」,「平均的な所要時間の意味」がわかりにくかったという回答と合わせると約48％を占めており,時間信頼性指標自体の説明が参照しやすい画面設計のために必要である。

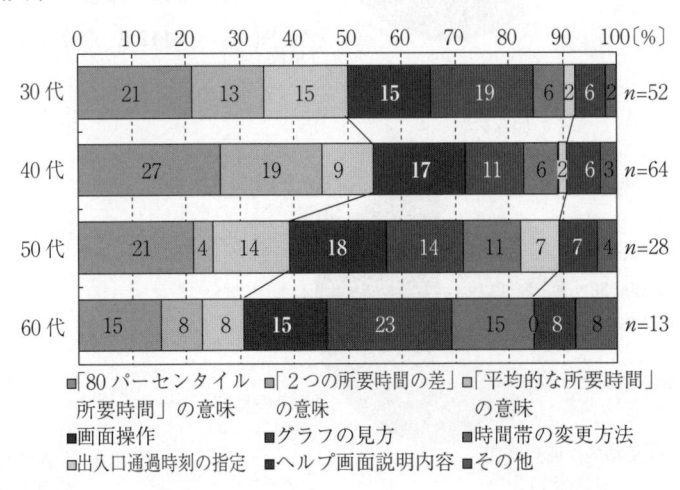

図12.7 提供ページでわかりにくい内容

206   12. 利用者からみた時間信頼性とその評価

　また，画面の操作関連に関してもわかりにくかったという回答が多かった。画面操作方法についての詳細な説明を利用者には提供していなかったため，画面操作に関するヘルプも提供する必要があると思われる。年齢別にわかりにくかった内容を集計した結果，30代，40代では時間信頼性指標の意味がわかりにくかった割合が半数を占める。50代，60代では時間信頼性指標の意味よりも画面の操作関連の方がわかりにくいという割合の方が高くなっており，年齢層によってわかりにくい内容が異なっていることがわかった。

　今後の利用意向について集計した結果を図 12.8，図 12.9 に示す。今後，この時間信頼性情報が「阪高ナビ」上でみられるとした場合の利用意向については，約 61 ％の人が利用すると回答している。今回の画面ではわかりにくかった内容が改善されれば利用すると答えた人について，そのわかりにくかった内

利用しない 15.4
改善されれば利用する 23.7
利用する 60.9
n=169
〔単位：％〕

図 12.8　今後の利用意向

その他 5.4
ヘルプ画面説明内容 7.1
時間帯の変更方法 7.1
「2つの所要時間の差」の意味 8.9
画面操作 8.9
「平均的な所要時間」の意味 14.3
「80 パーセンタイル所要時間」の意味 26.8
グラフの見方 21.4
n=56
〔単位：％〕

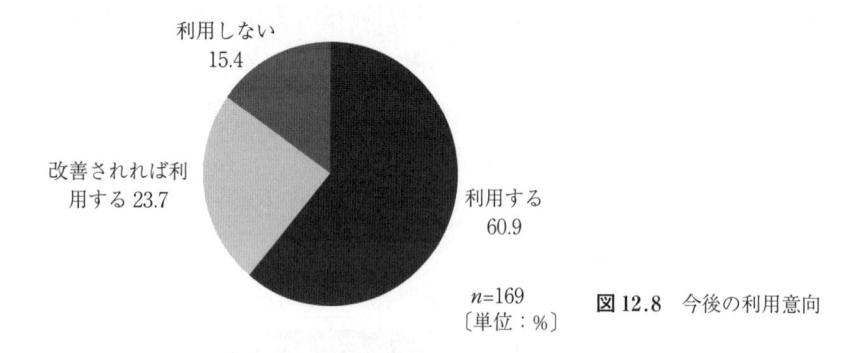

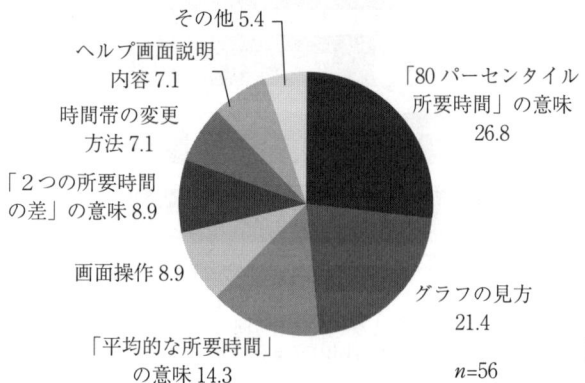

図 12.9　改善されれば利用する内容

容を集計した結果(図12.9),「80パーセンタイル所要時間」の意味,グラフの見方,「平均的な所要時間の意味」が上位を占めており,時間信頼性指標の意味についてわかりやすく説明する必要がある.

12.4 利用者簡易アンケート結果を踏まえた情報提供方法改善に向けて

　12.3節では,試行的に阪神高速道路における所要時間信頼性指標を提供した簡易アンケート結果について示した.本節では,時間信頼性情報提供方法の改善に向けて利用者に対してアンケート調査を行った結果について述べる.

12.4.1 利用者アンケートの概要

　時間信頼性情報提供の提供画面,アンケート手法については2.3節で述べた方法と同様である.アンケート調査対象者の中には,信頼性情報 WEB サイトの存在自体を知らない人もいることが予想され,有効な回答や意見が集まらない可能性があるため,質問の途中で信頼性情報サイトの説明を行い,実際に利用していただいた後で質問に答えてもらうこととした.

　アンケート調査の概要を**表12.2**に示す.12.2.1項で「今後の調査に協力可能」と回答した調査モニター,阪神高速道路の携帯向け交通情報サービス「はしれ GO!」会員,阪神高速コミュニティサイト「阪神高速ビューフレ!」会員等に対してアンケート案内メールを配信して,約2週間の調査期間中に660名からの回答を得ることができた.

表12.2 アンケート調査の概要

実施方法	WEBアンケート調査
調査期間	平成23(2011)年6月2日(木)~6月10日(金)
対象者	調査モニター:約2 000名 はしれGO!会員:約10 000名 ビューフレ!会員:約4 500名
回答者	660名

208   12. 利用者からみた時間信頼性とその評価

12.4.2 利用者アンケート結果

時間信頼性情報サイト（図 12.5）の利用状況について，全体の構成比と年齢，阪神高速道路利用頻度，阪高ナビ利用頻度のそれぞれの内訳を整理したものを **図 12.10** に示す．

全体では，約 6 割の人が存在自体を知らないと回答しており，非常に認知度

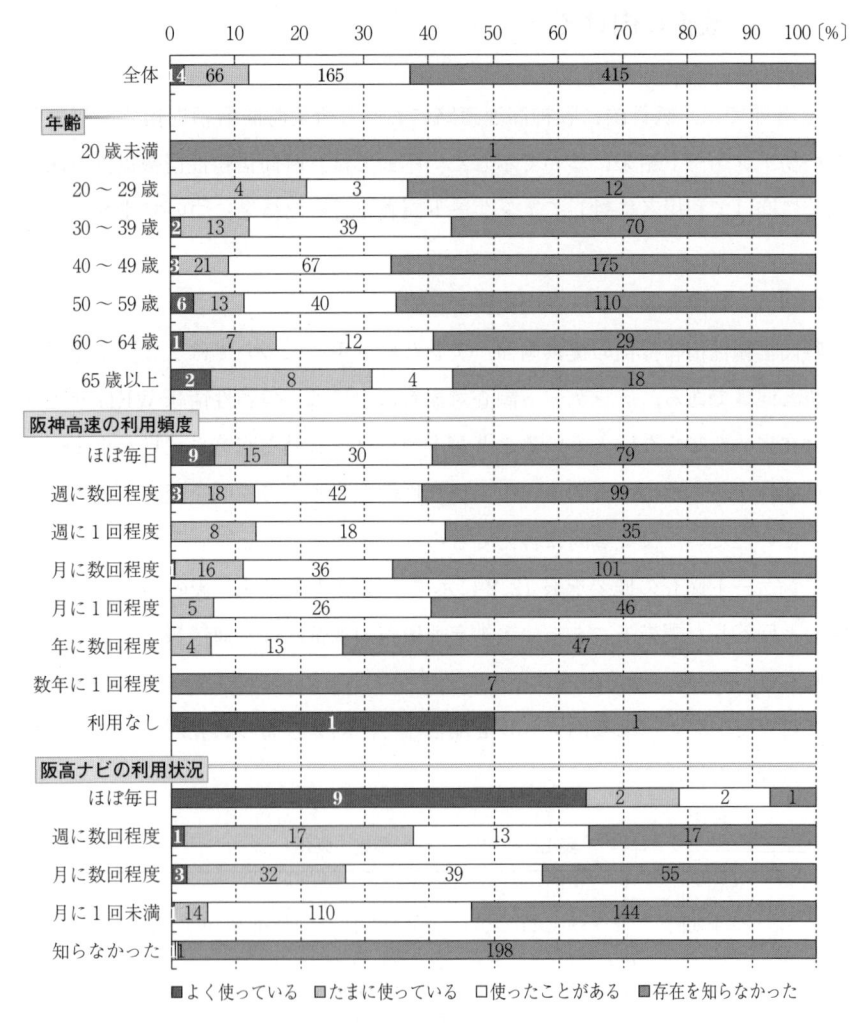

図 12.10 時間信頼性情報サイトの利用状況

凡例：■よく使っている　□たまに使っている　□使ったことがある　■存在を知らなかった

区分	よく使っている	たまに使っている	使ったことがある	存在を知らなかった
全体	14	66	165	415
年齢				
20歳未満				1
20〜29歳		4	3	12
30〜39歳	2	13	39	70
40〜49歳	3	21	67	175
50〜59歳	6	13	40	110
60〜64歳	1	7	12	29
65歳以上	2	8	4	18
阪神高速の利用頻度				
ほぼ毎日	9	15	30	79
週に数回程度	3	18	42	99
週に1回程度		8	18	35
月に数回程度	1	16	36	101
月に1回程度		5	26	46
年に数回程度		4	13	47
数年に1回程度				7
利用なし		1		1
阪高ナビの利用状況				
ほぼ毎日	9	2	2	1
週に数回程度	1	17	13	17
月に数回程度	3	32	39	55
月に1回未満		14	110	144
知らなかった	1			198

12.4 利用者簡易アンケート結果を踏まえた情報提供方法改善に向けて

は低かった。また年齢別にみると，どの年齢層でも利用状況は同じであることがわかった。つぎに阪神高速道路の利用頻度別にみると，利用頻度が高くなるほどWEBサイトの利用頻度も高くなる傾向にはあるが，大きな差違は観察されなかった。最後に阪高ナビの利用頻度別にみると，阪高ナビをほぼ毎日使っている人の半数以上がこのWEBサイトをよく使っていると回答していること

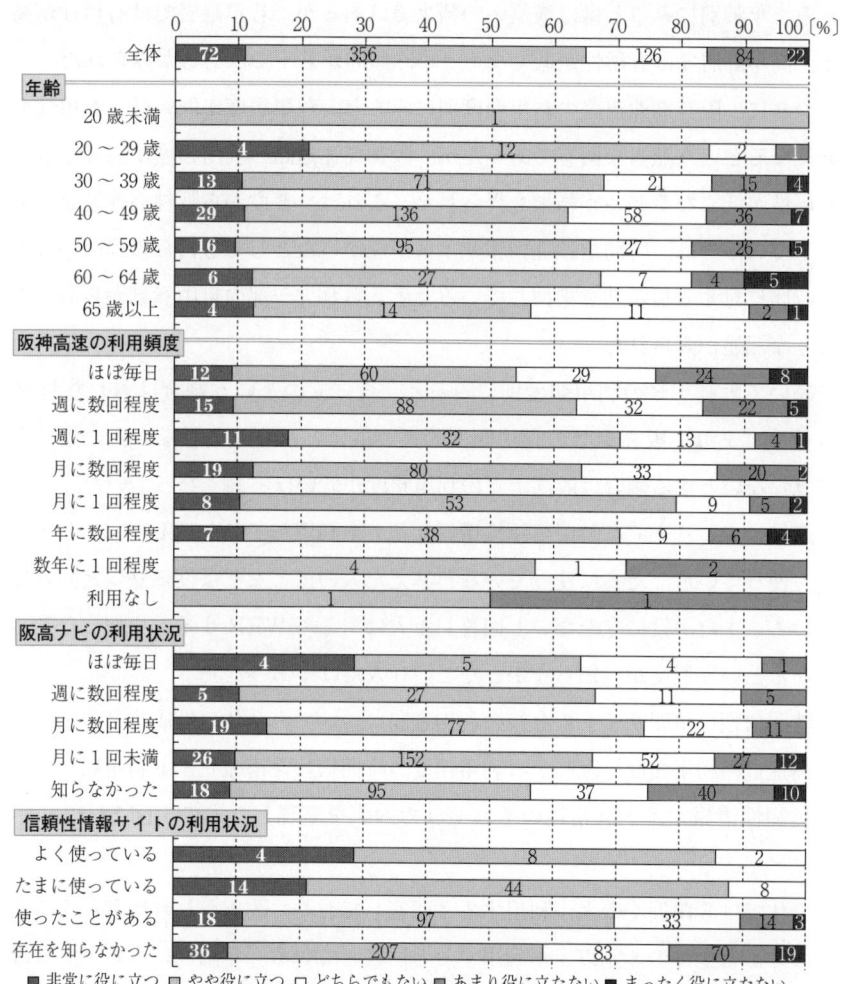

図 12.11 時間信頼性情報サイトの有用性

凡例: ■非常に役に立つ ■やや役に立つ □どちらでもない ■あまり役に立たない ■まったく役に立たない

区分	非常に役に立つ	やや役に立つ	どちらでもない	あまり役に立たない	まったく役に立たない
全体	72	356	126	84	22
年齢					
20歳未満					
20〜29歳	4	12		2	1
30〜39歳	13	71	21	15	4
40〜49歳	29	136	58	36	7
50〜59歳	16	95	27	26	5
60〜64歳	6	27	7	4	5
65歳以上	4	14	11	2	1
阪神高速の利用頻度					
ほぼ毎日	12	60	29	24	8
週に数回程度	15	88	32	22	5
週に1回程度	11	32	13	4	1
月に数回程度	19	80	33	20	2
月に1回程度	8	53	9	5	2
年に数回程度	7	38	9	6	4
数年に1回程度		4	1	2	
利用なし		1	1		
阪高ナビの利用状況					
ほぼ毎日	4	5		4	1
週に数回程度	5	27	11	5	
月に数回程度	19	77	22	11	
月に1回未満	26	152	52	27	12
知らなかった	18	95	37	40	10
信頼性情報サイトの利用状況					
よく使っている	4	8	2		
たまに使っている	14	44	8		
使ったことがある	18	97	33	14	3
存在を知らなかった	36	207	83	70	19

がわかり，時間信頼性情報のニーズの高さが伺える結果となった。

時間信頼性情報サイトの有用性について，全体の構成比と年齢，阪神高速道路利用頻度，阪高ナビ利用頻度，時間信頼性情報サイト利用頻度のそれぞれの内訳を整理したものを図 12.11 に示す。

全体では 6 割以上の人が役に立つと回答しており，情報の有用性は高いといえる。年齢別にみるとほぼ横這いの結果ではあるが，若年齢層では有用性が高く，高年齢層では有用性が低くなるという傾向が若干ではあるがみられた。

つぎに，阪神高速道路の利用頻度別にみると，利用頻度が低いほど有用性も低くなるという順当な回答であったが，阪神高速道路の利用頻度が高くなると有用性が低くなるという結果も得られた。これは，普段から阪神高速道路を利用している人は，時間信頼性情報サイトがなかったとしても自らの経験から所要時間に対する信頼性を把握していると考えられ，一部の自由意見からもそのような記述がみられた。

続いて阪高ナビの利用頻度別にみると，役に立つという割合はおおむね 60 ％程度であり，阪高ナビの利用頻度の違いはほとんどみられなかったが，役に立たないとする割合は阪高ナビの利用頻度が低いほど高くなっていた。

最後に，これまでに時間信頼性情報サイトを利用していた頻度別にみると，よく使っている，たまに使っていると答えた人のほとんどは役に立つと回答している。また，役に立たないと回答した人は，この WEB サイトを使ったことがあるという程度か，知らなかったという人だけであった。

時間信頼性情報サイトの今後の利用意向について，全体の構成比と年齢，阪神高速道路利用頻度，阪高ナビ利用頻度，時間信頼性情報サイト利用頻度，時間信頼性情報サイト有用性のそれぞれの内訳を整理したものを図 12.12 に示す。

全体では 5 割近くの人が利用すると回答しており，改善されれば利用すると合わせると全体の 8 割以上が利用すると回答している。年齢別にみると，ほぼ同様の比率ではあるが，高齢になるほど利用しない割合が高い。

つぎに，阪神高速道路の利用頻度別にみると，これもほぼ同様の比率であっ

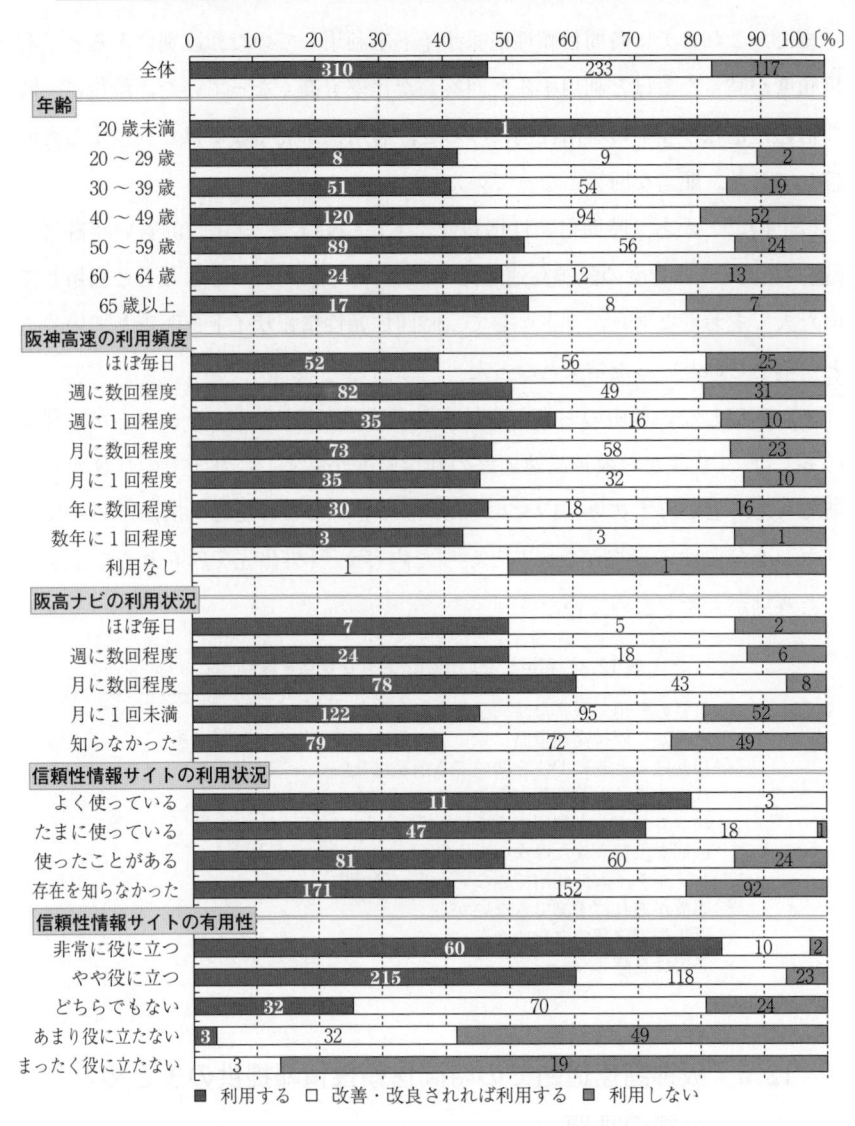

12.4 利用者簡易アンケート結果を踏まえた情報提供方法改善に向けて

	利用する	改善・改良されれば利用する	利用しない
全体	310	233	117
年齢			
20歳未満		1	
20～29歳	8	9	2
30～39歳	51	54	19
40～49歳	120	94	52
50～59歳	89	56	24
60～64歳	24	12	13
65歳以上	17	8	7
阪神高速の利用頻度			
ほぼ毎日	52	56	25
週に数回程度	82	49	31
週に1回程度	35	16	10
月に数回程度	73	58	23
月に1回程度	35	32	10
年に数回程度	30	18	16
数年に1回程度	3	3	1
利用なし	1		1
阪高ナビの利用状況			
ほぼ毎日	7	5	2
週に数回程度	24	18	6
月に数回程度	78	43	8
月に1回未満	122	95	52
知らなかった	79	72	49
信頼性情報サイトの利用状況			
よく使っている	11		3
たまに使っている	47	18	1
使ったことがある	81	60	24
存在を知らなかった	171	152	92
信頼性情報サイトの有用性			
非常に役に立つ	60	10	2
やや役に立つ	215	118	23
どちらでもない	32	70	24
あまり役に立たない	3	32	49
まったく役に立たない		3	19

図12.12 時間信頼性情報サイトの今後の利用意向

たが，週に数回～1回程度の人が利用するようになる可能性が高いといえる．続いて，阪高ナビの利用頻度別にみると，わずかながら低頻度利用者が利用しないと答えている割合が高い．

また，これまでに時間信頼性情報サイトを利用していた頻度別にみると，利用頻度が高くなるほど利用すると回答した比率も高くなっていた．最後に，時間信頼性情報サイトの有用性別にみると，有用性が高くなるほど利用すると回答しており，順当な回答となっていた．

以上のことから，時間信頼性情報サイトについては，「比較的若い年齢層」「週に数回～1回程度の阪神高速道路の利用者」「阪高ナビをもともと利用していた人」をおもなターゲットとして，時間信頼性情報サイトを改善していくことが望ましいといった結果となった．

また利用しない理由のおもな意見を参考までに**表12.3**にまとめるが，理由の多くは，「普段から阪神高速道路の利用頻度が高く，これまでの経験から判断できる」というものと，「パソコンからのアクセスのため，出かける前にパソコンを起動する余裕がない」といった内容や，「外出先でみられない」といった意見が大半を占めていた．

表12.3 利用しない理由（おもな意見を抜粋）

- 日常の利用で厳密な時間予想を要しない
- 普段から阪神高速道路に乗っているので経験値から判断できる
- 出かけるときにPCを開いてる余裕はない
- リアルタイムの情報が優先する
- パソコンでしか利用できないから
- 区間が阪神高速だけなので
- リアルタイムで使用できないから（運転中）
- 事故があれば予測できないから
- 外出先で確認できないから
- 必要性を感じない

12.5 阪神高速道路での時間信頼性情報提供のまとめと今後の課題

阪神高速道路では，平成18（2006）年度から時間信頼性についての研究を進め，統計諸量の整理から始まり，インシデントの影響，情報提供に関する検討，サービス水準評価の検討等を行い，本章で述べた成果が得られているとこ

ろである。

　一方で，時間信頼性指標をホームページ等で公表していく際の表記方法については，議論の余地が残されている。パーセンタイル値などの統計値を利用者にわかりやすく表現する必要があり，利用者ニーズを的確に把握しつつ公表していく必要があろう。今後は，残された課題の解決に取り組むとともに，利用者サービスの拡充のための時間信頼性情報の提供に向けて積極的に取り組んでいきたいと考えている。

引用・参考文献

1) 川北司郎，北澤俊彦，飛ヶ谷明人，田名部淳，朝倉康夫：阪神高速道路における所要時間の信頼性に関する分析，土木計画学研究・講演集（CD-ROM）Vol. 35（2007）
2) Higatani, A, Kitazawa, T, Tanabe, J, Suga, Y, Sekhar, R, Asakura, Y：Empirical Analysis of Travel Time Reliability Measures in Urban Expressway Network, Proceedings of the 14th World Congress on Intelligent Transport Systems (ITS), Held Beijing, October（2007）
3) Higatani. A, Kitazawa. T, Tanabe. J, Suga. Y, Sekhar. R, Asakura. Y：Empirical Analysis of Travel Time Reliability Measures in Hanshin Expressway Network, Journal of Intelligent Transportation Systems, Vol. 13, pp. 28〜38（2009）
4) 岩里泰幸，石橋照久，田名部淳，朝倉康夫：信頼性を考慮した所要時間の情報提供に関する検討，第29回交通工学研究会発表論文集（CD-ROM）（2009）
5) 岩里泰幸，石橋照久，田名部淳，朝倉康夫：所要時間信頼性指標を用いたサービス水準評価手法の検討，土木計画学研究・講演集（CD-ROM）Vol. 39（2009）
6) The 2012 Congestion Report, Washington State Department of Transportation
7) 北澤俊彦，岩里泰幸，石橋照久，飛ヶ谷明人：阪神高速道路における所要時間信頼性評価，交通工学 Vol. 44（2009）
8) 飛ヶ谷明人，石橋照久，田名部淳，朝倉康夫：旅行時間信頼性指標と既存の渋滞評価指標との比較〜阪神高速道路の事例〜，土木計画学研究・講演集（CD-ROM）Vol. 37（2008）
9) 朝倉康夫，柏谷増男，熊本仲夫：交通量変動に起因する広域道路網の信頼性評価，土木計画学研究・論文集，No. 7, pp. 235〜242（1989）

II部 信頼性評価の方法と事例

13

均衡配分を用いた時間信頼性分析

　道路のネットワーク全体で旅行時間もしくは交通量のデータがある場合，それらを用いて時間信頼性評価を行うことができるが，部分的にしか得られない場合や道路整備後の予測評価などの場合では，データのみでは評価はできずモデルが必要になる．ここでは，実用的にも利用可能な時間信頼性評価のための均衡配分モデルについて解説する．

13.1 均衡配分モデルの必要性

　道路のネットワーク全体で旅行時間もしくは交通量のデータがある場合，12章までに紹介されている手法により時間信頼性評価を行うことができる．しかしながら，そのようなデータがネットワークの一部でしか得られない場合や道路整備前の予測などの場合は，データのみでは時間信頼性の評価はできず，モデルなどが必要になる．

　交通量や旅行時間が変動し，ばらつく原因には，さまざまなものが考えられるが，事故や災害などが発生していない通常の交通では，交通需要の変動が大きな原因の一つであろう．交通量・旅行時間の不確実性を考慮する場合，交通需要が確率変動することを仮定し，交通量および旅行時間を確率分布として配分することが一つの重要なアプローチであると考えられる．

　I部6章「ネットワークレベルでの時間変動評価法」で解説されているように，これまでにも交通量や旅行時間を確率的に扱った均衡モデルがいくつか提案されている．本章では，確定的な均衡配分が確定値である OD 交通量を確定的に配分していた点を一般化し，確率的な OD 交通量を確率的な交通量として

配分するモデルについて著者の研究[1]を基に解説する。このような均衡モデルによって，道路ネットワークの旅行時間の不確実性もしくは時間信頼性を評価することが可能となる。そして，モデルを金沢市の道路ネットワークに適用し，ネットワークの時間信頼性の評価の例を紹介する。

13.2 確率均衡配分の考え方

　均衡配分は，交通需要（OD交通量，OD表）が与えられたときに，それがどのリンク（もしくは経路）を通るのかを決めることといえる。よって交通需要が調査等でわかると，均衡配分モデルによって，道路ネットワークの各リンクの交通量を予測・推定することができる。どのリンクや経路を通るのかは，本来道路利用者（ドライバー）の意思決定による。道路利用者は合理的であることを前提にすると，道路利用者は旅行時間が最も短い経路を選択すると考えるのが妥当である。

　すべての道路利用者が最短旅行時間の経路を利用するとなると，利用者がいる経路の旅行時間は皆等しくなる。もし等しくないとすると，旅行時間が最短でない経路選択をする道路利用者が存在することになり，矛盾するからである。これを等時間原則と呼ぶことにする。

　等時間原則は，利用者がいる経路の間だけであり，利用者のいない経路は等時間であることを要請していない。また，道路利用者は最短旅行時間の経路を選択するため，利用者が存在して等時間となっている経路の旅行時間は，利用者が存在しない経路を含めても最短になっている。このような等時間原則に基づいて交通需要を各経路に配分するのが均衡配分である。

　本章では時間信頼性分析のために均衡配分モデルを用いるため，旅行時間が確率変動する状況の下で均衡配分を適用することになる。合理的な道路利用者は，変動する旅行時間に対しては，その代表値である平均を基に最も合理的な経路を選択するというのは，一つの妥当な考え方である。したがって，上述の等時間原則は，利用者の存在する経路の平均旅行時間は皆等しく，その時間は

すべての経路の中で最も小さいということになる。旅行時間は確率的に変動するため，単なる旅行時間を平均旅行時間に置き換える。

このような，旅行時間が確率的に変動する場合の等時間原則に基づいた配分を，確率的均衡配分と呼ぶことにする。この確率的均衡配分を用いることによって，交通需要に関するデータがあると，各リンクの旅行時間の変動を推定・予測することができる。なおこの確率的均衡配分は，確率的利用者均衡配分[2]とは異なるものであることに注意が必要である。

13.3 確率的な交通量と旅行時間

13.3.1 交通量の確率分布

13.1節で述べたように，交通需要が変動するために交通量や旅行時間が変動する場合を本節では扱う。

道路利用者は合理的であり，同じODペアの道路利用者は同質であると仮定する。また均衡状態では，道路利用者は自分が選択する一つの経路を決めており，その経路を選択する。経路交通量はその経路を選択すると決めた人々がそれぞれ実際にトリップを"行ったのか"，"行わなかったのか"によって決定される。このトリップを行うのか否かは，外生的に決定されており，それを確率的に取り扱う。OD交通量は経路交通量の和であるため，OD交通量も確率的に変動することになる。なお，その確率的なOD交通量はたがいに独立であると仮定する。

ODペア i ($i=1, 2, \cdots, I$) の潜在交通需要（トリップを行う可能性のある人の総数）を n_i とする。すでに述べたように，各人はあらかじめ選択する経路を決めている。ODペア i について，経路 j ($j=1, 2, \cdots, J_i$) を選択する潜在的な人数を n_{ij} とすると，$n_i = \sum_j n_{ij}$ となる。このように，潜在交通需要はODペアごとに選択可能な全経路の潜在的選択者数の和となる。経路選択とは，n_{ij} を決定することと同じことになる。経路選択は毎日行われるものというより，長期的な均衡状態での習慣的に走行する経路を形成することと解釈でき

る。

　ODや経路にかかわらず各人がトリップを行う確率を p と仮定すると，(ODペア i の経路 j の）実際に発生する経路交通量は独立な二項分布に従う。その平均と分散はそれぞれ $n_{ij}p$ と $n_{ij}p(1-p)$ である。なお，経路間で経路交通量は独立であるが，これはリンク交通量がたがいに独立であることを意味してはいない。潜在的な経路選択者数 n_{ij} が十分に大きい場合，二項分布に従う経路交通量は正規分布で近似できる。よって，本章では，各経路交通量は正規分布に従うと仮定する。

　ODペア i の経路 j の経路交通量は平均と分散がそれぞれ $n_{ij}p$ と $n_{ij}p(1-p)$ の正規分布に従う。ここで，経路の平均交通量 $n_{ij}p$ を μ_{ij} とし，$1-p$ を η と記載することにすると，経路交通量の分散 σ_{ij}^2 は $\eta\mu_{ij}$ となり，経路交通量の従う確率分布は，平均が μ_{ij} で分散が $\eta\mu_{ij}$ の正規分布となる。

　上述のとおり，ODペア i の経路 j の交通量の確率変数 X_{ij} は，平均が μ_{ij} で分散が $\eta\mu_{ij}$ の（独立な）正規分布に従う。リンク a ($a=1, 2, \cdots, A$) の（リンク）交通量の確率変数 X_a は経路交通量の確率変数 X_{ij} の和として，次式のように表される。

$$X_a = \sum_{i=1}^{I} \sum_{j=1}^{J_i} \delta_{a,ij} X_{ij} \tag{13.1}$$

ただし $\delta_{a,ij}$ はリンクと経路の接続変数であり，リンク a がODペア i の経路 j に含まれている場合は1であり，含まれていない場合は0になる変数である。

　経路交通量は独立な正規分布に従っているため，その和であるリンク交通量も正規分布の再生性により正規分布となる。リンク交通量の正規分布の平均と分散をそれぞれ μ_a, σ_a^2 とする。経路交通量の従う確率分布が平均が μ_{ij} で分散が $\eta\mu_{ij}$ であるため，リンク a の交通量の平均および分散は以下のとおりとなる。

$$\mu_a = \sum_{i=1}^{I} \sum_{j=1}^{J_i} \delta_{a,ij} \mu_{ij} \tag{13.2}$$

$$\sigma_a^2 = \sum_{i=1}^{I} \sum_{j=1}^{J_i} \delta_{a,ij} \sigma_{ij}^2 = \eta \sum_{i=1}^{I} \sum_{j=1}^{J_i} \delta_{a,ij} \mu_{ij} = \eta \mu_a \tag{13.3}$$

このように，リンク交通量の分散は平均値の η 倍となる．確率的均衡配分によってリンク交通量の平均値が求められると，その η 倍として分散が求められる．

13.3.2 旅行時間の平均と分散

本研究では，リンク走行時間が BPR 関数に従うと仮定する．BPR 関数は，通常，$c = \tau \left\{ 1 + \alpha \left(\dfrac{x}{C} \right)^{\beta} \right\}$ などと記載される．ただし，c は旅行時間，x は交通量，t は自由走行時間，C は交通容量，α, β は正のパラメータである．しかし，この式を整理すると，旅行時間 c_a は $\tau_a + \gamma_a x_a^{\beta}$ で表される．ただし，c_a はリンク a の旅行時間，x_a はリンク a の交通量，τ_a はリンク a の自由走行時間，$\gamma_a = \dfrac{\alpha \tau_a}{C^{\beta}}$ である．

本章では，リンク交通量は正規分布に従う確率変数であるため，リンク a の旅行時間の確率変数 C_a は $\tau_a + \gamma_a X_a^{\beta}$ となる．このとき，平均リンク旅行時間は $E[\tau_a + \gamma_a X_a^{\beta}] = \tau_a + \gamma_a E[X_a^{\beta}]$ であり，それを求めるためには $E[X_a^{\beta}]$，つまり，X_a の β 乗の平均を計算する必要がある．なお，$E[\cdot]$ は平均を求める演算子である．$E[X^{\beta}]$ は（原点まわりの）モーメント（積率）であり，平均と分散をそれぞれ μ_a, σ_a^2 の正規分布の原点まわりのモーメントは，以下の漸化式により順次求めることができる[3]．

$$m_{\beta} = (\beta - 1) \sigma_a^2 m_{\beta - 2} + \mu_a m_{\beta - 1} \qquad \beta = 1, 2, 3, \cdots \qquad (13.4)$$

ここで，m_{β} は β 次の原点まわりのモーメント（$= E[X^{\beta}]$），$m_{-1} = 0$，$m_0 = 1$，$m_1 = \mu_a$ である．

リンク旅行時間の分散は $E[C_a^2] - (E[C_a])^2$ であり，上記の原点まわりのモーメントを用いて計算することができる．

すでに述べたように，$\sigma_a^2 = \eta \mu_a$ である．例えば，$\beta = 2$ のとき，式 (13.4) を用いると，$E[X_a^2] = m_2 = \sigma_a^2 m_0 + \mu_a m_1 = \sigma_a^2 + \mu_a^2 = \mu_a^2 + \eta \mu_a$ となる．よって，この場合，リンク a の旅行時間の平均は $\tau_a + \gamma_a (\mu_a^2 + \eta \mu_a)$ となる．このように式 (13.4) を用いると，平均リンク旅行時間を平均リンク交通量 μ_a の関数として与えることができる．平均リンク旅行時間を与える関数を $\bar{c}_a(\mu_a)$

とし,平均旅行時間関数と呼ぶことにする.

13.4 確率均衡配分の定式化

13.3節で述べたように,平均リンク交通量が得られれば,平均旅行時間関数によって平均リンク旅行時間を計算できる.また,平均交通量の定数倍(η倍)としてリンク交通量の分散を与えることができる.さらに,リンク旅行時間の分散も式 (13.4) を用いて計算可能である.

平均リンク交通量が必要であるため,それを確率的均衡配分で与える.通常の均衡配分(ワードロップ均衡)は確定的なリンク交通量を与える一方,本節の確率的均衡配分は平均リンク交通量を与える.13.2節で述べたように,通常の均衡配分は確定的な旅行時間について等時間原則が成り立つ一方,本節の確率的均衡配分は平均旅行時間について等時間原則が成り立つ.違いは確定的な旅行時間なのか,平均旅行時間なのかである.

同様に,証明は省略するものの,確定的均衡配分の定式化は通常の均衡配分の確定的な交通量および旅行時間を,平均交通用および平均旅行時間に置き換えることで得られる.

通常の均衡配分(ワードロップ均衡)の説明[2),4)]は本節では割愛するが,通常の均衡配分の旅行時間関数を平均旅行時間関数で,確定的交通量を平均交通量で置き換えた以下の最適化問題が確定的均衡を与える.

$$\min. Z = \sum_a \int_0^{\mu_a} \bar{c}_a(w) \, dw \tag{13.5}$$

$$\text{s.t.} \ \mu_i = \sum_{j=1}^{J_i} \mu_{ij} \tag{13.6}$$

$$\mu_a = \sum_{i=1}^{I} \sum_{j=1}^{J_i} \delta_{a,ij} \, \mu_{ij} \tag{13.7}$$

$$\mu_{ij} \geq 0 \tag{13.8}$$

このように,ワードロップ均衡に形式的に類似した最適化問題として定式化することができ,平均リンク交通量 μ_a をフランク・ウルフ法(Frank-Wolfe

法)[2),4)] などの通常の配分アルゴリズムによって計算することができる。また，すでに述べたように $\bar{c}_a'(\mu_a) > 0$ であるため，上記の最適化問題の解は一意となる。

13.5 金沢道路ネットワークへの適用例

上述の配分モデルを，金沢市の道路ネットワークに適用した例について紹介する。図 13.1 に示したのが金沢道路ネットワークであり，ノード数は 140，リンク数は 467 である。

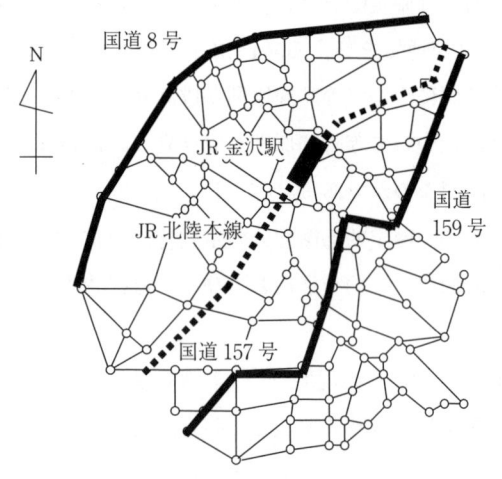

図 13.1 金沢道路ネットワーク

モデル適用のために使用した OD 交通量の平均は，平成 7 (1995) 年の第 3 回パーソントリップ調査を基に作成した，平日の朝 7 時から 8 時までの 1 時間分の OD 交通量とした。また，旅行時間関数は標準的な BPR 関数のパラメータ[3),4)] を用いた。すでに述べたように $\sigma_a^2 = \eta \mu_a$ であるが，ネットワーク内の 1 か所の国道について交通量データが得られ，それに基づいて $\eta = 42.0$ とした[1)]。なお，計算はフランク・ウルフ法を用いて行っている。

図 13.2 は，実際のリンク交通量（リンク交通量の観測値）を横軸に，モデルから算出された平均リンク交通量（推定値）を縦軸にとった，各リンクの交

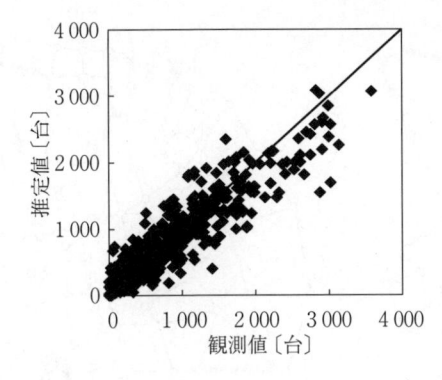

図 13.2 観測値と推定値の比較

通量の散布図である．実際のリンク交通量とモデルから算出された平均リンク交通量との相関係数は 0.914 であり，RMSE は 224.9 台であった．

なお，確定的なワードロップ均衡での確定的な計算交通量と実際の交通量の相関は 0.916 であった．若干，本研究のモデルの相関の方が低いが，統計的に有意となる差よりもその差ははるかに小さく，両モデルの再現性はほぼ同じと考えられる．図 13.2 では多少の散らばりがみられるものの，相関係数は 0.914 と比較的高く，13.4 節で述べた均衡モデルの実際のネットワークの適用可能性および妥当性は十分にあると考えられる．

図 13.3 は，各リンクのリンク旅行時間の標準偏差が大きいリンクを示している．また，**図 13.4** は各リンクの旅行時間の変動係数を示している．本モデルでは，交通量の平均に比例してその分散が決定されている．しかし，これは交通量に関する仮定であり，必ずしも平均旅行時間が大きければ旅行時間の分散が大きいとは限らない．平均旅行時間と旅行時間の分散（標準偏差）の関係は，個々のリンク特性に大きく影響される．交通容量の大きいリンクの旅行時間の分散は，たとえ平均旅行時間が大きくとも小さくなる．

本事例では，リンク旅行時間の分散は以下のように計算される．旅行時間関数（BPR 関数）での自由走行時間 τ および交通容量 C は，制限速度，車線数や車線幅を基に設定した．また，標準的な BPR 関数とは

$$c = \tau \left\{ 1 + 0.15 \left(\frac{x}{C} \right)^4 \right\}$$

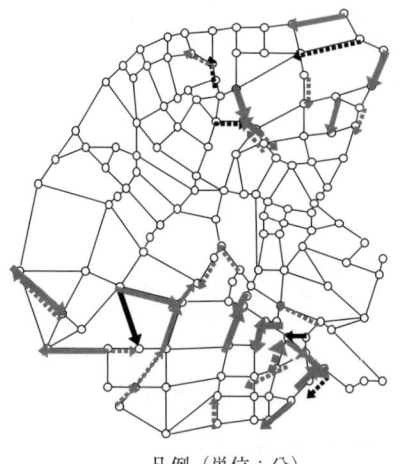

凡例（単位：分）
4.0 以上 ➡ 2.5 以上 3.0 未満 ➡
3.0 以上 4.0 未満 ▪▪▶ 2.0 以上 2.5 未満 ▪▪▶

1.0 以上 ➡ 0.8 以上 0.9 未満 ➡
0.9 以上 1.0 未満 ▪▪▶ 0.7 以上 0.8 未満 ▪▪▶

図 13.3 各リンクの旅行時間の標準偏差値　　**図 13.4** 各リンクの旅行時間の変動係数

である．この場合の平均リンク旅行時間関数は

$$\tau\left\{1+0.15\frac{3\,\eta^2\mu^2+6\,\eta\mu^3+\mu^4}{C^4}\right\}$$

となる．また，リンク旅行時間の分散は

$$0.15^2\,\tau^2\left\{\frac{97\eta^4\mu^4+384\,\eta^3\mu^5+168\,\eta^2\mu^6+16\,\eta\mu^7}{C^8}\right\}$$

となる．このように，平均リンク交通量から平均リンク旅行時間を算出する平均リンク旅行時間関数は，比較的単純な式として与えることができる．これからわかるように，交通量に比較して容量が小さいリンクの旅行時間の分散（標準偏差）が大きい傾向がある．交通容量が小さいと，旅行時間の変動に対する交通量の変動の影響が大きくなる．

13.6　金沢道路ネットワークでの救急車への情報提供効果

　交通量や旅行時間が確率的に変動する場合，平均的に旅行時間が小さい経路を知ることは可能である．しかし，その平均的に旅行時間が小さい経路を実際

13.6 金沢道路ネットワークでの救急車への情報提供効果

に走行した場合，必ずしもつねに旅行時間が小さいとは限らない．交通量や旅行時間が確率的に変動するため，その経路の旅行時間が大きくなることも確率的に発生する．

交通量や旅行時間が確率的に変動する状況下において，提供された交通情報で時々刻々の交通状況（各リンクの旅行時間）を正確に知ることができると仮定する．そして，救急車に最短旅行時間の経路を知らせるという情報提供を想定する．以下で，図 13.1 に示した金沢市の道路ネットワークを対象に，重篤患者を搬送する救急車を最短旅行時間経路へ経路誘導することの評価の事例を紹介する．なお，このような重篤患者の救急車による搬送を三次救急と呼ぶ．

対象とするネットワークは図 13.1 に示したネットワークであるが，対象ネットワーク内には救急車が配置された消防署が 4 か所，三次救急指定病院が 2 か所ある．

救急車は一般車両よりも高速で走行すると考えられるため，救急車の旅行時間としては，一般車両の旅行時間を補正したものを用いることにする．金沢市の平成 10（1998）年度救急業務報告書から，救急車が消防署より救急患者の所在地に駆けつける場合，一般車両の 0.73 倍の時間で，搬送の場合は一般車両の 0.90 倍の時間で走行すると設定する．搬送の場合の旅行時間の方が大きいのは，患者を搬送しているため，より慎重に運転するためである．

13.6.1 情報提供による旅行時間短縮

情報提供を受けていない場合，救急車は出動要請時点での正確な交通状況を知ることはできないため，救急隊員（救急車の運転手）の日常の経験により，平均的に最短旅行時間で走行できる経路を選択すると考える．よって，駆けつけおよび搬送の旅行時間は平均最小旅行時間となり，上述の確率的均衡モデルから得られる平均リンク旅行時間から計算することができる．つまり，解析解としてこれらの値を算出できる．

ここでは，提供する情報は正確な旅行時間情報，つまり，提供された旅行時間と実際に走行したときの旅行時間と同じであると仮定する．情報提供を受け

ている場合の旅行時間は数値計算によって算出する。確率的均衡配分モデルの解析に従った正規乱数により，出動要請のあった時点の交通量（実現値）を与える。これがその時点での交通量であり，この交通量を基に最短旅行時間の経路はいずれの経路であるのかという情報を与える。この情報を受けた救急車は，毎回実際に最小旅行時間である経路を走行できる。

一方，情報提供を受けていない場合の救急車は平均的に最小旅行時間である経路を走行するものの，必ずしも毎回は最小旅行時間の経路を走行するとは限らず，（旅行時間が日々確率的に変動するため）しばしば最小旅行時間の経路とは異なる，より旅行時間の大きい経路を選択することになる。

最小旅行時間経路が情報として与えられた場合の OD ペア i 間の旅行時間の短縮効果（旅行時間短縮の平均）RT_i は次式のように表すことができる。

$$RT_i = \min(\bar{c}_{ij}; j=1, 2, \cdots, J_i) - E[\min(C_{ij}; j=1, 2, \cdots, J_i)] \quad (13.9)$$

ここで，$\min(x_i; i=1, 2, \cdots, I)$ は $\{x_1, x_2, \cdots, x_I\}$ の中で最も小さい値を出す演算であり，$\bar{c}_{ij} = E[C_{ij}]$ である。式 (13.9) の右辺の第 1 項 $\min(\bar{c}_{ij}; j=1, 2, \cdots, J_i)$ は平均旅行時間の最小値である。そして，第 2 項 $E[\min(C_{ij}; j=1, 2, \cdots, J_i)]$ は実現した経路旅行時間のうち最も小さい旅行時間の値の期待値，つまり，毎日最短旅行時間の経路を走行したときの旅行時間平均である。OD ペア i が消防署と現場との間の場合，救急車の旅行時間短縮の平均は $0.73 RT_i$ となり，現場と病院の場合は $0.90 RT_i$ となる。

式 (13.9) の $\min(\bar{c}_{ij}; j=1, 2, \cdots, J_i)$ は，すでに述べたように式 (13.5) の最適化問題を解くことによって，解析的に求めることができる。通常，平均旅行時間の最小の経路は複数あることが多い。経路旅行時間が独立の場合，$E(\min[C_{ij}; j=1, 2, \cdots, J_i])$ はガンベル分布など極値分布によって解析的に値を求めることができるが，一般に経路旅行時間は独立ではないため，ここでは数値的に平均的な短縮旅行時間等を求めることにした。13.5 節での配分結果を基に交通量を正規乱数として発生させ，計算を行う。

フランク・ウォルフ法を用いた平均経路交通量の計算法を用いて，配分した結果から得られた平均経路交通量 μ_{ij}^* によって，各経路に $N[\mu_{ij}^*, \mu_{ij}^*]$ に従った

正規乱数として k 日目の経路交通量 x_{ij}^k を（確定値として）与える。ここでは $k=1, 2, \cdots, 1\,000$ とし，情報提供効果分析を行う。よって，情報提供のある場合の OD ペア i の旅行時間の平均，つまり，式 (13.9) での $E[\min(C_{ij}; \forall j)]$ は以下のように計算する。

$$\frac{1}{1\,000}\sum_{k=1}^{1\,000} \min\,[c_{ij}^k; \forall j] \tag{13.10}$$

ここで，c_{ij}^k は k 日目の OD ペア i の経路 j の旅行時間の実現値，$\min\,[c_{ij}^k; \forall j]$ は k 日目の OD ペア i の経路旅行時間のうちで最も小さい値である。

13.6.2 情報提供効果分析

以上のような前提で，金沢市のネットワークにおいて数値計算を行った。その結果は，**表 13.1** のようにまとめられる。この表より，金沢市において救急車に最短旅行時間の経路情報を提供することで，平均的に約 3 分の旅行時間の短縮が期待でき，旅行時間のばらつきも減少することがわかる。

表 13.1 情報提供効果の数値計算結果

	旅行時間の短縮〔分〕	旅行時間の標準偏差の減少〔分〕
駅西	2.74	2.23
広坂	0.23	0.49
中央	3.46	1.96
鳴和	5.46	3.25
平均	2.97	1.99

図 13.5 は，各ノードの旅行時間の短縮の程度を示している。旅行時間の短縮効果が大きいのは，当然のことながら，搬送において搬送先の三次救急指定病院から比較的離れており，搬送に多くの旅行時間を要する区域となっている。また，リンク・ノードが密になっており，選択できる経路が比較的大きい地域も効果が大きいものと考えられる。

以上のように，設定した状況においては，情報提供による経路誘導は少なからず効果を発揮することがわかるとともに，本節で説明したモデルは，情報提供効果の分析に有用であることが示されたと考えられる。

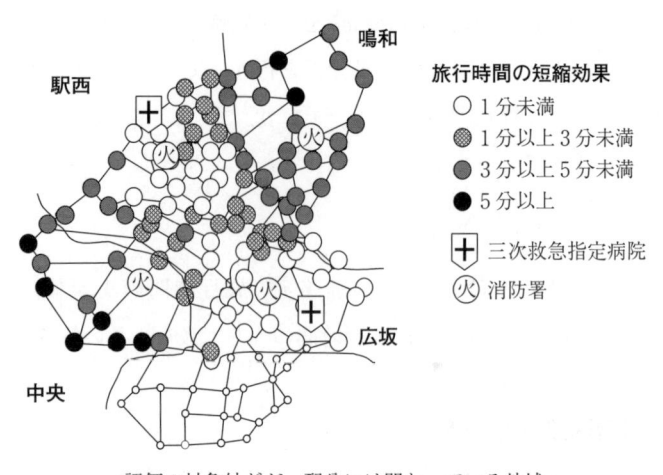

評価の対象外だが，配分には関わっている地域

図 13.5 ノードごとの経路誘導による効果

なお，ここでの分析結果では，提供された情報は正確なものであるとの仮定の下でのものである。現実にはこのような正確な情報を提供することは困難であり，提供情報自体に誤差が含まれることがほとんどであると考えられる。このような誤差を含む情報提供の効果を分析するためには，救急車が実際の最短旅行時間経路を選択するのではなく，誤差を含んで提供された情報上での最短旅行時間経路を選択するとして計算を行う必要がある。

引用・参考文献

1) 中山晶一朗，高山純一，長尾一輝，笠嶋崇弘：旅行時間の不確実性を考慮した交通ネットワーク均衡モデル，土木学会論文集，No. 772/Ⅳ-65, pp. 67〜77 (2004)
2) 土木学会交通ネットワーク出版小委員会編：交通ネットワークの均衡分析，丸善，東京 (1998)
3) 蓑谷千凰彦：統計分布ハンドブック，朝倉書店，東京 (2003)
4) 土木学会交通需要予測技術検討小委員会編：道路交通需要予測の理論と適用第Ⅰ編利用者均衡配分の適用に向けて，丸善，東京 (2003)

■Ⅱ部 信頼性評価の方法と事例

14

旅行時間変動に起因する
ドライバーの移動コストの試算

　本章では，旅行時間信頼性（時間信頼性）の経済評価に関する従来の代表的手法である，スケジューリングアプローチと平均-分散アプローチを統合した新たなアプローチによる，ドライバーの移動コストの試算方法と適用事例について概説する。

14.1　時間信頼性向上の経済便益評価の必要性

　道路の旅行時間は，交通需要や道路容量の突発的変化に伴って大きく変動し，ときとして利用者にとって大きなコストとなる。道路整備や料金施策による交通流の円滑化は，平均旅行時間によって測られる速達性の向上のみならず，旅行時間信頼性の向上にも大きく貢献する。例えば混雑料金制度導入による信頼性向上便益は，利用者便益全体の2割程度になるという分析結果も報告されている[1],[2]。

　このような理由から，旅行時間信頼性の経済便益計測方法論の確立と事業評価への導入可能性の検討は，近年，学術的にはもちろんのこと，実務的にも大きな関心が寄せられている。最新の国際比較[3]によると，アメリカ，イギリス，オランダ，スウェーデン，オーストラリア，ニュージーランドでは道路事業評価において旅行時間信頼性の経済評価を行うための指針をもっている。

　一方，わが国における旅行時間信頼性の評価は，BTI（buffer time index）のような統計値に基づいたパフォーマンス評価の視点にとどまりがちとなっている。経済評価に向けた基礎的検討[4]も試みられているが十分とは言

い難い。

　本章では，旅行時間の不確実性下でのドライバーのスケジューリングモデルに基づいて，旅行時間変動に起因するドライバーのコストを算出する方法を提示し，実際に試算を行う．施策前後におけるドライバーのコストの差を求めることができれば，それがそのまま旅行時間信頼性向上の経済便益となることから，旅行時間変動に起因するドライバーのコストを適切にモデル化することが，まずは重要となる．そのためには，旅行時間変動指標の金銭的価値（旅行時間変動価値）をどのように定義し，どのように推計すればよいのかを定める必要がある．この "価値付け（valuation）" については，従来より平均-分散アプローチに基づいた行動モデルが適用されてきたが[5),6)]，その理論的基礎は必ずしも明確ではなかった．

　本章で適用する方法は，Fosgerau and Karlström[7)]，Fosgerau and Fukuda[8)] において提案された「統合アプローチ」と呼ばれる方法である．旅行時間の変動に対するドライバーの反応として最も考えられるものは，余裕時間をもって出発時刻をシフトするというスケジューリングに関する意思決定である．すなわち，経済便益を計測するためにはミクロ経済学の考え方と整合するようにドライバーのスケジューリングコストを定義する必要がある．統合アプローチでは，スケジューリングアプローチに基づいてドライバーの出発時刻選択行動をモデル化し，ドライバーの最適化行動の帰結として得られる最小期待不効用関数が平均-分散モデルとなることが示されている．

　このような考え方は，Noland and Small[9)] によって1990年代半ばに提案されていたが，近年，Fosgerau and Karlström[7)]，Fosgerau and Fukuda[8)] はそれをさらに一般化し，任意の旅行時間分布の下でドライバーのコスト関数を導出することができるようにした．得られるコスト関数の形状は平均-分散モデルと同一であり，さらに，スケジューリングモデルを推定するにあたりドライバーの希望到着時刻に関する情報を必ずしも必要としないことから，実務への適用も容易であると期待される．

　以下では，まず，統合アプローチに基づいて，旅行時間が出発時刻に応じてラ

ンダムに変動する不確実性下でのドライバーの出発時刻選択行動を記述するモデルを構築する．つぎに，モデルの適用可能性を検証するために，高速道路のETCシステムから得られた流入時刻‐旅行時間のデータを用いて，理論モデルの実適用に必要となる前提条件が成立しているかどうかを確認する．最後に，節約時間価値に対する時間信頼性価値の相対比率を旅行時間分布より推計し，ドライバーの総コストの試算を行う．

14.2 トリップスケジューリングモデル

14.2.1 ドライバーの不効用関数

　日々の通勤で単一リンクの道路を利用するドライバー（経路選択は考えず，出発時刻選択のみを行う）を考える．このとき，一般性を失うことなく，ドライバーの目的地希望到着時刻を $PAT=0$ と仮定する．道路の旅行時間はDay-to-Dayで確率的に変動し，ドライバーはその不確実性下で出発時刻の決定を行う．その際，ドライバーは当該リンクの旅行時間分布について既知であると仮定する．

　つぎに，通勤交通に伴うドライバーのコストを考える．ここでは，ドライバーが被る不効用が「旅行時間が変動することを見越して早く出発する早発不効用（departing early）」，「希望到着時刻よりも遅く到着する遅着不効用（schedule delay late）」，「旅行時間の長さによる不効用（travel time）」の3つの要素で構成されるものとする[†]．これらのスケジューリングコストに関する線形性を仮定し，実旅行時間を T，ドライバーの出発時刻を $-D$（ただし，$D>0$）とすると，ドライバーの総不効用関数は式（14.1）で表される．

$$C(D,T)=\eta D+\lambda(T-D)^{+}+\omega T \qquad (14.1)$$

ただし $(T-D)^+ := \begin{cases} T-D & \text{if } T-D \geq 0 \\ 0 & \text{if } T-D < 0 \end{cases}$

[†] 典型的な出発時刻選択モデルでは早発不効用の代わりに，希望到着時刻よりも早く到着することによる不効用（schedule delay early）が適用されることが多いが，後述のとおり両者は表裏一体の関係にある．

ここで η, λ, ω は不効用関数（コスト関数）を構成する各不効用要因の相対的重要度を規定する非負のパラメータである．第1項 ηD が早発不効用を，第2項 $\lambda(T-D)^+$ が遅着不効用を，第3項 ωT が移動の不効用を表している．なお，式（14.1）より明らかなように，本モデルでは簡略化のため費用の項を含んでいない．実際に旅行時間価値や旅行時間変動価値を推計する際には，費用に対する各スケジューリングコストの限界代替率を求める必要があるが，費用項は実際の推計の際に容易に導入可能である．

出発時刻選択に関する代表的な既往研究[9),10)]とこの定式化との相違点は，早着不効用の代りに早発不効用を導入している点にある．しかしながらこれら既往研究のモデルは，パラメータ変換することで本モデルに等価になることがわかっている[†]．

14.2.2 旅行時間分布の設定

旅行時間信頼性について考えるに当たり，旅行時間 T は日々変動する確率変数とみなされる．その T が従う旅行時間分布の表現としてはさまざまなものが考えられるが，統合アプローチにおいては，下記のような位置-尺度（location-scale）型の表記を用いて表現される．

$$T = \mu + \sigma X$$

ここで，μ, σ はそれぞれ旅行時間分布の位置および尺度を規定する滑らかな未知関数である．本研究では μ を平均旅行時間，また σ を旅行時間の標準偏差によって与える．このとき，確率変数 X の平均は 0，分散は 1 となり，これを「基準化旅行時間（standardized travel time）」と称する．さらに，X の確率密度関数を ϕ，分布関数を Φ とする．旅行時間の変動を表現するに当たり，T の代りに X に着目する点が統合アプローチの特徴である．

[†] 具体的には，$\eta=\beta, \omega=\alpha-\beta, \lambda=\beta+\gamma$ というように，α-β-γ 系と η-λ-ω 系の各選好パラメータ表現の間には1対1の関係が成り立ち[11)]，両者は数理的には等価である．

14.2.3 ドライバーの最適出発時刻選択行動

ドライバーは旅行時間の変動を考慮して期待効用最大化原理（期待不効用最小化原理）に従って出発時刻を選択する．旅行時間 T が確率的に変動することを考慮し，式（14.2）で表される期待不効用を最小化するように出発時刻 $(-D)$ を選択するものとする．

$$EC^* = \min_D EC(D, T)$$
$$= \min_D \left[\eta D + \lambda \int_{\frac{D-\mu}{\sigma}}^{\infty} (\mu + \sigma x - D) \Phi(x) \mathrm{d}x + \omega \mu \right] \quad (14.2)$$

この関数は凹関数であることから[7]，最適化問題（14.2）は唯一の解をもつ．その一階の条件は次式で与えられる．

$$\Phi\left(\frac{D^* - \mu}{\sigma}\right) = 1 - \frac{\eta}{\lambda} \quad (14.3)$$

この式（14.3）を書き改めると，最適出発時刻（のマイナス値）D^* が求まる[†]．

$$D^* = \mu + \sigma \Phi^{-1}\left(1 - \frac{\eta}{\lambda}\right) \quad (14.4)$$

式（14.1）に示されているドライバーの不効用関数は，既往研究[10]と同様に PAT を境として折れ曲がった形状となるものの，最適ヘッドスタート（最適出発時刻のマイナス値，式（14.4））は，μ と σ に関して線形となっていることがわかる．

ここで，式（14.4）の右辺第 1 項は平均旅行時間を表す．また第 2 項は，基準化旅行時間分布の $\left(1 - \frac{\eta}{\lambda}\right) \times 100$ パーセンタイル値に旅行時間の標準偏差を乗じたものとなっている．すなわち，期待効用理論に従う合理的なドライバーは，第 2 項によって表される分だけの時間の余裕を見込んで，自身の出発時刻を決定していることになる[††]．

式（14.4）の右辺第 2 項のタイル値関数 $\Phi^{-1}(\cdot)$ の引数である $\frac{\eta}{\lambda}$ は，「最適

[†] 希望到着時刻を 0 に基準化していることを踏まえ，D をヘッドスタートと呼ぶことがある．
[††] これは，交通工学の研究者らによる初期の出発時刻選択研究で提唱された "safety margin[12]" もしくは "effective travel time[13]" と同一の概念である．

遅着確率」（最適ヘッドスタート D^* のもとで遅着する確率）と呼ばれる[14]。旅行時間が変動する状況では，ときとして旅行時間が大きくなることによって希望到着時刻よりも到着が遅くなる状況が生じる。期待効用を最大化するという意味において最適な出発時刻選択を行っているドライバーは，そのような遅着の生じる可能性を許容しなければならないが，最適値着確率はその許容の度合を直接的に表すものである。例えば，最適値着確率が 0.05 のドライバーは，式（14.4）で与えられる最適出発時刻に毎日通勤を開始続けたとしても，20回に1回の割合で遅刻することを許容していることとなる。

以上の関係を図示すると**図 14.1** のようになる。この図において横軸は基準化旅行時間を，縦軸は累積確率を表し，累積密度関数 $\Phi(x)$ が描かれている。基準化旅行時間はその性質上正負両方の値を取り得ることから，横軸にはマイナス側も含まれている。

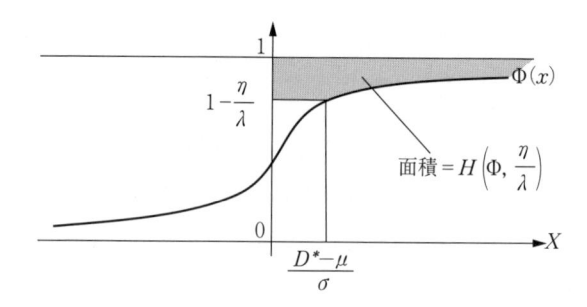

図 14.1 最適遅着確率・最適ヘッドスタート・H 定数の関係

この図に即して式（14.3）を解釈すると，「合理的なドライバーは，希望到着時刻よりも遅着しない確率が $1-\frac{\eta}{\lambda}$ となるように，基準化旅行時間軸上において最適出発時刻 $X^* \equiv \frac{D^*-\mu}{\sigma}$ を選択している」ということになる。すなわち，合理的なドライバーは，自身が予定希望到着時刻よりも遅着する確率を $\frac{\eta}{\lambda}$ と見込んだうえで出発時刻選択を行っているため，確率 $1-\frac{\eta}{\lambda}$ に対応する基準化旅行時間軸上のパーセンタイル値が $\frac{D^*-\mu}{\sigma}$，すなわち，基準化旅行時間軸上でみた最適ヘッドスタートに等しくなる。

以上をまとめると，統合アプローチにおいては

- 最適遅着確率（最適な出発時刻選択を行っても予定希望到着時刻より遅着してしまう確率）：$\frac{\eta}{\lambda}$
- ドライバーの最適な見込旅行時間：（平均旅行時間）＋（旅行時間の標準偏差）×$\left(\text{基準化旅行時間分布の}\left(1-\frac{\eta}{\lambda}\right)\times 100\text{ パーセンタイル値}\right)$

という想定がなされているということになる。

14.2.4 時間信頼性価値とドライバーコストの導出

つぎに，最適ヘッドスタート（式（14.4））をドライバーの不効用関数（式（14.2））に代入することにより，最小化された期待コスト関数（期待間接不効用関数）を導出する。簡単な計算により，期待コスト関数は式（14.5）で与えられる。

$$EC^* = (\eta+\omega)\mu + \lambda H\left(\Phi, \frac{\eta}{\lambda}\right)\sigma \tag{14.5}$$

ここで，$H(\cdot)$ は以下の式によって定義される定数（H 定数）である。

$$H\left(\Phi, \frac{\eta}{\lambda}\right) := \int_{1-\frac{\eta}{\lambda}}^{1} \Phi^{-1}(v)dv \tag{14.6}$$

H 定数は，ドライバーの選好（η, λ）および基準化旅行時間分布 Φ に依存する関数であり，図14.1に示したアミかけ部分の面積に相当する。式（14.6）の定義より明らかなように，H 定数は「最適な出発時刻に従って日々交通を繰り返すドライバーが予定到着時刻より遅れる場合の平均的な遅延時間を，基準化旅行時間の尺度で測った値」と解釈することができる[†]。

さて，式（14.5）の第1項 $(\eta+\omega)\mu$ は，平均旅行時間 μ の絶対的な大きさに起因する移動のコストを表している。すなわち，その限界費用である $\frac{\partial EC^*}{\partial \sigma}$ $=\eta+\omega$ は，節約時間価値（value of travel time：VTT）に相当する[††]。一方，第2項 $\lambda H\left(\Phi, \frac{\eta}{\lambda}\right)\sigma$ は旅行時間の変動によるドライバーの不効用であ

[†] Franklin and Karlström[15)] では，これを "mean latensss factor" と称している。
[††] より正確には，$\eta+\omega$ を移動費用の限界費用で除したものが節約時間価値に相当する。コスト関数に移動費用の項を含んでいれば，それらの比をとることによって節約時間価値を導出することができる。

り,その限界費用である $\frac{\partial EC^*}{\partial \sigma} = \lambda H\left(\Phi, \frac{\eta}{\lambda}\right)$ は旅行時間信頼性価値(value of travel time variability:$VTTV$)に相当する。

式(14.5)をみると,期待コストが平均旅行時間 μ と標準偏差 σ の線形和となっていることがわかる。すなわち,統合アプローチの結果として得られるドライバーのコスト関数は,平均-分散モデルのような単純な形式をとることがわかる。

14.2.5　H 定数の性質

旅行時間信頼性価値が $\lambda H\left(\Phi, \frac{\eta}{\lambda}\right)$ によって与えられることからも明らかなように,統合アプローチを用いた旅行時間信頼性の経済評価においては,H 定数がどのような値をとるのかが決定的な役割を果たす。この H は,ドライバーのスケジューリング選好特性(パラメータ:η, λ)のみならず,当該道路における旅行時間分布の特性(すなわち,基準化旅行時間分布 Φ)に依存する。したがって,さまざまな状況における旅行時間分布の特性を理解し,H 定数がどのような値を取り得るのかをあらかじめ理解しておくことが重要である。

図 14.2 には,Fosgerau et al.[11] で得られた,デンマークで長期間にわたって観測された各交通サービス(都市内道路上下方向,都市間高速道路,都市鉄道上下方向)の旅行時間データを用いて,それぞれの基準化旅行時間分布 Φ

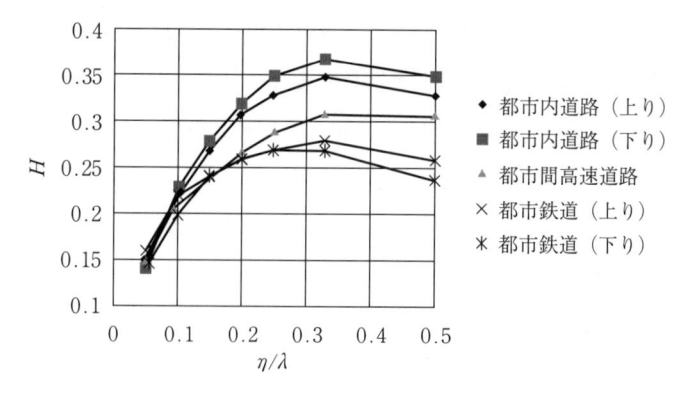

図 14.2　観測旅行時間データを用いた H 定数の試算例[11]

を推計し，異なる最適遅着確率 $\frac{\eta}{\lambda}$ の各値に対して H 定数を試算した結果が示されている．交通サービス間での相違はあるものの，値の大小の傾向はおおむね似通っていることがわかる．

また，式 (14.6) の H 定数の定義式からも明らかなように，その値の大小を規定する決定的な要因は，当該基準化旅行時間分布の右裾部分の形状である．一般に，右裾部分の厚みが増す (right fat tailed) ほど，H 定数の値は大きくなると考えられるが，現実の旅行時間分布も，頻度は少ないながらもまれに生じる重大インシデントにより非常に長い旅行時間が生じる場合があることから，右裾の長い分布になる場合が多いと考えられる．

図 14.3 は，Fosgerau and Fukuda[8] によるさまざまな統計分布を想定した場合の，H 定数の試算結果である．実際の基準化旅行時間分布 (empirical) に対する H 定数の計算値に加え，標準正規分布 (normal)，さらには，右裾が正規分布よりも厚くロングテール現象を表現可能な安定分布 (stable distribution)[16] を想定したときの H 定数の計算値も示されている．右裾の値の切断の仕方を何パターンかで変更した安定分布に対応する H 定数の計算結果からも明らかなように，現実的な旅行時間分布を仮定しなければ，旅

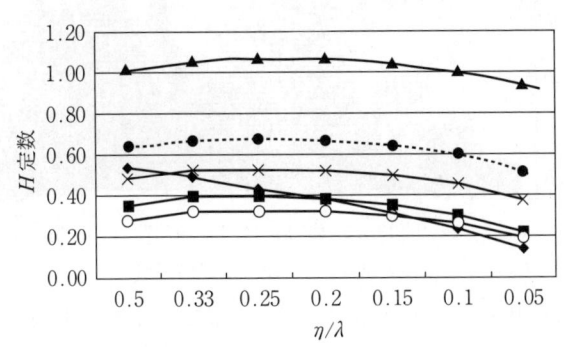

基準化旅行時間分布
◆ 標準正規分布　■ 経験分布　▲ 安定分布（切断なし）
● 安定分布 (99.99 パーセンタイル値で切断)
× 安定分布 (99.9 パーセンタイル値で切断)
○ 安定分布 (99 パーセンタイル値で切断)

図 14.3 基準化旅行時間分布形状の想定が H 定数の計算値に及ぼす影響

行時間変動価値に大きなバイアスが生じてしまう可能性が示唆される．

14.3 ドライバーの移動コストの試算

14.3.1 旅行時間データの概要

本節では統合アプローチの適用例を紹介する．ここでは，東名高速道路の厚木ICから流入し横浜町田ICから流出するETC搭載車両（普通車）から得られた，IC間旅行時間の車両単位データを用いる．このETCデータは，2007年7月18日～9月30日間の土曜・日曜・祝日（お盆含む）を除いた平日6時00分～22時00分に流入した普通車両のものである．走行途上で海老名SAに立ち寄っていると考えられるデータ等の外れ値を除外した結果，用いる車両サンプルは全部で256 753件となった（図14.4）．

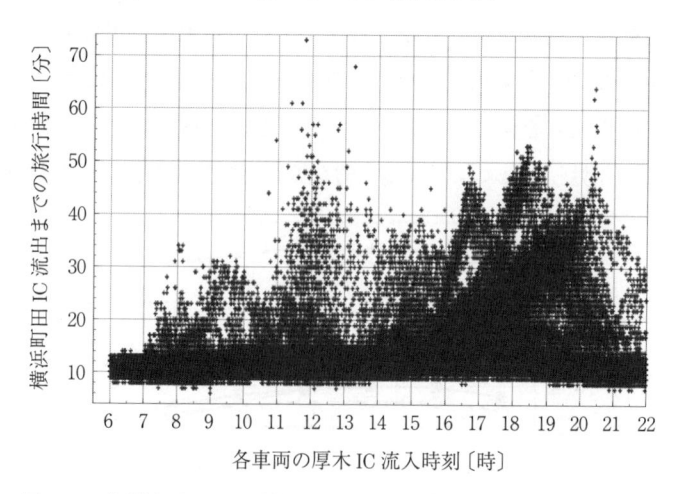

図14.4 個別車両のETC情報から得られた流入時刻別旅行時間データ

14.3.2 平均旅行時間および標準偏差の推計結果

まず，与えられた出発時刻（流入時刻）の条件のもとでの平均旅行時間ならびに旅行時間の標準偏差を推計する．具体的には，流入時刻と旅行時間のデータセット $\{(t_i, T_i), i=1, \cdots, N\}$ に対してノンパラメトリック回帰分析[17]を適用

し，平均旅行時間の推計値 $\hat{\mu}(t)$ を算出する．つぎに，各サンプルに対して $(T_i - \hat{\mu}(t_i))^2$ を算出し，これに対してさらにノンパラメトリック回帰分析を適用し，得られた推計値の平方根を求めることによって旅行時間の標準偏差 $\hat{\sigma}(t)$ を算出する．なお，バンド幅は残差平方和最小化基準クロスバリデーション法[17]により求められた 4.77〔分〕という値をいずれの回帰においても用いている．また，カーネル関数としては，いずれの場合でも正規カーネルを採用している．

ノンパラメトリック回帰分析の適用結果を図 14.5 に示す．ここで，横軸は流入時刻〔時〕，縦軸は旅行時間〔分〕を表している．朝の時間帯よりも夕方 18 時前後の時間帯における平均旅行時間が大きくなっており，この区間では，朝の通勤ラッシュよりも夕方の帰宅交通や，あるいは夕方時に都心方面に向かう交通量が卓越していることが伺える．また，正午付近にも小さなピークが存在していることが読み取れる．一方，旅行時間の標準偏差をみると，平均旅行時間とほぼ連動して同様の動きで増減していることがわかる．

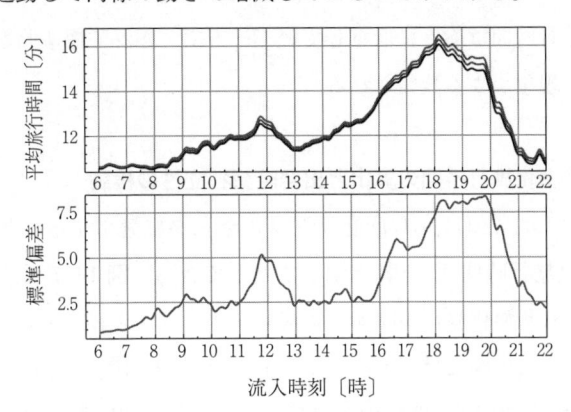

図 14.5 旅行時間の平均（上段，95 % 信頼区間含む）と標準偏差（下段）のノンパラメトリック回帰結果

以上の特徴は，横軸に時刻別の平均旅行時間を，縦軸に旅行時間の標準偏差をプロットした図 14.6 からも明らかとなる．平均旅行時間が大きいときには旅行時間の変動（標準偏差）も大きくなり，逆に，旅行時間が小さいときには時間は安定している（すなわち標準偏差が小さい）ということが示唆される結

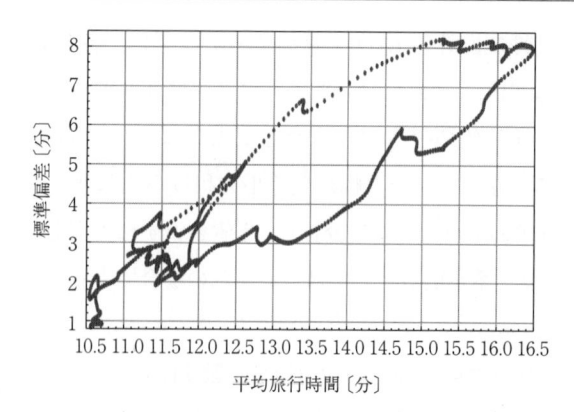

図14.6 旅行時間の平均(横軸)と標準偏差(縦軸)の相関関係

果であるが,このようなループ関係(出発時刻順に平均旅行時間と旅行時間の標準偏差をプロットすると,逆時計回りのループになる)は,4章で示されたように道路交通に限らず都市鉄道の遅延においても確認されている.すなわち,交通量が多くなるにつれて最初に平均旅行時間のピークがまず現れる.その後,平均旅行時間は徐々に低下していく一方で,遅れて標準偏差のピークが現れるような現象がよく観察される[†].

14.3.3 基準化旅行時間の算出と出発時刻独立性の検証

前節で推計した $(\hat{\mu}(t), \hat{\sigma}(t))$ をサンプルデータに適用することで,各個別車両の基準化旅行時間 X_i を算出することができる.**図14.7** は,与えられた時刻 t に対する基準化旅行時間等確率線図(ノンパラメトリック条件付分布関数[17])である.この図には,0.1 から 0.9 までの等確率線も併せて示されている.朝6時台や夕方18〜20時の時間帯など,一部の時間帯において小さな隆起もみられるが,等確率線は横軸(時刻)に対しておおむねだらかな並行に近い曲線群となっている.

じつは,統合アプローチの適用に当たっては,「基準化旅行時間分布が出発

[†] Fosgerau[18] は,待ち行列理論とイェンセンの不等式を用いて,この現象が生じるメカニズムを理論的に説明した.

14.3 ドライバーの移動コストの試算

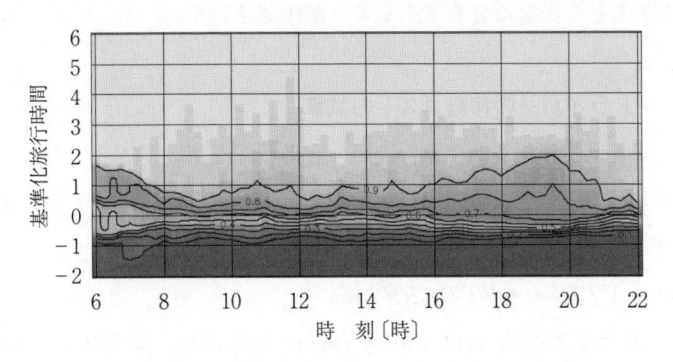

図 14.7 基準化旅行時間の条件付き確率分布と等確率線図

時刻に依存せず，どの時間帯でも同一の形状をとる」という大前提が必要である[7]。この視覚的な検証の結果より，今回のデータにおいてもその大前提がおおむね妥当であることが確認される．

以上を踏まえ，基準化旅行時間の確率密度関数のノンパラメトリック推計結果を**図 14.8**に示す†．右側の裾が厚い分布形状となっていることがわかるが，この理由として，生起確率は小さいものの，まれに発生する重大インシデント（交通事故や大規模な交通渋滞）の影響が考えられる．すなわち，実際の（基準化）旅行時間分布は，従来の多くの研究が想定してきた正規分布や指数分布

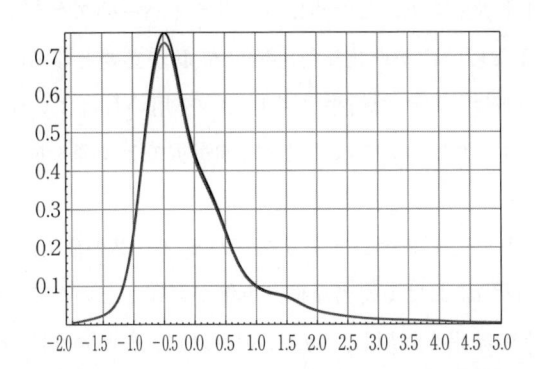

図 14.8 基準化旅行時間のノンパラメトリック密度関数

---

† ここでは同じく正規カーネル関数を用いたノンパラメトリック密度推計を適用した．カーネル関数のバンド幅は残差平方和最小化基準クロスバリデーション法によって求められ，0.224 であった．

とは形状が大きく異なる分布であることが確認された．

14.3.4 ドライバーの移動コストの試算

最後に，推計された基準化旅行時間分布の情報を用いてドライバーの移動コストを算出する．式 (14.5) に基づくと，ドライバーの総コスト TC は式 (14.7) で表される．

$$TC = VTT \times \mu + VTT \times RR \times \sigma \qquad (14.7)$$

ここで，RR は信頼性比（reliability ratio）と呼ばれ，次式で定義される．

$$RR = \frac{VTTV}{VTT} = \frac{\lambda}{\eta + \omega} H\left(\Phi, \frac{\eta}{\lambda}\right) \qquad (14.8)$$

すなわち，ドライバーの移動コストを計算するためには，平均旅行時間 μ，旅行時間の標準偏差 σ，節約時間価値 VTT，ならびに，信頼性比 RR を規定すればよいこととなる．

このうち，平均旅行時間と旅行時間の標準偏差については，流入時刻ごとの推計値（図 14.5）がすでに得られている．実際の施策において便益を計算するような場合には，それらの将来予測値を用いればよい．また，節約時間価値については，国のガイドライン等[19]の値を用いることが考えられる．

一方，信頼性比 RR を求めるためには，ドライバーのスケジューリング選好パラメータ η, λ ならびに基準化旅行時間分布 Φ が必要となる．このうち，基準化旅行時間分布は得られた結果（図 14.8）を用いればよいが，スケジューリング選好パラメータについては，出発時刻選択モデル等の推計結果を援用する必要がある．

本節の試算において，スケジューリングパラメータの値 (η, λ, ω) に関しては，残念ながら国内における妥当な推計事例が存在しないため，代表的な研究である Small[10] の結果を援用し，$(\eta, \lambda, \omega) = (1, 1, 5)$ という値の組を用いることとする．

この値の組を式 (14.8) に代入し，図 14.8 の基準化所要時間分布を用いて数値解析的に RR を算出すると，約 0.97 という値となった．すなわち，今回

の適用データに限っていえば,旅行時間の標準偏差が単位時間削減することに対してドライバーがもつ支払意志額は,旅行時間の平均値が単位時間削減することとほぼ同程度であることが示唆される。

この信頼性比の算定値,ならびに道路事業の費用便益分析マニュアル[19]における VTT の設定値(=62.86円/分/台)を式(14.7)に適用し,流入時刻別にドライバーの総コストを試算した結果を図14.9に示す。

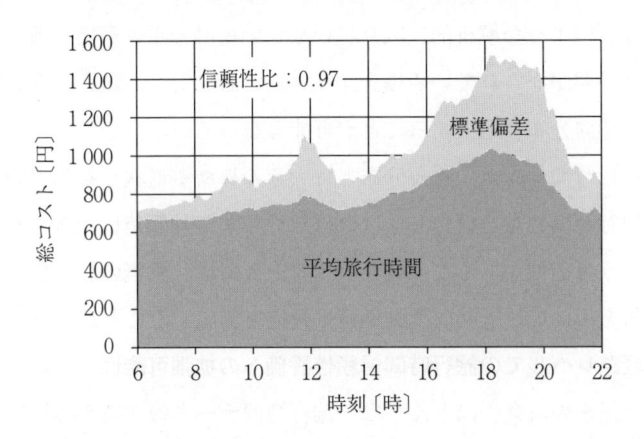

図14.9 流入時刻別にみた車両1台当たりの総コスト

旅行時間の不確実性に起因するコストは,旅行時間に起因するコストに比べて小さい。しかしながら,そのシェアは無視できるほど小さいものではなく,おおよその時間帯において1~2.5割程度のシェアを占めていることが確認される。これは,ロンドン[1],ストックホルム[2]の混雑料金の事後的費用便益分析の試算結果と同程度のシェアとなっている。

14.4 統合アプローチの妥当性・展開可能性

改めて,本章で概説した統合アプローチの特徴・メリットを,以下のように整理する。

(1) ミクロ経済理論との整合性と解析の容易性　平均-分散アプローチに基づくドライバーの不効用関数は,実際の旅行時間等の消費を明示的に引数

として考慮したものではない。これに対し，スケジューリングアプローチは，期待効用理論の枠組みの下で旅行時間変動を明示的に考慮したドライバーの，出発時刻選択行動のモデル化を行っている。統合アプローチは，経済理論との整合性も確保されつつ経済便益は標準偏差の減少分によって計測すればよいという，実用上の容易性も兼ね備えている。

（2）より一般的な旅行時間分布に対する適用可能性 既存研究の多くは，正規分布のような解析的に取り扱いやすい統計分布の利用を前提としてその後の理論展開がなされている場合が多い。これに対し，統合アプローチでは任意の旅行時間分布を適用することが可能となっている。

実際の旅行時間分布は，正規分布とは大きく異なる形状を有している。より現実的な旅行時間分布を仮定しなければ旅行時間変動価値に大きなバイアスが生じてしまう可能性があるが，統合アプローチでは，現実の旅行分布により近い統計分布を用いて旅行時間変動価値や便益を算出することが可能である。

（3）経路レベルでの旅行時間信頼性評価への拡張可能性 統合アプローチも含めた従来の研究のほとんどは，旅行時間データの蓄積を容易に行うことが可能な道路リンク単位での分析を念頭においたものである。しかし，旅行時間信頼性は，本来的には旅行者のトリップ"全体"に対して定義されなければならなず，リンク単位での分析から経路単位での分析への拡張が可能となることが望ましい。そのためには旅行時間変動尺度や確率分布をリンク間で合成し，経路レベルでの旅行時間信頼性指標や旅行時間分布を構築する必要があるが，そのような合成は単純な設定（正規分布等）を前提としてのみ成り立つものであり，現実の旅行時間分布特性とは大きく乖離する可能性がある。

これに対し，統合アプローチをさらに一般化したアプローチが近年 Fosgerau and Engelson[20], Engelson and Fosgerau[21] によって提案されている。これらの研究では，Vickrey[22]が提案したより一般的なスケジュールコスト関数を仮定し，その特殊ケースとして本章でも詳述した統合アプローチを包含するといった，モデルのさらなる一般化がなされている。Fosgerau and Engelson[20], Engelson and Fosgerau[21]のモデルでは，得られた旅行

時間変動価値はスケジューリングパラメータのみに依存し，分散を時間信頼性指標として用いることができるため，経路レベルへの拡張が可能となっている。

14.5 時間信頼性の経済評価に向けて

本章では，近年新たに提案された統合アプローチに基づく時間信頼性の経済便益評価方法について検討した．わが国の都市間高速道路より得られた大量のETCデータを用いて，旅行時間変動を考慮したドライバーのコストを試算した．その結果，旅行時間変動に起因するコストが，ドライバーの総コストに比して無視できない大きさ（2割程度）占める可能性があることを実証的に確認した．

今後は，コストの計算にとどまらず，施策前後におけるコスト変化の試算を行い，便益の計測にまで展開させる必要がある．また，得られたスケジューリングパラメータや，基準化旅行時間分布の妥当性や普遍性についてもさらなる考察・検討が必要である．

謝　辞

本章の研究は，国土交通省道路局「道路政策の質の向上に資する技術研究開発」（道路の旅行時間信頼性の評価と運用に係る研究開発），ならびに，文部科学省科学研究費補助金基盤研究B（研究番号25289160）の助成を受けて行われた．この場を借りて謝意を表したい．

引用・参考文献

1) SACTRA : Transport and the economy : Full report, Technical report, The Standing Advisory Committee for Trunk Road Assessment, Department of Transport, United Kingdom（2006）

2) Eliasson, J. : A cost-benefit analysis of the Stockholm congestion charging system, *Transportation Research Part A: Policy and Practice*, Vol. 43, pp. 468〜480（2009）
3) Mackie, P. and Worsley, T. : International comparisons of transport appraisal practice‐overview repor, Technical report, Institute for Transport Studies, University of Leeds（2013）
4) 国土交通省道路局・株式会社公共計画研究所：道路整備による信頼性向上効果の計測に関する業務報告書（2010）
5) Jackson, W. and Jucker, J. : An empirical study of travel time variability and travel choice behavior, *Transportation Science*, Vol. 16, No. 4, pp. 460〜475（1981）
6) Taylor, M. : Travel time variability‐the case of two public modes, *Transportation Science*, Vol. 16, No. 4, pp. 507〜521（1982）
7) Fosgerau, M. and Karlström, A. : The value of reliability, *Transportation Research Part B: Methodological*, Vol. 44, No. 1, pp. 38〜49（2010）
8) Fosgerau, M. and Fukuda, D. : Valuing travel time variability : Characteristics of the travel time distribution on an urban road, *Transportation Research Part C: Emerging Technologies*, Vol. 24, pp. 8〜101（2012）
9) Noland, R. and Small, K. : Travel-time uncertainty, departure time choice, and the cost of morning commutes, *Transportation Research Record*, Vol. 1493, pp. 150〜158（1995）
10) Small, K. : The scheduling of consumer activities : work trips, *American Economic Review*, Vol. 72, No. 3, pp. 467〜479（1982）
11) Fosgerau, M., Hjorth, K., Brems, C., and Fukuda, D. : Travel time valiability : definition and valuation, Technical report, Technical University of Denmark（2008）
12) Knight, T. : An approach to the evaluation of changes in travel unreliability : A "safety margin" hypothesis, *Transportation*, Vol. 3, No. 4, pp. 393〜408（1974）
13) Hall, R. : Travel outcome and performance : The effect of uncertainty on accessibility, *Transportation Research Part B: Methodological*, Vol. 17, No. 4, pp. 275〜290（1983）
14) Bates, J., Polak, J., Jones, P., and Cook, A. : The valuation of reliability for personal travel, *Transportation Research Part E: Logistics and Transportation Review*, Vol. 37, No. 2-3, pp. 191〜229（2001）
15) Franklin, J. and Karlström, A. : Travel time reliability for Stockholm roadways : Modeling the mean lateness factor, *Transportation Research Record: Journal of the Transportation Research Board*, Vol. 2134, No. 1, pp. 106〜113（2009）
16) Nolan, J. P. : *Stable Distributions‐Models for Heavy Tailed Data*, Birkhäuser-

Boston, in press.
17) Li, Q. and Racine, J.: Nonparametric Econometrics: *Theory and Practice*, Princeton University Press (2007)
18) Fosgerau, M.: On the relation between the mean and variance of delay in dynamic queues with random capacity and demand, *Journal of Economic Dynamics and Control*, Vol. 34, No. 4, pp. 598〜603 (2010)
19) 国土交通省道路局：費用便益分析マニュアル (2006)
20) Fosgerau, M. and Engelson, L.: The value of travel time variance, *Transportation Research Part B: Methodological*, Vol. 45, No. 1, pp. 1〜8 (2011)
21) Engelson, L. and Fosgerau, M.: Additive measures of travel time variability, *Transportation Research Part B: Methodological*, Vol. 45, No. 10, pp. 1560〜1571 (2011)
22) Vickrey, W.: Pricing, metering, and efficiently using urban transportation facilities, *Highway Research Record*, Vol. 476, pp. 36〜48 (1973)

II部 信頼性評価の方法と事例

15

道路ネットワークの接続性評価

　災害に強い社会を作り上げていくためには，重要な拠点間が途絶しないような頑健な道路ネットワークの整備が重要である．一方で，災害がいつどこでどのような規模で発生するかは定かではなく，特定の災害を想定した整備が他の災害に対しても有効である保証はない．本章では，災害などのまれな事象に対しても有効に機能し得る道路ネットワーク構築のための評価方法として，道路ネットワークの接続性の考え方を述べる．

15.1 災害に強い道路ネットワークとは

　平常時のさまざまな活動は，交通システムに大きく依存している．一方で，交通システムは，災害に対して万全ではなく，阪神・淡路大震災，東日本大震災など，これまで経験してきた地震災害においても大きな被害を被っている．災害発生後には，経路変更の柔軟性や復旧の容易性により，特に道路交通システムが重要な役割を果たす．しかしながら，道路ネットワーク自身も被災する可能性もあり，多少の被害は生じたとしても大きな機能低下に陥らないような道路ネットワークの構築が重要である．
　災害時に大きくクローズアップされる課題は，特定の地域が他の地域と分断されるケース，すなわち孤立してしまうようなケースであろう．阪神・淡路大震災においては，都市街路内で孤立地域が発生して救援救出活動に支障をきたし，新潟県中越地震では山間部の集落が孤立し，ヘリコプターを用いた救助が行われた．ある地域が他地域と接続していることが重要な指標になるといえる．

災害発生を予測することは困難であり,それらを確率事象として取り扱うとすれば,特定の災害の発生確率を基にその災害が発生した場合の被災パターンの生起確率を算定し,これとその被災パターンが生じた場合の損失の乗算から,特定の災害リスクを計算することができる。これらのアプローチは,一般的な信頼性解析 (reliability analysis) に準じるものといえる。しかしながら,災害は不確実かつまれな事象であるため,その生起確率を精度よく予測することは容易ではない。生起確率はその乗数が大きくばらつくことも多く,生起確率いかんによって解が大きく変化することもあり得る。

このような観点に立てば,不確実であろう災害発生確率に依存せず,事象発生時の損失のみに着目した評価を行うことも一案である。このような考え方は,一般には脆弱性解析 (vulnerability analysis) と呼ばれ,確率に依存せずネットワーク形状に依存する弱点を探る手法といえる。

ここでは,信頼性解析に準じる連結信頼性[1] (connectivity reliability) を概説した後に,脆弱性解析に準じる接続脆弱性[2] (connectivity vulnerability) を詳説する。前者は,各リンクにおける所与の非連結確率を基に,特定のODペア間の接続確率を求めるものであり,後者は特定ODペア間の非重複経路数をもって接続性評価を試みるものである。

15.2 連結信頼性アプローチ

連結信頼性は,「ネットワークの構成要素がある確率をもって途絶する場合,あるノードペア間が連結されている確率」と定義される[1]。連結信頼性指標であるノードペア間信頼度を定義するために,以下を定義する。

K:ノードペア間の経路集合
A_k:経路kに含まれるリンクの集合
x_a:リンクaの移動が所定のサービスレベル以上であれば1で,それ未満であれば0をとる二値変数(状態変数)
$\mathbf{x}$:リンク状態変数ベクトル $= (x_1, x_2, x_3, \cdots)$

r_a：リンク a の移動が所定のサービスレベル以上である確率（リンク信頼度）。$r_a = \mathrm{E}[x_a]$

$\mathrm{E}[x_a]$：x_a を確率変数とした場合の平均（期待値）

$\phi(\mathbf{x})$：リンクの状態変数ベクトルが $\mathbf{x}$ であるときに，ノードペアが連結していれば1をとり，連結していなければ0をとる二値関数

R：対象ノード間があるサービスレベル以上で連結されている確率（ノードペア間信頼度）。$R = \mathrm{E}[\phi]$

いま，経路 k の状態は，経路を構成するリンクがすべて機能しているときのみ機能しているため，以下のように記述できる．

$$\prod_{a \in \mathrm{A}_k} x_a \tag{15.1}$$

また，経路のうちいずれかが連結していればよいため，ノードペアの状態変数は，以下のように記述できる．

$$\phi(\mathbf{x}) = 1 - \prod_{k \in \mathrm{K}} \left(1 - \prod_{a \in \mathrm{A}_k} x_a\right) \tag{15.2}$$

ここで，x_a を確率変数としたとき，ノードペア間の信頼度は以下のように記述できる．

$$R = E[\phi(\mathbf{x})] = E\left[1 - \prod_{k \in \mathrm{K}} \left(1 - \prod_{a \in \mathrm{A}_k} x_a\right)\right] \tag{15.3}$$

なお，上記で示されるノードペア間信頼度は容易ではない．その理由として，x_a の状態の取り扱いの煩雑さが挙げられる．いま，**図 15.1** のような3経路ネットワークを考えてみよう．このとき，R を書き下すと以下のとおりであ

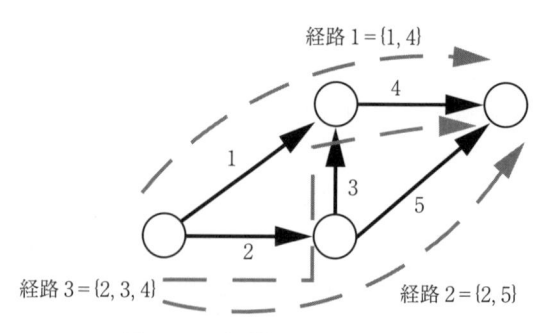

図 15.1 3経路ネットワークの例

る。

$$R=E\Bigl[1-\prod_{k=1}^{3}\Bigl(1-\prod_{a\in A_k}x_a\Bigr)\Bigr]=E[1-(1-x_1x_4)(1-x_2x_5)(1-x_2x_3x_4)]$$
$$=E[x_1x_2+x_2x_5-x_1x_2x_4x_5+x_2x_3x_4-x_1x_2x_3x_4^2-x_2^2x_3x_4x_5$$
$$+x_1x_2^2x_3x_4x_5^2] \tag{15.4}$$

この式には,同一の確率変数 x_a が2度以上現れている。この確率の重複計算を避けるために,論理積に関するブール演算（$x_a \cdot x_a = x_a$）が必要となる。このとき,以下が成立する。

$$E[x_a^s]=E[x_a]=r_a \quad (\text{ただし,} s \text{は自然数}) \tag{15.5}$$

また,各リンクの信頼度が独立であることを仮定すると,式（15.4）は下記のとおり記述できる。

$$R=E[x_1x_2+x_2x_5-x_1x_2x_4x_5+x_2x_3x_4-x_1x_2x_3x_4-x_2x_3x_4x_5+x_1x_2x_3x_4x_5]$$
$$=r_1r_2+r_2r_5-r_1r_2r_4r_5+r_2r_3r_4-r_1r_2r_3r_4-r_2r_3r_4r_5+r_1r_2r_3r_4r_5$$
$$\tag{15.6}$$

このようなブール演算を実施するためには,対象とする経路がすべて数え上げられている必要があり,大規模なネットワークでは計算は容易ではない。さらに,交通ネットワークを対象に考えると,例えば循環経路を含む経路や,必要以上に所要時間の長い経路などの非現実的な経路は排除する必要がある。そのため,さまざまな近似解法が提案されてきている。ここでは詳述しないが,興味がある読者は文献3) を参照してほしい。

また,若林ら[1]は,連結信頼性の概念を援用し,「リンク途絶によって連結信頼性が大きく低下するリンクを重要リンク（クリティカルリンク）」と定義している。このような方法で,ネットワーク上で重点的に対策すべきリンクを特定することが可能である。

15.3 接続脆弱性アプローチ

15.2節で示した連結信頼性は,各リンクが機能する状態 x_a の期待値 r_a を

所与とし，ノードペア間が連結している確率を求める問題であった。さらに，ブール演算が必要なことから，あるリンクの信頼度が他のリンクと相関しないと仮定したとしても膨大な計算が必要であり，相関を認める場合にはさらに複雑になる。r_a の計算精度いかんによって推定結果が大きく変化するため，その結果の信頼性には課題が残るものといえる。

このような問題意識に対し，リンク信頼度によらず，ネットワーク形状から接続性が大きく損なわれる可能性があるリンクを抽出する，接続脆弱性手法が提案されている。この方法では，ノードペア間の非重複経路数を数え上げ，多くのノードペア間で接続性を低下させるリンクをクリティカルリンクとして抽出する。

15.3.1 非重複経路とは

非重複経路は，「リンクの重複のない経路」と定義される。これは，グラフ理論における辺連結性（edge-connectivity）の概念[4]に準じるものであり，非重複経路数が N 本である場合，最大 $N-1$ 本のリンクが途絶したとしても，ノードペア間の接続性が確保できることから，ネットワークの機能保持に関する有効な指標となる。

一般的な経路の数え上げを採用しない理由を，**図 15.2** を用いて説明する。いま，図の AB 間には，重複を許せば 6 本の経路が存在する。しかしながら，図中 × のリンクが途絶してしまえば，6 本の経路すべてが途絶してしまうこ

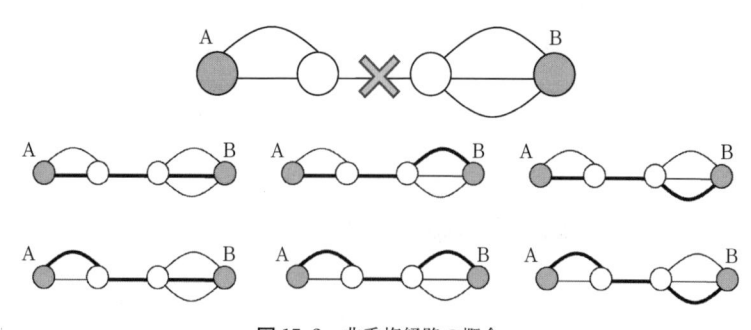

図 15.2　非重複経路の概念

とから，ノードペア AB は十分な接続性が確保されているとはいいがたい。この例でいえば，重複を許した経路数は 6 であるのに対して，非重複経路数は 1 となる。

15.3.2 非重複経路の数え上げモデルの定式化

非重複経路を数え上げる方法を，非重複経路に含まれるリンクについては 1，そうでなければ 0 をとる状態変数 x_a を未知変数として用いることで表現する。なお，ノードペア間でリンクが重複しない経路群を構成するリンクは，以下の条件を満たしている必要がある。

1. 出発ノード r から流出する非重複経路構成リンク数および到着ノード s へ流入する非重複経路構成リンク数は，非重複経路数 n_{rs} に等しい。
2. 出発ノード r への流入リンクおよび到着ノード s からの流出リンクは，ノード経路構成リンク集合には含まれない。
3. 途中ノード i ($i \in V, i \neq r, s$) において，流入するノード経路構成リンク数と流出するノード経路構成リンク数は等しい。

上記の下に，非重複経路数 n_{rs} を最大とする問題として，非重複経路数算定モデルはつぎのように記述できる。

$$\max_{\mathbf{x}} n_{rs} \tag{15.7}$$

Subject to

$$\frac{1}{n_{rs}} \sum_{a \in A} t_a x_a^* \leq k \tag{15.8}$$

$$\mathbf{x}^* = \arg\min_{\mathbf{x}} \sum_{a \in A} t_a x_a \tag{15.9}$$

Subject to

$$\sum_{x \in Out(r)} x_a = \sum_{x \in In(s)} x_a = n_{rs} \tag{15.10}$$

$$\sum_{x \in In(r)} x_a = \sum_{x \in Out(s)} x_a = 0 \tag{15.11}$$

$$\sum_{x \in Out(i)} x_a - \sum_{x \in In(i)} x_a = 0 \quad {}^{\forall} i \in \mathbf{I}, i \neq r, s \tag{15.12}$$

$$x_a = \{0, 1\} \tag{15.13}$$

ここで

- $\mathbf{A}$：リンクの集合
- $\mathbf{I}$：ノードの集合
- x_a：リンク a が非重複経路を構成すれば 1 をとる二値変数（未知変数）
- n_{rs}：ノード間ペア rs 間の非重複経路数
- t_a：リンク a の所要時間
- $In(i)$：ノード i へ流入するリンクの集合
- $Out(i)$：ノード i から流出するリンクの集合
- k：非重複経路の平均所要時間の許容値

である．式（15.7）で示した目的関数は非重複経路数を最大化するものとして記述されており，式（15.10）および（15.12）がリンクの接続性を表現する制約条件式である．本来の非重複経路数の数え上げでは，式（15.10）〜（15.13）の下で，式（15.7）を最大化すればよい．しかしこの場合，非重複経路数は一意に決まるが，その構成リンクは非重複経路数を満たす任意のものとなる．図 15.2 を例にとっていえば，目的関数である非重複経路数は 1 本と求まるが，その構成リンクは図下に示した 6 本の経路のうちのいずれかとなり，一意に決定できない．

これら数ある候補から最適なものを選択するために，ここでは非重複経路数を満たす経路集合のうちで，総所要時間が最小のものを選択することとする．つまり，n_{rs} が所与の下で総走行時間が最小となるリンク集合を求めるサブ問題を内包する 2 レベル最適化問題として，非重複経路数を求める．

これにより，総所要時間 $\sum t_a x_a$ も一意に決まる．さらにこれより，総所要時間に関する新たな制約条件を付加可能となる．

式（15.8）の制約条件は，非重複経路を構成する経路の平均所要時間が k 以内であることを示している．なお k に関しては，30 分，60 分と定数で指定したり，あるいは最短経路所要時間の定数倍として指定したりすればよい．

式（15.7）〜（15.13）で示した問題は，制約条件に最適化問題を含んでおり一見複雑であるが，下記のとおりの反復法を用いることで容易に計算できる．

15.3 接続脆弱性アプローチ　　253

1. 式 (15.10)〜(15.13) を制約条件として式 (15.7) を最大化する非重複経路数 n_{rs}^* を求める．
2. n_{rs}^* を所与として，式 (15.10)〜(15.13) を制約条件として式 (15.9) を最小にする問題を解き，このときの最小総所要時間 $\sum t_a x_a^*$ を求める．
3. $\sum t_a x_a^*$ が式 (15.8) の制約条件を満たすかどうかチェックする．もし満たしていれば計算終了．満たしていない場合は，$n_{rs}^* = n_{rs}^* - 1$ とし，2. に戻る．これを繰り返す．もし $n_{rs}^* = 0$ となった場合には，条件を満たす非重複経路は存在しないものとし，計算終了する．

なお，詳細な計算方法については文献 2) を参照してほしい．

15.3.3　クリティカルリンクの特定

提案した非重複経路数を用いて途絶による影響が大きなリンク，すなわちクリティカルリンクを特定する．この方法でのクリティカルリンクの定義は，「そのリンクの途絶が OD ペア全体の接続性低下に大きな影響を及ぼす地点」とする．そのため，以下のリンク重要度指標 (LCI, link criticality index) を定義する．

$$LCI_a = \frac{\sum_{rs \in \mathbf{W}} 1 - \dfrac{n_{rs}(a,k)}{n_{rs}(0,k)}}{W} \tag{15.14}$$

ここで，W は対象ネットワークでの OD ペアの総数，$\mathbf{W}$ は OD ペア集合，$n_{rs}(a,k)$ は，非重複経路の平均所要時間の閾値が k のときにリンク a が途絶した場合の非重複リンク数であり，$n_{rs}(0,k)$ はリンク途絶がない場合のそれを示す．つまり，各ノードペア間について，非重複経路の減少率を計算し，そのノードペア間の平均値をもってリンク重要度を測っていることとなる．

なお，$n_{rs}(a)$ の求め方であるが，そもそもリンク a が非重複経路を構成していない場合，そのリンクが途絶しても非重複経路数に影響は及ぼさない．また，リンク a が非重複経路を構成していたとしても，そのリンクを代替するようにネットワークが構成されていれば非重複経路数は変化しない．図 15.2

の例でいえば，上図の × のあるリンクが途絶すれば非重複経路数は減少するが，それ以外のリンクが 1 つ途絶したとしても，代替経路が確保されているため非重複経路数は減少しない．ただし，途絶リンクによっては式 (15.8) の制約条件を満たさず，結果として非重複経路数が減少する可能性もある．

このように，特定のリンクが途絶した場合の影響，すなわち $n_{rs}(a)$ を求めるためには，式 (15.7)～(15.13) で定義した最適化問題に，途絶リンクに関して $x_a=0$ の制約条件を新たに追加して再度最適化問題を解けばよいことになる．

15.4 関西道路ネットワークの接続脆弱性評価

ここでは，図 15.3 に示す関西地域の道路ネットワーク（2007 年当時）にお

図 15.3 計算対象ネットワーク

15.4 関西道路ネットワークの接続脆弱性評価

いて非重複経路を数え上げ，クリティカルリンクを抽出した結果を紹介する。ネットワークは338のノード，876の有効リンク，18のセントロイドで構成されている。なお，図中の太いリンクが高速道路ネットワークを示している。リンク所要時間は，リンク距離を制限速度で除することで求めた。また，閾値 k はノードペア間の最短経路所要時間の α 倍まで許容するものとし，α を1，2，∞（所要時間を考慮しないケース）の3ケースについて計算した。

図 15.4 に，得られた非重複経路数を α ごと，ノードペアごとに示している。

$\alpha=1$ の場合は，最短経路所要時間より時間の長い経路は認めないことになるため，当然すべてのODペアで非重複経路数は1となる。また，α を無限大

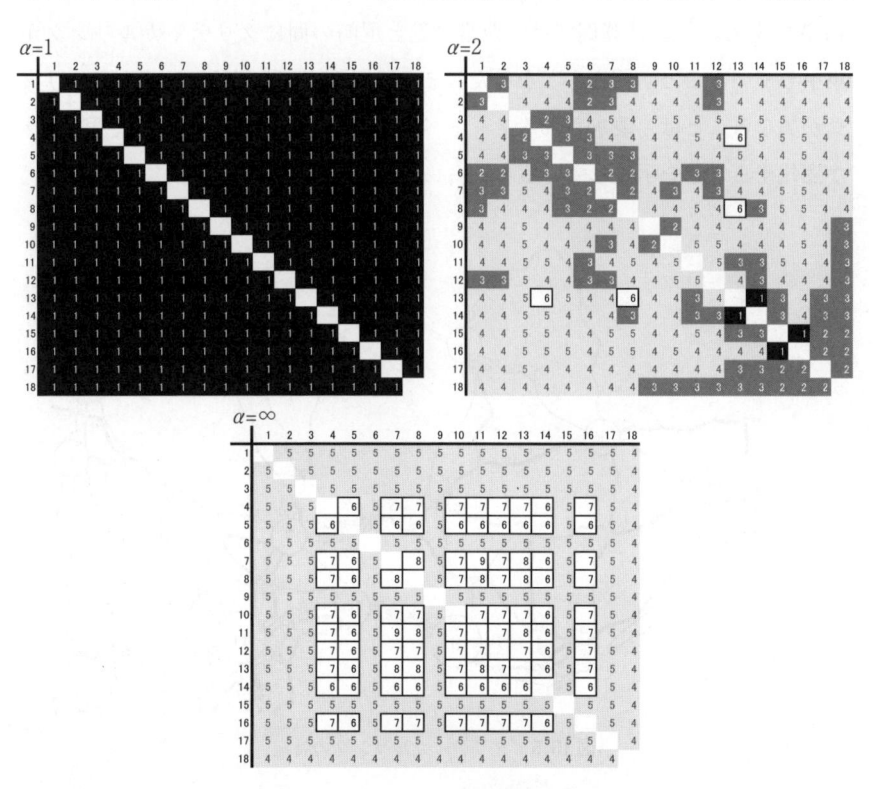

図 15.4 α による非重複経路数の変化

にしたケースでは最大9本の経路が確保されているODペアがあるにもかかわらず，αを2にするとその本数が減少することから，所要時間のニーズを適切に対応した評価が可能であるといえる．

なお，今回の計算で非重複経路数が比較的少なかったのが (13, 14) のノードペアと (15, 16) のノードペアであった．いずれも比較的ノードペア間が近く，なおかつ高速道路ネットワークでもつながっている．そのため，最短経路の所要時間は短いが，2番目の一般道経路のそれは遅く，結果として2本の非重複経路を確保するために平面街路を用いた場合には，平均的な所要時間が最短経路の2倍を超えてしまうためと考えられる．

図 15.3 のネットワークに対して，異なる α について LCI を求めたのが**図 15.5** である．この計算例では，西宮付近と尼崎の間にクリティカルリンクが集中していることが明らかとなった．また，α の値によってクリティカルリンクが異なることは，要求されるノードペア間の接続レベルによって重要リンクが変化することを示唆している．

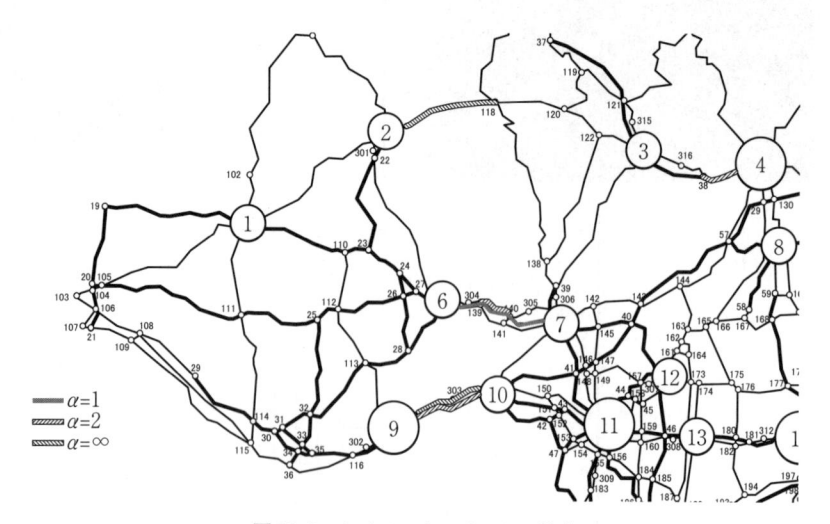

図 15.5　クリティカルリンクの特定

15.5 接続性評価の展開[5]

15.5.1 アクセシビリティ指標との融合

15.4節では非重複経路数によって接続脆弱性を考慮する方法を示したが，これは純粋な接続数を考慮しているだけであって，接続先の重要性を考慮しているわけではない．脆弱性分析の本質は，「確率に頼らずその事象が生じた場合のインパクトによって評価する」というものであるが，ここで示した方法は接続先の重要度を考慮しておらず，厳密な意味でインパクトを計測してはいない．ここでは，上述の非重複経路によるネットワークの脆弱性評価と，あるノードのアクセシビリティ評価を統合したネットワークの評価法について紹介する．

都市にて提供されるサービス機会数とOD間の交通抵抗を同時に評価するアクセシビリティ指標としては，ポテンシャル型アクセシビリティ指標がこれまでに提案されている．ここでサービス機会数とは，都市が提供可能なサービスや土地利用により代表される，当該都市のある種の魅力度を表す指標と考えられる．後述の適用例では救急医療サービスを想定しているため，各都市の医師数により機会数を代表している．

ポテンシャル型アクセシビリティ指標は，都市 i からみた全 N 都市の機会への近接性を示し，都市 j の機会の大きさ D_j と都市 i から都市 j までの交通抵抗項 $f(c_{ij})$ を用いることにより，一般に以下の式のように表現される．

$$A_i = \sum_j D_j \cdot f(c_{ij}) \qquad (15.15)$$

交通抵抗項 $f(c_{ij})$ は都市間の移動しやすさを表す項であり，一般に移動コスト c_{ij} に対する単調減少関数として表される．例えば，コスト c_{ij} の指数関数とすれば，OD交通量に対する重力モデルと同じ形の交通抵抗となる．c_{ij} が小さいほど抵抗関数は大きな値をとり，機会 D_j をより多く享受できる可能性が生じる．なお，c_{ij} については評価のねらいや利用可能なデータに応じて設定が

可能であり,最も簡単なものでは2地点間の最短距離でも評価可能であるが,多くは最短経路のコストを利用することが多い.本節では,式(15.15)の交通抵抗項において非重複経路本数を考慮したアクセシビリティ指標(DPAI, distinct-path-based accessibility index)を提案する.非重複経路本数は15.3節で説明した方法で算出するものとする.

本節では非常時の救急医療の利用可能性を評価するという主旨で,機会 D_j を都市 j における医師数として,評価指標を提案する.対象ネットワーク内に存在する都市 i の非重複経路数を考慮したアクセシビリティ指標 $DPAI_i$ を以下のように定式化する.

$$DPAI_i = \sum_{j \in V} \phi_{ij} \cdot D_j \tag{15.16}$$

ただし,ϕ_{ij} は式(15.16)のように表される.

$$\phi_{ij} = \begin{cases} \sum_{k=1}[q(t_k) \cdot \{G(n_{ij}(t_k)) - G(n_{ij}(t_{k-1}))\}] & (\text{if } i \neq j) \\ 1 & (otherwise) \end{cases} \tag{15.17}$$

ここで,上記の式の変数はつぎのとおりとする.

 V:対象ネットワーク内で医療サービスを供給する都市の集合
 $n_{ij}(t)$:OD 都市ペア ij 間における所要時間 t 分以内の非重複経路本数
 t_k:経路所要時間の閾値〔分〕(ここでは $t_k=10 \cdot k$, $k=1, 2, \cdots$ と設定)
 $G(n_{ij})$:OD ペア ij 間の非重複経路本数 n_{ij} に基づく交通抵抗の評価関数
 $q(t_k)$:カーラー(M.Cara)の救命曲線(出血多量)に基づく t_k 〔分〕以下の場合の救命率

式(15.16)中,ϕ_{ij} は都市 ij 間の非重複経路数および各経路の所要時間を考慮した重み係数を表し,都市 j の医師数 D_j を重み付けして評価する構造となっている.交通抵抗の評価関数 $G(n_{ij}(t_k))$ については,つぎのとおりに設定している.

$$G(n_{ij}(t_k)) = 1 - \exp(-\alpha n_{ij}(t_k)) \tag{15.18}$$

ただし,α は複数経路確保の重要度を表すパラメータとする.所要時間 t_k 分以内で到達可能な非重複経路数 $n_{ij}(t_k)$ は,15.3節で述べた非重複経路数の算

出法により求められる。パラメータ α については，値が小さいときには $G(n_{ij})$ は n_{ij} の増加に対して緩やかに増加し，α の値を大きくすると n_{ij} に対する増加率が大きくなり，比較的少ない非重複経路本数でも評価関数は1（最大値）をとる。つまり α を小さく設定すると経路本数の複数確保が評価値に敏感に反映されるため，リンク途絶が想定される災害時のように複数の非重複経路の確保が重要視される場合の連結性評価に，適しているといえる。

なおカーラーの救命曲線（出血多量）に基づく救命率 $q(t_k)$ は，**表 15.1** のとおりに設定している。そのため，式 (15.17) についても表 15.1 の時間区分に応じた形で，カーラーの救命率により重み付けして，非重複経路数に基づく交通抵抗を算出する。なお，$k=1$ は 10 分以下，$k=2$ は 10 分以上 20 分以下…と設定している。

表 15.1　カーラーの救命曲線に基づく所要時間に対する重み付け係数

t [min]	$0 \leq t \leq 10$	$10 < t \leq 20$	$20 < t \leq 30$	$30 < t \leq 40$
$q(t)$	1.0	0.92	0.50	0.31
t [min]	$40 < t \leq 50$	$50 < t \leq 60$	$60 < t$	―
$q(t)$	0.2	0.07	0.00	―

式 (15.16)，(15.17) で表された非重複経路数を考慮したアクセシビリティ指標 $DPAI_i$ の意味合いを端的に示すと，ある都市 i からみて距離（所要時間）の相対的に小さいところに都市 $j(j \in \mathbf{V})$ があり，そこに至る非重複の経路が複数あり，加えて j に多数の医師（機会）が配置されている場合，その評価値が高まるものと考えられる。

15.5.2　非重複経路数を考慮したアクセシビリティ指標による評価例

ここでは，15.5.1 項で説明した非重複経路数を考慮したアクセシビリティ指標 $DPAI$ を用いて，京都府北部に位置する二次医療圏である丹後医療圏の救急医療体制の評価を試みた事例を紹介する。

図 15.6 に示す対象ネットワークは，丹後医療圏および丹後医療圏に隣接するセンサス B ゾーンの高速道路，一般国道，府道，主要地方道からなる実際

に即したネットワークである。隣接Bゾーンの道路までを含めているのは，搬送に関しては医療圏境界で移動が完全に分断されるのは非現実的であり，医療圏外の道路を用いることも十分に考えられるためである。作成したネットワークには，リンクが494本，ノードが158個含まれている。

それぞれのセンサスBゾーンを代表する13か所のセントロイドの番号，常住人口（H17（2005）年国勢調査による），外科医師数を**表15.2**に示す。

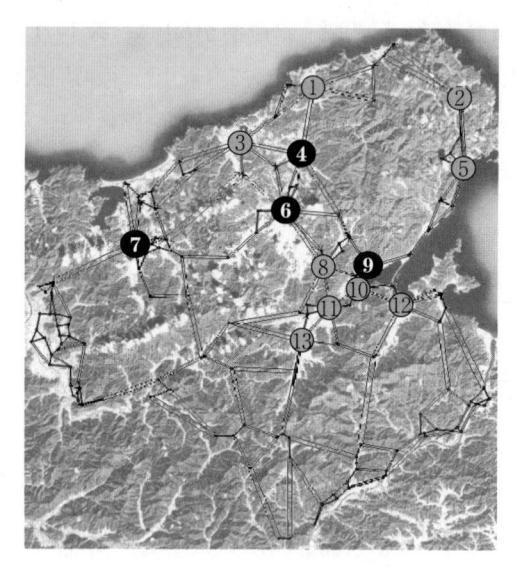

図15.6 丹後医療圏ネットワーク

表15.2 セントロイドの設定

No.	常住人口〔名〕	医師数〔名〕
1	6 545	0
2	2 718	0
3	15 361	0
4	5 705	3
5	2 344	0
6	13 258	4
7	11 097	3
8	10 757	0
9	6 539	9
10	3 926	0
11	10 841	0
12	15 242	0
13	7 526	0

なお，病院は救急病院として第二次救急医療病院および第三次救急医療病院のみを対象とし，医師数は災害時に発生する重症患者を想定し，各病院の外科担当医のみを医師数として数えている。医師が存在するのはセントロイド4, 6, 7, 9のみであり，総医師数は19名である。なお，図15.6ではそれらのセントロイドを白抜き文字にしている。

丹後医療圏を対象に，複数経路確保の重要度パラメータαを0.5, 1.0, 10の3段階設定し，それぞれについて各都市のアクセシビリティ指標値$DPAI$を算出した。その結果を**図15.7**に示す。これより，ネットワークの中で，セントロイド2はαの値によらず，つねに評価値が低いことが読み取れる。

15.5 接続性評価の展開

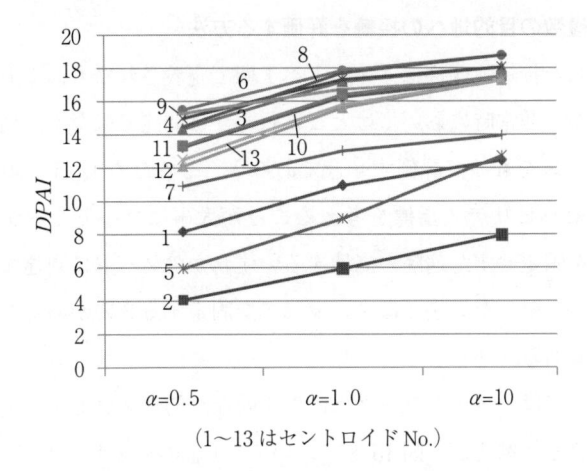

図15.7 丹後医療圏における各都市の $DPAI$

（1～13はセントロイドNo.）

この傾向をより詳細に検証するために，セントロイド2と評価値の高いセントロイド8から，医師の存在するセントロイド4, 6, 7, 9への所要時間ごとの非重複経路本数を**表15.3**に示す．

表15.3 セントロイド2および8から t 分以内の経路本数

起点ノード	終点ノード	所要時間 t [min]						
		10	20	30	40	50	60	70
2	4	0	0	0	2	2	2	2
2	6	0	0	1	2	2	2	2
2	7	0	0	0	0	1	2	2
2	9	0	0	1	1	2	2	2
8	4	2	3	3	3	3	5	5
8	6	3	3	3	3	4	4	5
8	7	0	2	2	3	4	4	5
8	9	3	3	3	3	3	4	4

これより，評価値の高いセントロイド8では，所要時間10分以内に医師の存在する都市への非重複経路が複数存在するのに対し，評価値の低いセントロイド2からは20分以内で到達可能な経路は存在せず，また最大でも2本しか経路が確保できないために，非重複経路数を考慮したアクセシビリティ指標によれば，低い評価がなされたものと考えられる．

15.5.3 複数の目的地への接続を評価する方法

ここで示した接続脆弱性は，ノードペア間で定義されたものであった．しかしながら，特に非常時においてはどこに行くかは問題ではなく，到着地で享受可能なサービスをもって評価すべきであろう．そのため 15.5.1 項で示したとおり，アクセシビリティ指標を考えることが大事になってくるが，それに加え，目的地を固定せず，病院の立地するいずれかのノードに到達すればよい．この際，ここで示した方法ではノードペアを固定する必要があるため，正しい評価が困難である．

これに対しては，ネットワーク上に仮想的な目的地ノードを設定して対応することができる．例えば，**図 15.8** において，1 番のセントロイドから 2, 3, 4 に位置する病院へのアクセスを考える場合には，「病院」を表す仮想ノードを設定し，ここを目的地として各病院所在地である 2, 3, 4 と仮想ノードをリンクで接続すればよい．このようにすることで，1 番から任意の病院所在地への非重複経路を求めることができる．また，病院所在地ノードから仮想ノードへの仮想リンク数は，各病院所在地ノードに流入するリンク数と同数にしておけば，仮想リンク数により非重複経路数が規定されることはない．

本節で示した方法のほか，脆弱性解析の便益評価手法への適用方法の検討な

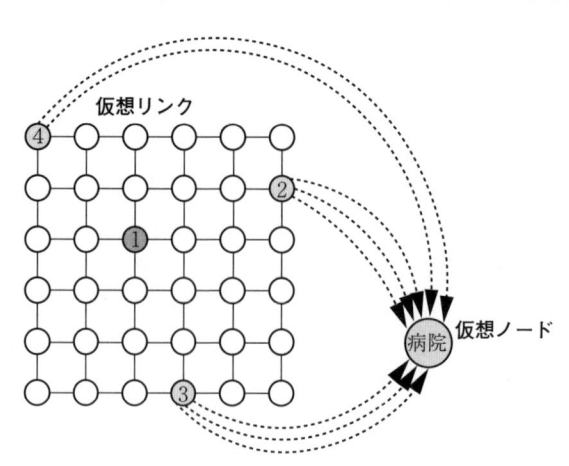

図 15.8 複数目的地への対応方法

ども今後検討すべき課題に位置付けられる。

引用・参考文献

1) Wakabayashi, H. and Iida, Y. "Upper and lower bounds of terminal reliability of road networks : an efficient method with Boolean algebra", Journal of Natural Disaster Science, 14, pp. 29〜44 (1992)
2) Kurauchi, F., Uno, N., Sumalee, A. and Seto, Y. "Network Evaluation Based on Connectivity Vulnerability", Transportation and Traffic Theory 2009 : Golden Jubilee, 637〜649 (2009)
3) 若林拓史, 飯田恭敬, 吉木 務:"ミニマルパス・カットを用いた道路網信頼度の近似計算法", 交通工学, Vol. 23, No. 4, pp. 3〜13 (1988)
4) Grötschel, M : Design of survivable networks. Handbook in Operations Research and Management Science, 7, pp.617〜672 (1995)
5) 瀬戸裕美子, 宇野伸宏, 塩見康博:"非重複経路数を考慮したアクセシビリティ指標に基づく医療施設配置計画", 土木学会論文集 D3 (土木計画学), Vol. 67, No. 5, pp. I_57〜I_68 (2011)

II部 信頼性評価の方法と事例

16

費用対効果を考慮した
都市圏道路ネットワークの耐震化戦略

本章では,大規模地震による道路ネットワークの被害,およびそれに伴う交通不便益（混雑悪化や経路途絶による機会損失）を軽減するための事前の方策の1つとして,道路施設の耐震化問題を扱う.具体的には,実規模の都市圏ネットワークに対しても実用的な計算負荷の範囲で耐震化戦略を求められ,非専門家のステークホルダーにも理解しやすく,実装しやすい手法を開発する.

16.1 道路ネットワークの耐震化問題

大規模地震によって道路ネットワークが面的な被害を受けるとき,すなわち,ネットワーク上の複数の交通施設（橋梁,トンネル）が利用不可能となるとき,道路ネットワーク全体のパフォーマンス（例えば,総走行時間）は悪化する.こうした社会的損失は,各道路施設の耐震性能（地震外力を与件とした破壊確率）を向上させる（耐震化する）ことで減少させられる.しかし,耐震化にかかる費用もまた社会が負担しなければならないため,大きな地震外力を受けない施設やネットワークの構造上それほど重要ではない施設まで一様に耐震化するのではなく,一部の施設のみを重点的に耐震化する「選択と集中」が必要不可欠である.

では,どの施設を耐震化し,どの施設を現状のままとすべきだろうか？ この問いに合理的に答える方法の1つは,この問題を「最適化問題」として定式化することである.

いま道路施設が B 個あるとして,まず,それぞれの道路施設に $1, 2, \cdots, B$

16.1 道路ネットワークの耐震化問題

とインデックスを付け，その集合を $B:=\{1, 2, \cdots, B\}$ とする．つぎに，ある耐震化戦略を，それぞれの道路施設 $b \in B$（b は集合 B に含まれる）について，耐震化するなら $x_b=1$，現状のままとするなら $x_b=0$ とした B 次元のベクトル $\boldsymbol{x}=(x_1, x_2, \cdots, x_B)$ で表す．

それぞれの施設について 0 か 1 のいずれかを割り当てるので，耐震化戦略には「どれも耐震化しない（$\boldsymbol{x}=(0, 0, 0, \cdots, 0)$）」「1番目の施設だけを耐震化する（$\boldsymbol{x}=(1, 0, 0, \cdots, 0)$）」「2番目の施設だけを耐震化する（$\boldsymbol{x}=(0, 1, 0, \cdots, 0)$）」「1番目と2番目の施設だけを耐震化する（$\boldsymbol{x}=(1, 1, 0, \cdots, 0)$）」から「すべて耐震化する（$\boldsymbol{x}=(1, 1, 1, \cdots, 1)$）」まで全部で 2^B 種類の候補がある．この耐震化戦略の集合を

$$\begin{aligned}\mathcal{X} &:= \{0, 1\}^B \\ &= \{(0, 0, 0, \cdots, 0), (1, 0, 0, \cdots, 0), (0, 1, 0, \cdots, 0), (1, 1, 0, \cdots, 0), \\ &\quad \cdots, (1, 1, 1, \cdots, 1)\}\end{aligned}$$

と表す．ある耐震化戦略 $\boldsymbol{x} \in \mathcal{X}$ がもたらす社会的費用（すなわち，災害によって増加する交通不便益の期待値と耐震化費用の和）を $Z(\boldsymbol{x})$ で表せば，社会的費用を最小にする耐震化戦略を求める問題は，以下のように定式化できる．

$$\min_{\boldsymbol{x} \in \mathcal{X}} Z(\boldsymbol{x}) \tag{16.1}$$

一般的な道路ネットワークを対象とした場合，耐震化問題 (16.1) は，下記の2つの理由から，解くことがきわめて難しい．

その第1の理由は，関数 $Z(\boldsymbol{x})$ の厳密な評価が困難なことである．特に，$Z(\boldsymbol{x})$ の構成に不可欠な要素のうち「震災によって増加する交通不便益の期待値」を厳密に評価することは，一般的な道路ネットワークに対しては，事実上不可能といってよい．これは，震災時の途絶パターン，すなわち「どの道路リンクが利用できて，どの道路リンクが利用できないか」が事前にはわからないため，その期待値を厳密に求めるには，そのすべての途絶パターンについて交通不便益の増分を評価しなければならないためである．

例えば，道路リンクが A 本あるとし，それぞれにインデックスを付けてその集合を $A:=\{1, 2, \cdots, A\}$ としよう．そして，第 a 番目リンクが利用可能な

ら $\omega_a=1$,途絶して利用できないなら $\omega_a=0$ とする A 次元ベクトル $\boldsymbol{\omega}=(\omega_1, \omega_2, \cdots, \omega_A)$ を用いて,途絶パターンを表現しよう.このとき,途絶パターンは「すべてのリンクが利用できる ($\boldsymbol{\omega}=(1,1,1,\cdots,1)$)」「リンク 1 のみ利用できない ($\boldsymbol{\omega}=(0,1,1,\cdots,1)$)」…「どのリンクも利用できない ($\boldsymbol{\omega}=(0,0,0,\cdots,0)$)」まで,全部で 2^A 種類存在する.この途絶パターンの集合を

$$\Omega := \{0,1\}^A$$

で表す.途絶パターンの組合せ数 $|\Omega|$ は,リンクが 10 本 (A=10) の場合で 1 024 個,リンクが 20 本 (A=20) の場合で 1 048 576 個…と指数的に増加していき,リンクが 100 本 (A=100) の場合では,約 1.27×10^{30} 個という天文学的な数になる(1 秒間に 1 兆個 (1×10^{12}) の途絶パターンについて計算できたとしても,すべての途絶パターンについて交通不便益を計算するには 400 億年以上かかる).このことは,リンクが 100 本程度の比較的小規模なネットワークであっても,すべての途絶パターンについて交通不便益を計算することは不可能であることを意味している.

耐震化問題 (16.1) の求解を困難にする第 2 の理由は,目的関数 $Z(\boldsymbol{x})$ が,一般に,耐震化戦略 $\boldsymbol{x} \in \mathcal{X}$ に関して非線形・非凸な点である.すなわち,問題 (16.1) は非線形・非凸 0-1 整数計画問題である.このことは,たとえ $Z(\boldsymbol{x})$ が効率的に計算できたとしても,その大域的最適解(が存在したとして)を多項式時間内に求めるアルゴリズムが存在しない($\mathcal{NP}$ 困難である)ことを意味している.

換言すれば,道路ネットワーク耐震化問題 (16.1) の実用的な解を求めるためには,1) ネットワークの途絶パターン数 $|\Omega|=2^A$ および 2) 耐震化戦略の候補数 $|\mathcal{X}|=2^B$ が天文学的に膨大である問題を,なんらかの方法で克服しなければならないのである.さらに道路ネットワークは,異なる地震強度分布と周期をもつ複数の地震源(例えば活断層)に影響されていることが多く,このことは問題 (16.1) の求解をさらに困難にしている.

こうした観点から,道路ネットワーク耐震化問題の最適解(大域的にせよ局所的にせよ)を求めるには,ヒューリスティクスに関する最新の研究成果を活

用することが有用であるように思われる．しかし，そのためには最新の研究成果の調査に基づいてヒューリスティクスを選択したうえで，適切な解が得られるまでチューニングする必要がある．こうした手法の詳細を，実際の意思決定に関わるステークホルダー（例えば道路管理者，道路利用者，納税者）すべてが理解することは非現実的であろう．

そこで，本章ではこうした問題点を克服し，道路ネットワーク耐震化問題(16.1) の実用的な解を導出する1つの方法として，Nagae et al.[1]によって提案された「最尤パターンを用いた目的関数の近似」と「シナリオ別有効施設群を用いた戦略集合の縮約」を組み合わせた手法を紹介する．

この手法は，以下の特徴を備える：
(1) 需要変動型利用者均衡配分をはじめとする任意の交通配分モデルと組み合わせられる．
(2) 構造工学や地震工学の最新の知見に基づいて，道路ネットワークが被る現実的な被災パターンやその生起確率を評価できる．
(3) 手続きにブラックボックスや（サンプリングなどの）確率的な要素を含まないため，同じデータ・セットからは誰が計算しても同じ戦略が求められる．
(4) ロジックが簡潔明瞭で，高度な数学や特殊な知識を必要としないため，専門家でなくとも理解が容易である．

16.2 モデル

16.2.1 枠組

(1) 道路ネットワークと交通施設 対象とする道路ネットワークを，ノード集合 N とリンク集合 A からなる有向グラフ $G(N, A)$ で表す．道路ネットワーク上には地震動によって機能を損失し得る交通施設（例えば橋梁，トンネル，陸橋，盛土）が存在するとし，その集合を B で表す．リンク $a \in A$ 上に存在する交通施設集合を B_a で表す．以下では，複数のリンクが1つの交通

施設を共有することはないものと仮定する（$a \neq a' \rightarrow B_a \cup B_{a'} = \emptyset$）。

（2）地震シナリオと地震強度分布　対象とする道路ネットワークに影響を与え得る地震シナリオが複数あるとし，その集合を S で表す。地震シナリオ $s \in S$ の年生起確率を $\lambda(s) \in [0, 1]$ で表す。地震シナリオ $s \in S$ によって交通施設 $b \in B$ が受ける地震外力を $F_b(s)$ で表す。

16.2.2　道路ネットワークの脆弱性

（1）交通施設の破壊確率と耐震化の効果　地震外力を受けた交通施設は，「健全」もしくは「破壊」のいずれか一方の状態を確率的にとるものとする。健全な施設は，いっさいの追加費用なしで通常どおりに利用できる一方，破壊された施設は完全に復旧されるまではまったく利用できないものとする。

交通施設の破壊確率は，それ自身が備える耐震性能と地震によって被る外力の条件付き確率として表現される。各施設は，いずれも「低水準 (L)」の耐震性能を備えるが，耐震化を行うことで耐震性能が「高水準 (H)」に向上するものとする。施設 $b \in B$ の耐震性能が低水準であり，地震外力 F_b を受けたときに破壊される確率を $\phi_b^L(F_b) \in [0, 1]$ で表す。同様に，施設 $b \in B$ の耐震性能が高水準であるときの破壊確率 $\phi_b^H(F_b) \in [0, 1]$ で表す。

耐震化戦略を，各施設 $b \in B$ について，耐震化する（耐震性能を高水準まで向上させる）ならば $x_b = 1$，耐震性能を低水準のまま放置するならば $x_b = 0$ とする 2 値変数を並べた B 次元ベクトル $\boldsymbol{x} = (x_1, x_2, \cdots, x_B)$ で表し，そのすべての組合せを集合 $\mathcal{X} := \{0, 1\}^B$ で表す。記述の簡単化のため，以下では，ある耐震化戦略 $\boldsymbol{x} \in \mathcal{X}$ の下である地震シナリオ $s \in S$ が生起したときの施設 $b \in B$ の破壊確率を

$$\psi_b(s, \boldsymbol{x}) := \begin{cases} \phi_b^H(F_b(s)) & \text{if } x_b = 1 \\ \phi_b^L(F_b(s)) & \text{if } x_b = 0 \end{cases}$$

で表す。

（2）リンク途絶確率と道路ネットワークの被災パターン生起確率　リンク $a \in A$ は，その上に存在する交通施設のうちいずれか 1 つでも破壊されれば

途絶し，利用できなくなるものと仮定する．したがって，耐震化戦略 $x \in \mathcal{X}$ の下で地震シナリオ $s \in S$ が生起したときのリンク $a \in A$ の途絶確率は

$$\phi_a(s, \boldsymbol{x}) := 1 - \prod_{b \in B_a} (1 - \psi_b(s, \boldsymbol{x}))$$

で表される．

道路ネットワークの被災パターンを，各リンク $a \in A$ について，利用可能ならば $\omega_a = 1$，途絶して利用できなければ $\omega_a = 0$ とする 2 値変数を並べた A 次元ベクトル $\boldsymbol{\omega} = (\omega_1, \omega_2, \cdots, \omega_A)$ で表し，そのすべての組合せを集合 $\Omega := \{0, 1\}^A$ で表す．耐震化戦略 $\boldsymbol{x} \in \mathcal{X}$ の下で，地震シナリオ $s \in S$ が生起したときに被災パターン $\boldsymbol{\omega} \in \Omega$ が生じる確率は

$$p(\boldsymbol{\omega}|s, \boldsymbol{x}) := \left\{ \prod_{a: \omega_a = 0} \phi_a(s, \boldsymbol{x}) \right\} \left\{ \prod_{a: \omega_a = 1} (1 - \phi_a(s, \boldsymbol{x})) \right\}$$

で表される．ここで，$\prod_{a: \omega_a = 0}(\cdot)$ は，通行不能となったリンク（$\omega_a = 0$）についての総乗を表し，$\prod_{a: \omega_a = 1}(\cdot)$ は，通行可能なリンク（$\omega_a = 1$）についての総乗を表す．

16.2.3 交通不便益および復旧費用

（1）交通不便益　交通施設が機能しなくなることは，一般に交通ネットワークの信頼性を悪化させる．交通施設の破壊（ひいてはリンクの途絶）は，迂回交通を発生させるのみならず，一部の起点ノードや終点ノードを孤立させ，対応する起終点間の利用を完全に停止させる．こうした迂回交通によるネットワーク全体の交通費用の増加や孤立化による機会損失をまとめて交通不便益と呼ぶ．

被災パターン $\boldsymbol{\omega} \in \Omega$ の下で生じる 1 年当たりの交通不便益を $\pi(\boldsymbol{\omega})$ で表し，その平常時との差（すなわち震災による交通不便益の増分）を $\tau(\boldsymbol{\omega})$ で表す．耐震化戦略 $\boldsymbol{x} \in \mathcal{X}$ の下で地震シナリオ $s \in S$ が生起したときの年間交通不便益の条件付き期待値は

$$T(s, \boldsymbol{x}) := \sum_{\boldsymbol{\omega} \in \Omega} p(\boldsymbol{\omega}|s, \boldsymbol{x}) \tau(\boldsymbol{\omega})$$

で表される．

（2）復旧費用　地震によって破壊された交通施設は，破壊前の耐震性

能と同水準に復旧されると仮定する.耐震化戦略 $x \in \mathcal{X}$ の下で交通施設 b が被災した際の復旧費用を

$$r_b(\boldsymbol{x}) := \begin{cases} r_b^H & \text{if } x_b = 1 \\ r_b^L & \text{if } x_b = 0 \end{cases}$$

で表す.ただし r_b^H, r_b^L は,いずれも所与の定数である.耐震化戦略 $x \in \mathcal{X}$ の下で地震シナリオ $s \in S$ が生起したときの復旧費用の期待値は

$$R(s, \boldsymbol{x}) := \sum_{b \in B} \phi_b(s, \boldsymbol{x}) r_b(\boldsymbol{x})$$

で表される.

16.2.4 各耐震化戦略に対する社会的費用

耐震化戦略 $x \in \mathcal{X}$ の下で地震シナリオ $s \in S$ が生起したときの年間社会的損失は,年間交通不便益と復旧費用の和

$$f(s, \boldsymbol{x}) := T(s, \boldsymbol{x}) + R(s, \boldsymbol{x})$$

として表される.以下では,その期待値を

$$f(\boldsymbol{x}) := \sum_{s \in S} \lambda(s) f(s, \boldsymbol{x})$$

と記述する.ここで,$\lambda(s)$ は地震シナリオ $s \in S$ の年生起確率である(16.2.1項(2)参照).

交通施設 $b \in B$ の耐震化費用を所与の定数 K_b で表す.ある耐震化戦略に必要な耐震化費用は

$$K(\boldsymbol{x}) := \sum_{b: x_b = 1} K_b$$

で表される.

ここで,年間社会的損失と耐震化費用は異なる単位を用いているため,これらを直接足し合わせることはできない.前者は単位時間当たりの金額を表す「フロー」であり,後者は一括で支払う金額を表す「ストック」である.換言すれば,年間社会的損失は分析期間中,毎年にわたって発生するのに対し,耐震化費用はただ一度しか発生しない.

本章では,無限の分析期間 $[0, \infty)$ にわたって一定の社会的割引率 ρ を仮定する.すなわち,n 年目に支払われる1円は,現在支払われる $\left(\dfrac{1}{1+\rho}\right)^n$ 円と等

価である.したがって,無限期間にわたって発生する年間社会的費用の合計は以下で表される.

$$f + \frac{1}{1+\rho}f + \left(\frac{1}{1+\rho}\right)^2 f + \left(\frac{1}{1+\rho}\right)^3 f + \cdots = \frac{1+\rho}{\rho}f$$

結局のところ,耐震化戦略 $x \in \mathcal{X}$ に対する社会的ライフサイクル費用は

$$Z(\boldsymbol{x}) := \frac{1+\rho}{\rho} f(\boldsymbol{x}) + K(\boldsymbol{x}) \tag{16.2}$$

と表される.

16.2.5 非線形 0-1 整数計画問題としての耐震化問題

道路ネットワーク耐震化問題は,式 (16.2) で定義される社会的ライフサイクル費用を最小化する耐震化戦略を求める問題であるため,以下のように定式化される.

$$(\text{P}) \quad \min_{\boldsymbol{x} \in \mathcal{X}} Z(\boldsymbol{x})$$

16.1 節でも述べたように,問題 (P) は非線形・非凸 0-1 整数計画問題であり,一般ネットワークを対象としてその大域的最適解を求めることは,きわめて困難である.そこで 16.3 節では,問題 (P) の実用的な解を求める方法を開発する.

16.3 解　　　法

問題 (P) のような非線形・非凸 0-1 整数計画問題に対して,なんらかの意味で最適な解(あるいは,少なくとも他より「優れた」解)を求めるためには,ヒューリスティクスが利用されることが多い.こうしたヒューリスティクスとしては,焼きなまし法[2],タブーサーチ[3],[4],遺伝的アルゴリズム[5],蟻コロニー最適化法[6],[7],クロスエントロピー法[8]~[10] などが挙げられる.

しかし,本章では,理解が容易な手続きによって求められる「納得可能な」耐震化戦略を求めることを目的とする.こうした「納得可能な」耐震化戦略は,上記のようなヒューリスティクスを駆使して求められる戦略に比べて劣っ

ている(社会的ライフサイクル費用が大きい)かもしれないが,非専門家のステークホルダー(たいていは"最先端"の方法よりも"わかりやすい"方法を好む)が多く存在するような実際の意思決定の現場においては,有効であると思われる.そこで,以下では,Nagae et al.[1]が提案した,つぎの3つの性質を備えた解法を紹介する:

1. 現実的な規模の問題に対しても実用的な計算負荷の範囲で適用できる,
2. 高度な数学の知識や職人的なシミュレーション技術を必要としない,
3. すべての手続きにブラックボックスや確率的な要素を含まず,同じ入力データからは,誰がやっても同じ結果が得られる.

16.3.1 最尤被災パターンを用いた目的関数の近似

本項では,被災パターンを列挙せずに目的関数を評価でき,さらに,後述する耐震化戦略候補を縮小できる方法として,最尤被災パターンを用いた目的関数の近似を解説する.耐震化戦略 $x \in \mathcal{X}$ および地震シナリオ $s \in S$ を与件としたとき,最尤被災パターンは,条件付き生起確率が最大となる被災パターン

$$\omega^*(s, x) := \arg\max_{\omega \in \Omega} p(\omega|s, x)$$

として定義される.この最尤被災パターンを用いることで,耐震化戦略 x の下で地震シナリオ $s \in S$ が生起したときの年間交通不便益 $T(s, x)$ を

$$T(s, x) \approx \widehat{T}(s, x) := \tau(\omega^*(s, x))$$

と近似する.

この最尤近似は下記のような長所をもつ.

- 各耐震化戦略と地震シナリオについて1つだけ交通不便益を計算すればよいため,社会的損失を評価するための計算負荷を減少させられる.
- 最尤被災パターンと交通不便益とが1対1に対応するので,リンクの途絶が交通不便益に及ぼす影響を分析しやすい.
- 専門的なシミュレーション技術や職人的なパラメータのチューニングを必要とせず,モンテカルロシミュレーションのような確率的手続きも用いない.

16.3.2 シナリオ別対象施設と対象シナリオ

最尤近似を用いることで，いくつかの交通施設や地震シナリオを考慮から外すことができる．このことを具体的に議論するため，シナリオごとの「対象施設」および「対象シナリオ」を導入しよう．

各地震シナリオ $s \in S$ について，交通施設 $b \in B$ の最尤状態が耐震化によって「破壊」から「健全」に切り替わるとき，すなわち，耐震化前の損壊確率 $\phi_b^L(F_b(s))$ が 0.5 より大きく，耐震化後の損壊確率 $\phi_b^H(F_b(s))$ が 0.5 より小さいとき，この施設を地震シナリオ s の対象施設（あるいは，単に s-対象施設）と呼び，その集合を以下の式で定義する

$$B^*(s) := \{b \mid \phi_b^L(F_b(s)) > 0.5 \text{ and } \phi_b^H(F_b(s)) < 0.5\}$$

地震シナリオ $s \in S$ について，少なくとも 1 つの目標施設が存在する（すなわち $B^*(s) \neq \emptyset$）とき，このシナリオを「対象シナリオ」と呼び，その集合を

$$S^* := \{s \in S \mid B^*(s) \neq \emptyset\}$$

と定義する．定義より，「対象外」のシナリオ $s \notin S^*$ に対しては，どのような耐震化戦略 $\boldsymbol{x}$ に対しても最尤被災パターンが同じであるため，最尤近似された年間交通不便益 $\widehat{T}(s, \boldsymbol{x})$ が耐震化戦略 $\boldsymbol{x}$ と無関係となる．このことは，最尤被災パターンによる近似を用いる限り，対象外の地震シナリオ $s \notin S^*$ は，考慮しなくてよいことを意味している．

16.3.3 All-or-nothing policy を用いた戦略集合の縮約

ネットワーク耐震化問題 (P) は，その戦略集合 $\mathcal{X}$ が天文学的な規模の要素数をもつため，大域的最適解を求めることがきわめて困難である．この戦略集合は，しかし，前項までで述べた最尤被災パターンによる目的関数の近似と，本節で紹介する all-or-nothing policy によって縮約できる．

16.3.2 項で述べたように，各地震シナリオに対して最尤状態を変化させないような耐震化を行っても，最尤被災パターンによって近似された目的関数は変化しない．このことは，対象地震シナリオ $s \in S^*$ のそれぞれに対応した s-対象施設のみに関心を絞ってよいことを意味する．

さらに，こうして絞られた対象施設に対して all-or-nothing policy を採用する：各対象シナリオ $s \in S^*$ に対して，(1) s-対象施設のすべてを耐震化するか，(2) s-対象施設のすべてを耐震化しないか，のいずれかを選択することとする．これにより，耐震化戦略の選択対象を交通施設ではなく，対象地震シナリオに縮約できる．このように縮約された耐震化戦略を $\widehat{x}$ と表し，その集合を $\widehat{\mathcal{X}}$ と表す．

最尤被災パターンによる目的関数の近似と all-or-nothing policy による戦略集合の縮約を活用することで，道路ネットワーク耐震化問題 (P) は下記の問題に帰着する．

$$(\mathrm{RP}) \quad \min_{\widehat{x} \in \widehat{\mathcal{X}}} \widehat{Z}(\widehat{x}) := \frac{1+\rho}{\rho} \widehat{f}(\widehat{x}) + K(\widehat{x})$$

ここで，$\widehat{f}(\widehat{x}) = \sum_{s \in S^*} \widehat{T}(s, \widehat{x}) + R(s, \widehat{x})$ は，耐震化戦略 $\widehat{x}$ の下での年間社会的費用を最尤被災パターンを用いて近似したものである．縮約された道路ネットワーク耐震化問題 (RP) は，その戦略候補の規模が数え上げられる程度に小さく，それぞれの目的関数の評価にも計算負荷をそれほど必要としないため，これらを列挙して直接比較することで最適解を容易に求められる．

16.4 神戸市道路ネットワークへの適用例

本節では，提案手法の神戸市道路ネットワークへの適用例を示す．

16.4.1 入力データ

(1) **対象地域** 本分析の対象地域は，図 16.1 に示す9つの市町村：神戸市，明石市，稲美町，三木市，吉川町，西宮市，芦屋市，宝塚市，三田市である．

(2) **道路ネットワークと交通流配分モデル** 本分析では，図 16.2（口絵参照）に示す 1 001 個のノードと 2 671 本のリンクで構成される道路ネットワークを用いる．このネットワークは，平成 11（1999）年度道路交通センサ

16.4 神戸市道路ネットワークへの適用例

図 16.1 対象地域

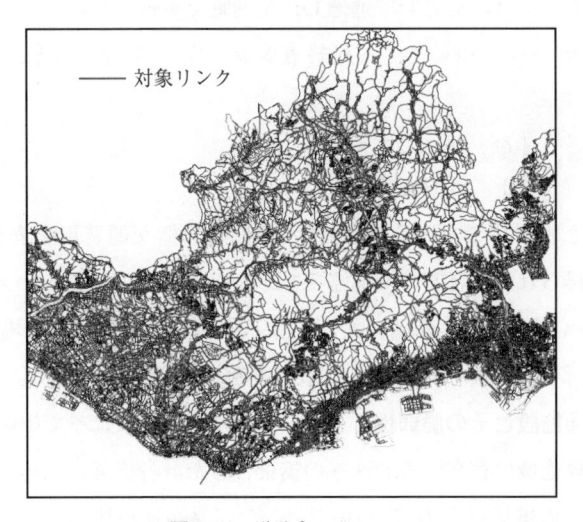

図 16.2 道路ネットワーク

スのベースとなったネットワークに,阪神高速道路の 7 号北神戸線および 31 号神戸山手線を加えたものである.

本分析では,各被災パターンごとの交通不便益の計量およびそのための交通流配分モデルとして,変動需要型の利用者均衡配分モデルを用いる.第 1 に,各道路リンク $a \in A$ の所要時間を以下の BPR 型関数

$$t_a(x_a):=t_a^0\left\{1+\alpha\left(\frac{x_a}{\mu_a}\right)^\beta\right\}+\frac{c_a}{v}$$

を用いて表す。ここで t_a^0, μ_a および c_a は，それぞれ当該道路リンクの自由走行時間，道路容量および道路料金であり，いずれも道路ネットワークデータから得られる所与の定数である。全リンクにわたって共通のパラメータは朝倉・西谷[11]に従い，それぞれ $\alpha=1$, $\beta=3$ とした。時間の金銭的価値は $v=50$〔円/分〕を用いた。道路ネットワークが被災した際，被災した状態は阪神高速道路公団[12]に基づき 310 日間継続した後，被災前の状態に復旧されると仮定した。

第2に，平成11年度道路交通センサスに基づき，17 287 個の起終点ペアについて，合計で 2 960 160〔台/日〕の交通需要データを作成した。この起終点集合を W で表す。対象地域を通過する交通については，エリア境界にあるノードを起点もしくは終点として通過 OD 交通量を集約させた。こうして得られた交通需要データを用いて，各起終点間 $w\in W$ の需要関数を，以下の階段関数

$$D_w(C_w)=\begin{cases}Q_w & \text{if } 0\leq C_w\leq\Theta \\ 0 & \text{if } \Theta\leq C_w\end{cases}$$

として定義した。ここで，C_w は起終点 w 間の均衡交通費用を表し，Q_w は上述の手法で得られた平常時の交通需要である。Θ は利用者がトリップを中止する所要時間（あるいは，等価であるが，トリップできなかった場合の機会費用）を表す所与の定数であり，本分析では $\Theta=8$ 時間とした。

（3） 交通施設とその脆弱性　　本分析では，地震によって損壊し得る交通施設を，対象地域に存在する859本の橋梁とした。各橋梁の地理座標および各配分リンク上の橋梁集合 B_a については，デジタル道路地図から抽出した。これらの橋梁は，本来，それぞれ基盤面，材質，設計および建築時期などがまったく異なるが，本分析では，利用できるデータの制約上，いずれも同じ耐震特性を備えると仮定する。

具体的には，まず，各橋梁の耐震化前・低水準 (L) の耐震性能を「震度法で設計された RC 橋脚」，耐震化後・高水準 (H) の耐震性能を「地震時保有水

平耐力法で設計された RC 橋脚」相当とした.つぎに,地震強度として加賀山ら[13]によって開発された修正 SI を用いることとし,橋梁 $b \in B$ が強度 F_b の地震外力を受けたときに損壊する(すなわち利用できなくなる)確率を

$$\phi_b^m(F_b) = \Phi\left(\frac{\ln F_b - \theta^m}{\xi^m}\right) \tag{16.3}$$

で表す.ここで,$\theta^m := \ln \mu^m - \frac{1}{2}(\xi^m)^2$ および $\xi^m := \ln\left\{1 + \frac{\sigma^m}{\mu^m}\right\}$ である.μ^m および σ^m は破壊確率の期待値および標準偏差であり,加賀山ら[13]に従い,耐震化前については $(\mu^L, \sigma^L) = (50, 20)$,耐震化後については $(\mu^H, \sigma^H) = (64.5, 21.5)$ とした.

(4) **地震シナリオと地震強度分布** まず,対象地域に影響し得る地震シナリオおよびその生起確率を,地震工学に基づいて算出する.本分析では,以下の5種類の地震発生メカニズムを想定し,23個のシナリオおよびその生起確率を算出した.

- 神戸周辺の主要断層帯に起因する地震
- 南海トラフ沿いの海溝型地震
- 主要断層帯以外の活断層で発生する地震
- フィリピン海プレート内で発生する,震源断層をあらかじめ特定しにくい地震
- 内陸域で発生する地震のうち,活断層が特定されていない場所で発生する地震

各地震シナリオ $s \in S$ において各橋梁 $b \in B$ が受ける地震強度 $F_b(s)$ は,安中ら[14]が提案した震央からの距離減衰式を用いて推定した.

(5) **ライフサイクル費用の計算に必要なその他のデータ** 本分析では,ライフサイクル費用の計算に必要なデータとして,それぞれ以下を用いる.

耐震化費用 補強費用は,設計方法の異なる橋梁の新規建設費用の差として算出した.具体的には,米田ら[15]の研究結果を参考に,震度法(旧来手法)に基づく新規建設費用約 3.4 [億円/橋] と,地震時保有水平耐力法に基づき新

規建設する費用約 4.0〔億円/橋〕の差額である 6 000〔万円/橋〕を本研究における補強費用とした。なお，本来ならば各橋梁の年式・構造形式および全長などにより補強費用は橋梁ごとに異なるが，今回の計算では全橋梁一律とした。

復旧費用　　足立・庄子[16]に従い，1 橋梁当たりの復旧費用を 16 億円とした。

社会的割引率　　国土交通省が費用便益分析マニュアル[17]で定めている $\rho=0.04$ を採用した。

16.4.2　対象地震シナリオおよび対象施設の抽出

16.4.1 項の入力データを用いて本手法を適用した結果，対象地震シナリオとして表 16.1 の 5 つのシナリオが抽出された。ただし，シナリオ s_e はその生起確率が 1 000 年に 1 回にも満たないため，以降の分析からは除外する。

表 16.1　対象地震シナリオ

地震シナリオ	代表活動域	震央地震強度	年生起確率 [%]
s_a	地殻内	44.7	0.272
s_b	有馬高槻	56.2	0.205
s_c	大阪湾	70.8	0.163
s_d	六甲	89.1	0.128
s_e	六甲	112	0.093

図 16.3（口絵参照）に地震シナリオ $s_a \sim s_d$ ごとの対象施設の空間分布を示す。それぞれの図において，各リンクは以下のいずれかに分類される。

1. 橋梁をもたないリンク（$B_a = \emptyset$）
2. 耐震化せずともすべての橋梁の最尤状態が健全である「非損壊リンク」
 （$\phi_b^L(s) < 0.5, \forall b \in B_a$）
3. すべての橋梁の最尤状態が耐震化によって切り替わる「対象リンク」
 （$\phi_a^H(s) < 0.5$ and $\phi_a^L(s) > 0.5, \forall b \in B_a$）
4. 耐震化しても最尤状態が破壊となる橋梁を 1 つでももつ「損壊リンク」
 （$\phi_b^H(s) > 0.5, \exists b \in B_a$）

図 16.3 より，対象施設の空間分布は地震シナリオ間で一部重複しているこ

(s_a) 地殻内　　　　　　　　　(s_b) 有馬高槻

(s_c) 大阪湾　　　　　　　　　(s_d) 六　甲

━━━ 橋梁をもたないリンク　　　━━━ 対象リンク
━━━ 非損壊リンク　　　　　　　━━━ 損壊リンク

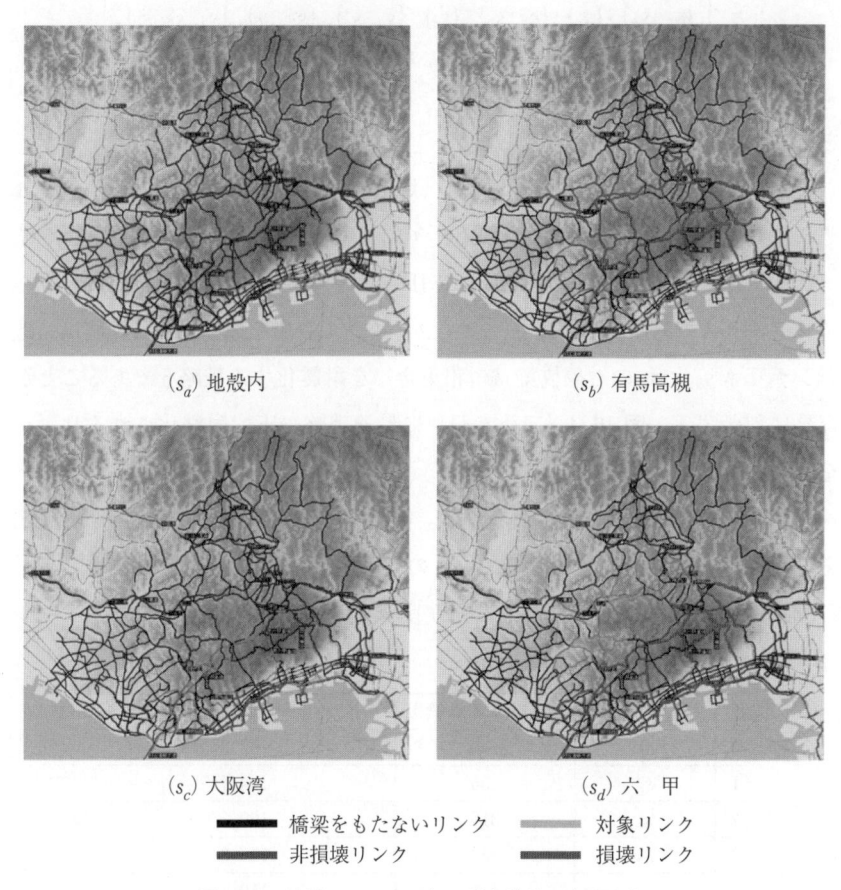

図 16.3 地震シナリオごとの対象施設の空間分布

とがわかる．どの地震シナリオでも非損壊となるリンクが存在する一方，複数の地震シナリオで対象となるリンクが存在する．このことは，対象シナリオを適切に組み合わせることで，より良い耐震化戦略が選ばれ得ることを示唆している．

16.4.3　最適耐震化戦略

16.3.3 項で提案した all-or-nothing policy を採用することで，縮約された耐震化戦略の候補として，対象シナリオの冪集合

$$2^{S^*} = \left\{ \begin{array}{l} \emptyset, \{s_a\}, \{s_b\}, \{s_a, s_b\}, \{s_c\}, \{s_a, s_c\}, \{s_b, s_c\}, \{s_a, s_b, s_c\}, \\ \{s_d\}, \{s_a, s_d\}, \{s_b, s_d\}, \{s_a, s_b, s_d\}, \{s_c, s_d\}, \{s_a, s_c, s_d\}, \\ \{s_b, s_c, s_d\}, \{s_a, s_b, s_c, s_d\} \end{array} \right\}$$

を得る。

表16.2に，縮約された耐震化戦略（対象とする地震シナリオの組）のそれぞれについて，all-or-nothing policy の下で耐震化される橋梁の数と，ライフサイクル費用を示す．表中において ID とは，戦略を区別するために付けたインデックスである．これより，ライフサイクル費用を最小化する戦略は，地震シナリオ s_b と s_c の対象橋梁（の和集合）を耐震化する戦略6であることが容易に判明する．図16.4（口絵参照）に最適戦略の下で耐震化されるリンクを示す．

表16.2より，以下のことがわかる．第1に，最適戦略（戦略6）と耐震化をいっさい行わない場合（戦略0）とのライフサイクル費用を比較すると，778億円（40.46%）もの社会的費用が削減できる．第2に，ライフサイクル

表16.2 耐震化戦略ごとのライフサイクル費用

ID	対象シナリオ	耐震化する橋梁数	ライフサイクル費用〔10億円〕
0	$\emptyset$	0	192.3
1	s_a	256	144.1
2	s_b	319	169.3
3	s_a, s_b	528	115.8
4	s_c	418	119.1
5	s_a, s_c	596	119.6
6	s_b, s_c	572	114.5
7	s_a, s_b, s_c	730	119.9
8	s_d	161	203.9
9	s_a, s_d	417	155.8
10	s_b, s_d	468	181.0
11	s_a, s_b, s_d	677	127.5
12	s_c, s_d	579	131.4
13	s_a, s_c, s_d	757	131.0
14	s_b, s_c, s_d	721	126.2
15	s_a, s_b, s_c, s_d	879	131.6

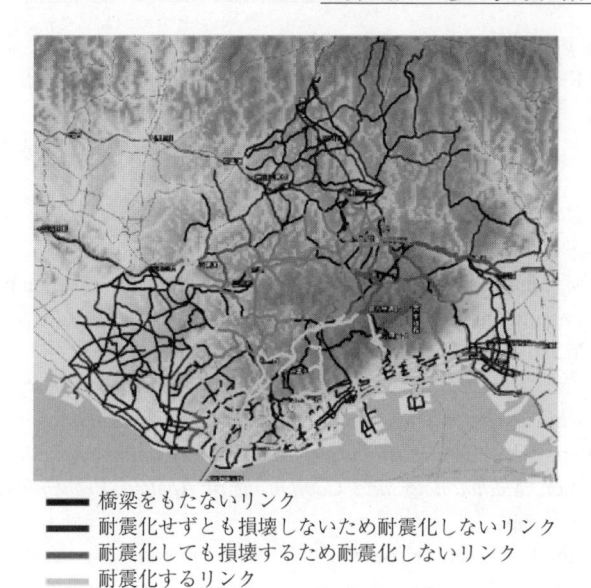

■ 橋梁をもたないリンク
■ 耐震化せずとも損壊しないため耐震化しないリンク
■ 耐震化しても損壊するため耐震化しないリンク
■ 耐震化するリンク
■ 対象リンクではあるが耐震化しないリンク

図 16.4 最適耐震化戦略

費用は，耐震化する橋梁の数とライフサイクル費用との間に目立った相関関係はみられない。例えば，戦略4と戦略5と戦略7をみると，耐震化される橋梁の数はそれぞれ異なるのに，ライフサイクル費用はそれほど大きく変化しない。最後に，耐震化戦略の中には，無対策（戦略0）よりもライフサイクル費用を悪化させるものがある（戦略8）。

以上のことから，道路ネットワーク耐震化問題においては，耐震化戦略を適切に選ぶことが重要であることがわかった。

引用・参考文献

1) Nagae, T., Fujihara, T. and Asakura, Y.：Anti-seismic reinforcement strategy for an urban road network, *Transportation Research Part A: Policy and Practice*, Vol. 46, No. 5, pp. 813〜827（2012）
2) Metropolis, N., Rosenbluth, A. W., Rosenbluth, M. N., Teller, A. H. and Teller, E.：Equations of state calculations by fast computing machines, *Journal of Chemical*

Physics, Vol. 21, No. 6, pp. 1087〜1092 (1953)
3) Glover, F. : Tabu search I, *ORSA Journal on Computing*, Vol. 1, pp. 190〜206 (1989)
4) Glover, F. : Tabu search II, *ORSA Journal on Computing*, Vol. 2, pp. 4〜32 (1989)
5) Goldberg, D. E. : *Genetic Algorithms in Search, Optimization, and Machine Learning*, Addison-Wesley Pub. Co. (1989)
6) Dorigo, M., Maniezzo, V. and Colorni, A. : Ant system optimization by a colony of cooperating agents, *IEEE Transactions on Systems, Man, and Cybernetics, Part B*, Vol. 26, No. 1, pp. 29〜41 (1996)
7) Dorigo, M. and Blum, C. : Ant colony optimization theory : A survey, *Theoretical Computer Science*, Vol. 244, pp. 243〜278 (2005)
8) Rubinstein, R. Y. : The cross-entropy method for combinatorial and continuous optimization, *Methodology and Computing in Applied Probability*, Vol. 1, pp. 127〜190 (1999)
9) Rubinstein, R. Y. and Kroese, D. P. : *The cross-entropy method: a unified approach to combinatorial optimization, Monte-Carlo simulation, and machine learning*, Springer-Verlag New York Inc. (2004)
10) de Boer, P.-T., Kroese, D. P., Mannor, S., et al. : A Tutorial on the Cross-Entropy Method, *Annals of Operations Research*, Vol. 134, No. 1, pp. 19〜67 (2005)
11) 朝倉康夫，西谷仁志：交通量配分に用いる走行時間関数のパラメータ推定，愛媛大学工学部紀要，Vol. 12, No. 2, pp. 107〜118 (1991)
12) 阪神高速道路公団：地震時における道路ネットワークのシステム機能と復旧プロセスのシミュレーションモデルの構築，阪神高速道路公団・(財) 防災研究協会報告書 (2001)
13) 加賀山泰一，奥西史伸，鈴木直人，澤田吉孝：阪神高速における地震防災システムの開発，土木学会第25回地震工学研究発表会講演論文集，第25巻，pp. 1033〜1036 (1999)
14) 安中 正，山崎文雄，片平冬樹：気象庁87型強震計記録を用いた最大地動及び応答スペクトル推定式の提案，土木学会第24回地震工学研究発表会講演論文集，第1巻，pp. 161〜164 (1997)
15) 米田慶太，川島一彦，庄司 学，藤田義人：耐震技術基準の改訂に伴うRC橋脚及びくい基礎の耐震性向上度に関する検討，第2回地震時保有水平耐力法に基づく橋梁の耐震設計に関するシンポジウム講演論文集，第2巻，pp. 453〜460 (1998)
16) 足立幸郎，庄司 学：兵庫県南部地震で被災を受けた都市高速道路橋の復旧費に関する検討，土木学会地震工学論文集，Vol. 27, pp. 1〜4 (2003)
17) 国土交通省道路局・都市地域整備局：費用便益分析マニュアル (2003)

III部
まとめと今後の展望

17

交通ネットワークの信頼性研究の課題

　交通ネットワークの信頼性解析に関する学術研究の歴史は比較的浅く，この四半世紀の間に徐々に国際的な関心が高まってきた領域である．不確実性下の交通現象の解析と，ネットワークシステムの計画・設計は，広くネットワークの信頼性研究の対象であると考えてもよい．本章では，平常時と災害時の信頼性の両面から，交通ネットワークの信頼性研究の課題を考える．

17.1　は　じ　め　に

　交通ネットワークの信頼性研究の課題について，平常時と災害時の信頼性の両面から考えてみよう．
　前者は，ネットワークが接続されており OD ペア間に経路が少なくとも1本は存在するという状況下で，旅行時間に代表される交通サービス水準が確率的に変動するときの交通ネットワーク評価に関するものである．狭義には旅行時間信頼性に関する課題といってもよいので，以下では「旅行時間の信頼性」を平常時の信頼性を指す用語として用いる．
　後者は，災害等によりネットワークを構成する一部のリンクが使用できなくなり，場合によっては OD ペア間に経路が存在しないという状況が発生することも想定したときの評価であり，ネットワークの脆弱性，接続性，連結性等で

表現される信頼性指標に関する課題である．以下では，これらを包括して「災害時の信頼性」と呼ぶ．17.2 節では旅行時間の信頼性に関する課題を，17.3 節では災害時の信頼性に関する課題を述べる．

17.2 旅行時間の信頼性

狭義に定義すれば，旅行時間の信頼性は 2 地点間を結ぶ特定の経路の旅行時間が確率的に変動するときに，所定の許容できる旅行時間以内でトリップが可能となる確率である．

同様に，一定の確率でトリップできる旅行時間の上限（パーセンタイル旅行時間）も，旅行時間信頼性指標として用いられる．旅行時間信頼性を考える際には，信頼性指標そのものが重要な検討課題であることは明らかであるが，信頼性評価のインプットとなる旅行時間の確率分布の想定と，アウトプットである信頼性の価値評価も重要な検討要素である．

17.2.1 旅行時間の確率分布

旅行時間信頼性を議論する際には，旅行時間が確率的に分布していることが前提となるが，この確率分布そのものについても課題がある．II 部 8 章で述べたように，この分布は，特定の出発時刻（または到着時刻）に特定の経路を複数回トリップしたときに経験する旅行時間が，確率的に変動していることを表現している．言い換えると，旅行時間分布は，旅行時間の日々 (day-to-day) の変動を確率分布として表現したものである．したがって，この確率分布には，個々の車両の旅行時間の違いや，旅行時間の時々刻々 (within-day) の変動は本来含まれるべきではない．

わが国の都市高速道路のように，高密度に交通流の常時観測機器が配置されている場合には，蓄積された日々の観測データの頻度分布から旅行時間の確率分布を求めることができる．具体的には，リンク単位の旅行時間をタイムスライス法によって特定の出発時刻ごとの経路旅行時間に変換し，それを日々集計

17.2 旅行時間の信頼性

して頻度分布を求めればよい。もちろん，観測データをリンク単位の旅行時間分布として集計し，それを経路の旅行時間分布に合成することも不可能ではない。しかし，リンクの旅行時間の変動にはかなりの相関があるので，共分散を考慮して合成する必要があるが，共分散の推定自体が難問であるため，リンクの旅行時間分布を経路の旅行時間分布に変換するのは簡単ではない。

　一般道のように定点観測データが十分に得られない場合でも，プローブカーによる旅行時間の観測データが利用できる場合には，その集計によって経路旅行時間の確率分布を求めることができる。このとき，個々の車両の旅行速度の違いが確率分布に反映されるのは必ずしも望ましくない。個々の車両の旅行時間データをそのまま集計して旅行時間分布を求めると，日々の変動に加えて個々の車両の変動が反映されてしまい，旅行時間の変動を過大に見積もってしまうことになるからである。したがって，特定の日の特定の時間帯の個別プローブカーの旅行時間データをいったん集計してその日のその時間帯の（平均）旅行時間を求め，それをさらに日々集計することによって経路旅行時間の確率分布を求めることが望まれる。

　観測地点が少ない場合や，プローブデータも限定的にしか得られない場合はどうすればよいだろうか？　観測データを生かすという意味では，まず限られた一部のデータによる旅行時間の推定（再現）を行い，つぎにそれを集計して旅行時間の確率分布を求めることになる。一般的に表現すれば，一部の観測データによる非観測区間（または経路）の交通状態の推定ということになる。しかし，この方法は研究途上であり，実務的に適用可能な方法は開発されていない。

　旅行時間や交通状態の観測データがまったく利用できない場合であっても旅行時間信頼性の評価を行いたい場合には，旅行時間の確率分布をネットワーク交通流モデルにより推定することになる。最も典型的なケースは，将来ネットワークの事前評価のために旅行時間の確率分布を求める場合である。しかし，利用者均衡配分に代表される通常のネットワーク配分モデルの出力である交通

量や旅行時間は，期待値であり分布ではない．確率的均衡モデルであっても，旅行時間の確率分布を出力することはできない．

期待値を出力するネットワーク交通流モデルを用いて旅行時間の確率分布を作成する方法の一つは，その出力であるリンク単位の交通量，混雑度等を用いて，リンク旅行時間の分散または標準偏差を推定することである．このためには，例えば混雑度の増加により単位距離当たりの旅行時間の分散の増加を説明するモデルが必要となるが，明快にその関係性を説明することに成功しているモデルはない．また，上述したように，リンク旅行時間の分布から経路旅行時間の分布に変換することは必ずしも簡単ではない．現時点では，ネットワーク交通流モデルの期待値から分散や標準偏差を直接求めようすることには，限界があるといわざるをえない．

もう一つの方法は，期待値を出力するネットワーク交通流モデルの入力条件に確率変動を与えて，数値計算を実行するシミュレーションによる方法である．例えば，OD需要の日々の変動を仮定して1枚のOD表を確率的に生成し，そのOD表をネットワークに均衡配分して1日の交通状態を再現する．これを複数回繰り返すことで日々の交通状態の確率変動を再現するというものである．この方法は簡易な方法であり，ETCデータなどからある程度適切に需要変動の想定が可能な場合には有効であるが，計算コストの増大は避けられない．

理論的に望ましいのは，交通量や旅行時間の確率分布を出力するタイプのネットワーク交通流モデルを用いることである．Ⅱ部13章で述べた，ネットワークレベルでの旅行時間変動の推定モデルがこれに当たる．最近では，Wei and Asakura[1]が確率的に生じやすいネットワークフローの分布を推定する方法を提案している．

確率分布を出力するネットワーク交通流モデルを用いる場合には，交通状態の確率変動として想定されている要因により，モデルを使い分けることが必要である．想定する変動要因により，出力される旅行時間の確率分布の意味が異なる可能性があるからである．経路選択行動の日々の変動，OD需要の日々の

変動，状態の生起確率等の中で何を仮定しているかに注意しなければならない。これらのモデルアプローチは発展途上であり，実務的な検証の蓄積も必要である。今後の発展に期待したい。

17.2.2 旅行時間信頼性の評価

旅行時間の確率分布を前提とした信頼性の評価指標については，II部10章で述べたように，米国交通省道路局が設定したプランニングタイムやバッファタイムをはじめとするさまざまな指標が実務的にも広く使われている。これらの指標は，道路交通サービスのパフォーマンス評価に使われているほか，道路利用者に対して提供される統計的情報の一つとしても用いられている。

時間信頼性指標により道路交通サービスの評価を行う際には，旅行時間の信頼性の向上がどのような価値をもつかを明らかにしておく必要がある。とりわけ，交通施設整備や交通政策の実施により，旅行時間の平均値が短縮されるだけでなく分散が小さくなることの効果を便益評価に反映するには，旅行時間の分散の価値評価が必要となる。伝統的な時間価値評価の理論は，旅行時間の平均値に対する評価であるのに対し，時間信頼性の価値評価は旅行時間の分散に対する評価であると言い換えてもよい。

II部11章や14章で述べた一連の研究は，行動モデルの分析方法論を用いて時間信頼性の価値評価を行うことを意図したものである。旅行時間に限らず，確率的に変動する可能性のある交通サービス水準の評価にも適用できる方法論であり，今後の理論展開が期待される。

その際の重要な視点の一つは，区間や経路単位での信頼性評価から，OD単位やネットワーク全体での信頼性評価への拡張である。OD間に複数の経路が存在してそれぞれの経路の旅行時間が確率的に変動する場合のOD間の信頼性の価値評価手法は，必ずしも確立しているわけではない。ネットワーク全体での信頼性の価値評価についても同様である。一般に，経路の旅行時間の確率分布にはその経路をトリップした旅行者の数は反映されていない。

一方，OD間の旅行時間分布やネットワーク全体の総旅行時間の確率分布と

しては，一定の旅行時間でトリップを行った旅行者数の分布を考えることもできる。この旅行時間分布には旅行者数の大小も反映され，経路の旅行時間分布とは意味が異なる。信頼性指標によるプロジェクトの経済評価をネットワーク全体で行うには，信頼性の集計化問題とでも呼ぶべき課題が残されているといえる。

信頼性評価のもう一つの側面は，多様な旅行時間情報の一つとしての信頼性情報の評価である。一般に，旅行時間情報が提供されることによる効果を評価するには，情報を受けた旅行者の経路選択や出発時刻選択といった行動変容のモデル化が必要になる。平均値としての旅行時間だけではなく，その信頼性が交通情報として提供されることの効果の計測や評価の方法論は，必ずしも十分に研究されているわけではなく，交通情報提供の高度化に伴って注目される新しい研究テーマである[2]。

17.3　災害時の信頼性

旅行時間の信頼性評価では，評価対象となる経路が連結しており，時間遅れは生じるもののトリップすることは可能であることが前提である。一方で災害時には，ネットワーク上の1区間または複数の区間が一定期間通行できなくなる場合に，ODペア間またはネットワーク全体の交通機能が保持されるか否かが評価の対象となる。したがって，災害時の信頼性指標とは，ネットワークが機能する確率に他ならない。

連結していなければ機能しないのはいうまでもないので，ネットワークの連結確率が信頼性指標の根幹である。しかし，きわめて大きな迂回をしなければ目的地に到達できない場合も機能していないことと等価であるとみなすというように，被災したネットワークが許容される条件（機能性能）を満たすか否かの確率を信頼性指標にとることも考えられる。また，災害による通行止めの確率は小さくても，いったん通行できなくなった場合の結果がきわめて重大であるケースを評価するには，脆弱性指標が適用される場合もある。

17.3.1 災害時の信頼性指標

　災害時の信頼性評価は，災害が発生する前に現状のネットワークシステムの信頼度を評価し，脆弱なリンク・ノードを発見するとともに，ネットワークを強化する際の戦略を検討することを目的として行われる．信頼性評価のために必要な情報は，ある災害シナリオが発生する確率とそのシナリオの下で生起するネットワーク状態である．

　ある災害が発生したときに，ネットワークを構成するリンクまたはノードは機能するか否かのいずれかの状態であるとしよう．議論を簡潔にするために，以下では被災するのはリンクに限定しておくが，ノードの被災を含めることも容易である．

　ネットワーク状態は，リンクが機能しているとき 1，途絶しているとき 0 となる変数を要素としてもつ状態ベクトルで表現できる．ある災害が発生したときに特定のリンクが機能しない確率を，通行止め確率（機能停止確率）と呼ぶ．この確率は，リンクへの災害外力の大きさとリンクの構造的脆弱性によって決まる．ある災害シナリオに対して各リンクの通行止め確率が求められれば，このシナリオに対してネットワーク状態が生起する確率を求めることができる．

　ある災害シナリオに対して生起し得るすべてのネットワーク状態に対して，特定の OD ペア（またはネットワーク全体）が連結しているか否かを求め，連結している場合のネットワーク状態が生起する確率を集計すれば，その災害シナリオに対するネットワークの連結確率を求めることができる．さらに，災害シナリオの発生確率による期待値をとれば，評価対象としたネットワークシステムの信頼度が得られる．連結しているか否かの代わりに，一定の条件で機能しているか否か，例えば大規模な迂回なしに到達できるか否かで評価しても構わない．

　図 17.1 に示す，3 本のリンクから構成される単純なネットワークを例に説明してみよう．連結度の評価対象とする OD ペアはノード 1→3 とする．災害シナリオ 1 では，各リンクの通行可能確率が $\{0.8, 0.8, 0.9\}$ であったとする．

17. 交通ネットワークの信頼性研究の課題

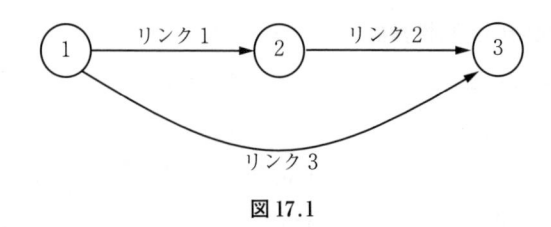

図 17.1

このネットワークでは $2^3=8$ 通りのネットワーク状態が生起し得るが，通行可能確率を用いて各状態が生起する確率を計算すると，**表 17.1** の生起確率シナリオ 1 の列の値となる。

表 17.1 ネットワークの状態と生起確率

状態番号	リンク			状態生起確率	
	1	2	3	シナリオ 1	シナリオ 2
1	1	1	1	0.576	0.486
2	1	1	0	0.064	0.324
3	1	0	1	0.144	0.054
4	1	0	0	0.016	0.036
5	0	1	1	0.144	0.054
6	0	1	0	0.016	0.036
7	0	0	1	0.036	0.006
8	0	0	0	0.004	0.004
計				1	1

OD ペア 1→3 が連結しているのは状態 1, 2, 3, 5, 7 であるから，シナリオ 1 が生じたときの連結確率は 0.964 である。同様に災害シナリオ 2 に対するリンク通行可能確率が $\{0.9, 0.9, 0.6\}$ であったとすれば，ネットワーク状態の生起確率は表 17.1 の生起確率シナリオ 2 の列の値となる。このときの OD ペア 1→3 の連結確率は 0.924 である。さらに，災害シナリオ 1, 2 の生起確率がそれぞれ想定できておれば，それを反映した OD 間の信頼度を評価することができる。例えば，それぞれのシナリオの生起確率が 0.2, 0.1 で相互に独立であったとすれば，信頼度は 0.9852 である。

ネットワークのリンクを L とすれば，生起する可能性のあるネットワーク状態は 2^L 通りである。リンク数が増えると状態の数は膨大となり，そのすべてを列挙することは現実的ではない。そこで生起確率の高い一部の状態だけを

使って連結確率の上限値と下限値を求め，(上限値＋下限値)/2 によって信頼度を近似することが考えられる．生起確率の低い状態に対しては，すべて連結している場合を上限に，すべて連結していない場合を下限とすればよい．上述のシナリオ1に対して生起確率の大きいほうから3位までを用いて近似することにすれば，連結度の上限値は1，下限値は0.864，(上限値＋下限値)/2＝0.932 となる．この近似計算には，生起確率の大きい順にネットワーク状態を取り出すことが必要になるが，その方法は簡単である．

　ここまでに述べてきた連結性の評価では，ネットワークフローを明示的に考慮していない．ネットワークの状態に対応した交通流や混雑を反映した性能評価，例えば災害時の旅行時間や輸送量等を加味した信頼度の評価を行うには，一部リンクが途絶したネットワーク状態でのフローモデルを組み込む必要がある．上記の例であれば，8通りのネットワーク状態のそれぞれに対してネットワークフローを算出し，旅行時間や交通量を計算するプロセスが必要になるということである．

　旅行時間の増大によるトリップの中止や容量制約を反映するだけであれば，静的なモデル，例えば，容量制約付きの需要変動型の利用者均衡モデルを適用してもかまわない．交通流の時々刻々または日々の変動を考慮する必要があるなら，動的なネットワークモデルを用いる必要があるが，現状では災害時の交通流の記述に適した動的モデルが開発できているわけではない．ネットワークフローモデルそのものの開発が必要であることに加えて，災害時には平常時とは異なる交通需要が発生し，その想定が難しいことが問題を複雑にしている．また，フローを考慮すると計算量も著しく増大するので，上述のように一部の状態から上下限値を推定し近似するといった計算量を削減する工夫も必要になる．

　災害シナリオを反映して連結度や機能性能の期待値を評価すると，災害発生確率の大小が評価値に大きく影響する．一般に災害発生確率はきわめて小さいため，災害時のネットワークへのダメージが大きくても，期待値を求めると著しく損害が大きいわけではないという評価になりやすい．例えば，平常時50

年間の時間損失の期待値に比較して，100年に1回の災害で数カ月間交通が途絶すると想定した場合を加味したときの時間損失の期待値がきわめて大きいということはない。

そこで，期待値による評価ではなく，災害が発生したときの結果の重大性そのものを評価の対象にするのが脆弱性評価である。脆弱性評価では，リンクが途絶したときのネットワーク全体または特定のノードやODペアへの影響が評価の対象となる。特定のリンクを切断してネットワーク分析を行うことにより，リンク切断の影響の大小や影響を受ける空間領域を調べることができる。影響度合いの大きなリンク（脆弱なリンク）の検出に加えて，影響を受けやすいノード（脆弱なノード）やODペアを明らかにすることができる。

脆弱性評価の際には，リンクを切断して最短経路探索や交通量配分計算を実行することになるので，計算自体は単純であるが，その効率化が必要となる。最短経路探索だけを用いて脆弱なリンクの候補を抽出し，それらに対して詳細なフロー分析を行うといった方法も検討されてよいであろう。

一部リンクの機能停止がネットワーク全体に伝搬していく問題を扱うのが，カスケード的故障（cascading failure）である。これは電力ネットワークやインターネットなどを対象に機能障害の拡大を議論する際に用いられているが，災害時の交通ネットワーク評価にも適用されるべき概念である。交差点容量に対して過大な交通需要が負荷されると，その交差点が機能不全を起こし，それが隣接する交差点へつぎつぎと伝搬してネットワーク全体が通行不能になるといった，いわゆるgridlock現象はカスケード故障の一例である。

リンクに障害がなくても，祭りやイベント時のように時間的・空間的に偏った交通需要が負荷されれば，このような状況に陥ることもある。災害時には，リンクが途絶することに加えて平常時とは異なる交通需要がネットワークに負荷されるので，いっそうカスケード的故障が生じやすい。重要な課題として，gridlockの生成メカニズムを明らかにするだけではなく，その防止と解消のための有効なオペレーションを研究しておく必要があろう。

17.3.2 ネットワークデザイン

 一般に交通ネットワークデザインとは，いくつかの制約条件の下で，一つまたは複数の評価関数を最適にするネットワークの計画・設計変数の組合せまたは値を求めるものである．典型的なデザイン問題は，予算制約の下で，総旅行時間を最小にするネットワーク構成（リンクの組合せ）を求める離散的最適化問題である．

 平常時のネットワークデザイン問題と災害を考慮したデザイン問題との違いは，目的関数および制約条件が災害発生確率による期待値となる点である．平常時の離散的デザイン問題でリンクの有無を決定変数にすると，リンク数 L の場合には代替案の数は 2^L である．災害時のデザイン問題では，一つのネットワーク代替案に対して検討すべき組合せは「災害シナリオ×ネットワーク状態 (2^L)」であり，検討すべき組合せ数は膨大である．最適化問題としての定式化は可能でも，多重の組合せ問題となるため，実際規模のネットワークを対象にそのまま解析することは難しい．

 II部16章で述べたネットワークの最適補強問題では，シナリオ数の削減とフロー解析を行うネットワークの状態数の削減を行うことによって計算量を削減し，実ネットワークへの適用計算を試みている．計算量の削減のためには，補強対象とするリンクの候補を求める際には簡略化されたフロー解析（例えばall-or-nothing配分）を行い，候補となったリンクの組に対して詳細なフロー解析を行うといった方法も有効であると考えられるので，今後の検討課題としたい．

 災害時の交通ネットワークデザイン問題の決定変数は，リンク整備の有無や補強水準だけではない．災害時の交通運用や減災施策に係わる変数を決定変数とすることもできる．例えば，一部区間が通行止めとなったネットワークの最適運用や，トリップの迂回・誘導（経路調整），あるいは，発生ノードでの貯留（出発時刻調整）などである．また，gridlockを回避するオペレーションや，発生してしまったgridlockをできるだけ短時間に解消させる方法も，ネットワークデザインの視点から検討されてよいであろう．災害時のネットワー

クデザインには平常時とは異なる決定変数が登場するため，問題の数理的特性の解析方法を研究しておく必要がある．一方で計算の効率化という技術的課題もあり，実務適用に向けて検討すべき課題は少なくない．

17.4 おわりに

交通ネットワークの信頼性解析に関する学術研究の歴史は比較的浅く，この四半世紀の間に徐々に国際的な関心が高まってきた領域であるといえる．広義に捉えると，不確実性下の交通ネットワーク現象（サービス水準と行動・需要の双方）の解析と，不確実性下の交通ネットワークシステムの計画・設計は，すべて交通ネットワークの信頼性研究の対象であるともいえる．

本書では，学術と実務の両面から最新の研究成果を紹介しているが，交通ネットワーク分析や交通行動分析の理論の進化と，新しく利用可能となった大量で精緻な交通データの充実を受けて，信頼性研究は日々進化している．社会的な関心も高く，新たな課題がつぎつぎに生まれる研究領域であり，多くの研究者や実務者の挑戦を期待したい．

引用・参考文献

1) Chong WEI and Yasuo ASAKURA：A Bayesian Approach to Traffic Estimation in Stochastic User Equilibrium Networks. *Transportation Research Part C: Emerging Technologies*, Vol. 36, pp. 446〜459（2013）
2) 日下部貴彦，辻本洋平，朝倉康夫：旅行時間信頼性情報による高速道路利用者の行動変化の分析．土木学会論文集 D3（土木計画学），Vol. 68, No. 5, pp. I_781〜I_792（2012）

索引

【あ】

アクセシビリティ	257, 261
アベイラビリティ	73
蟻コロニー最適化法	271
α 信頼性	29, 99
安心・快適性	3
安定性	56
安定分布	56

【い】

イェンセンの不等式	57
閾値	253
一様分布	47
移転可能性	56
遺伝的アルゴリズム	271
インシデント	151

【え】

エクスポジャー	77

【お】

オキュパンシー	61

【か】

海溝型地震	277
確率過程	85
確率均衡配分	82
確率重要度	75
確率制約計画	92
確率微分方程式	85
確率変動	104, 214
確率密度関数	27
カスケード的故障	292
画像処理	116
観光道	8
感受性	77
ガンベル分布	224

【き】

基準化旅行時間	230
季節変動	7
規則性	40
期待効用	25, 47
期待効用最大化原理	231
期待効用モデル	53
希望到着時刻	21, 46
帰無仮説	34
救急車	223
共分散	12
極値分布	224
禁止的時間	106

【く】

クリティカルリンク	184, 249, 253
クロスエントロピー法	271

【け】

経済的価値付け	39
決済日（五十日）	7, 10
ゲーム理論	90
限界価値	52
限界効用	53
限界的支払い意思額	40
限界不効用	54

【こ】

公共サービス協定	27
構造関数	73
交通抵抗	257
交通不便益	269
交通密度	54
交通容量	17
高度道路交通システム	64, 120
合理的期待仮説	90
合理的期待均衡	90
誤差項	84
混雑度	16

【さ】

災害時の信頼性	284
最小カット法	75
最小パス法	75
最適化	86
最適化問題	219
最適出発時刻	231
最適遅着確率	47, 231
最適ヘッドスタート	232
最適補強問題	293
最尤パターン	267
残差平方和最小化基準クロスバリデーション法	237
三次救急指定病院	223
散布図	221

【し】

時間価値	41
時間信頼性	1
時間信頼性指標	22
時間変動（24時間）	7
指数関数	257
指数分布	47

システム最適配分	101	接続性	73, 257, 283	【つ】	
実効旅行時間	48, 86, 88	接続脆弱性	247	月変動	7
実走行調査	133	接続変数	217		
自動車両認識装置	13	説明変数	56	【て】	
四分位範囲	42	セーフティーマージン			
シミュレーション	272		48, 109	定時性	24
社会的割引率	278	セル伝搬モデル	92	定時性・定刻性	40
弱点度	74	選好意識調査（SP 調査）	43	定常過程	12
車線数	221	潜在交通需要	216	定常性	12
車線幅	221	尖　度	42	定数項	107
車両感知器	156	セントロイド	261	デジタル道路地図	117
車両番号自動読取装置	118	全リンク信頼度	30	【と】	
周期変動	6	【そ】		統合アプローチ	232
15 分交通量	11	相関係数	221	等時間原則	215
自由走行時間	16, 218	遭遇信頼度	74	道路交通センサス	143
渋滞長	9	走行信頼性	1, 4	都市内街路	8
渋滞度	117	早　着	46	途絶確率	109
渋滞量	9	早発不効用	229	凸　性	32
重力モデル	257	相補性	86, 87	突発事情	124
出発時刻選択	45	総旅行時間信頼性	29, 99	トレードオフ	62
主要幹線	8	速達性	3	【に】	
需要減少信頼度	30	【た】		二項分布	217
需要充足信頼度	31	大域的最適解	273	二段階最適化問題	98
需要信頼性	30	耐震化戦略	265	二値関数	248
順序付けデータ	62	対数正規分布	14, 60	日交通量	9
条件付き生起確率	272	大数の法則	13	日変動係数	17
冗長性	73	代替機能	158	【ね】	
情報提供	101	タイムスライス法	61, 127	ネットワークデザイン問題	
所要時間信頼性	4	タイル値レンジ	44		98
信頼性比	41, 102, 240	多重共線性	50	【の】	
【す】		タブーサーチ	271	ノード間信頼度	73
随意性（可達性）	3	短縮効果	224	ノンパラメトリック回帰	
スケジュールコスト	25	単調減少関数	257	分析	236
ストック	270	断面交通量	12	【は】	
【せ】		【ち】			
正規分布	14	地域幹線	8		
正規乱数	93, 224	遅　着	46	破壊確率	268
整合的なリスク尺度	31	超音波式	116	パーセンタイル値	26
脆弱性	3, 76, 283				

パターンマッチング	182	プローブカー	61, 64	予備容量需要係数	98
バッファータイム	26	プローブ観測	55	**【ら】**	
バッファータイムインデックス	26	プローブデータ	33	ライフサイクル費用	280
		分散	23	ランダム項	107
ばらつき	225	**【へ】**		ランダム効用	106
阪神淡路大震災	4, 72	平均-分散アプローチ	43	ランプ制御	101
【ひ】		平均旅行時間関数	219	**【り】**	
東日本大震災	72	ヘシアン	88	リスク態度	48
非加法性	55	変動係数	11, 93	旅行時間関数	15
非観測異質性	44	変分不等式	86	旅行時間信頼性	4
非観測交通量推定	83	辺連結性	250	旅行時間変動	39, 41
非集計モデル	106	**【ほ】**		臨界リンク	76
被説明変数	56	ポイントキュー	87	リンク重要度	253
非線形 0-1 整数計画問題	271	ポテンシャル型アクセシビリティ	257	リンク信頼度	73
非線形・非凸 0-1 整数計画問題	266			リンクタイル値	174
非重複経路	73, 250	ボトルネック均衡	55	リンク閉鎖	105
非重複経路数	186, 247	**【ま】**		**【る】**	
ヒューリスティクス	266, 271	マスター方程式	85	累積分布関数	26
標準偏差	13	待ち行列理論	57	ルートタイル値	174
評点データ	62	マルコフ連鎖	92	ループ式	116
費用便益分析	2	**【も】**		**【れ】**	
費用便益マニュアル	2	モード（最頻値）	34	連結・時間統合信頼性	111
非連結確率	247	モンテカルロシミュレーション	272	連結信頼性	1, 72
【ふ】				連結信頼度	73
不規則変動	6	**【や】**		連結性	108, 259, 283
不動点問題	90	焼きなまし法	271	**【ろ】**	
ブラックボックス	267	ヤコビアン	88	ログサム	77
フランク・ウルフ法	219	**【ゆ】**		ロングテール現象	235
プランニングタイム	26, 136	尤度	54	論理積	249
プランニングタイムインデックス	26	**【よ】**		**【わ】**	
ブール演算	249	曜日変動	7	歪度	26, 42
フロー	270	容量信頼性	30	ワードロップ均衡	89
プロスペクト理論	59				
プロビット	91				

索引

【A】
all-or-nothing	274
AVI	13, 33, 118

【B】
BPR 関数	15
BTI	118

【D】
DRM	117
DSRC	120

【E】
ETC	18, 33, 64, 119

【G】
GPS	18, 116

【H】
gridlock 現象	292
HOV レーン	62
H 定数	235

【I】
ICT	115
ITS	64, 120

【M】
MCMC	91

【O】
OD 交通量	13

【P】
PAT	46

【R】
RC 橋脚	276
RMSE	221
RP データ	43

【S】
SA	116
SP データ	39

【V】
VICS	117
VOT	41
VTT	41

―――編著者略歴―――

中山 晶一朗（なかやま　しょういちろう）
- 1995 年　京都大学工学部土木工学科卒業
- 1997 年　京都大学大学院工学研究科修士課程
  　　　　修了（応用システム科学専攻）
- 2000 年　京都大学大学院工学研究科博士課程
  　　　　修了（土木システム工学専攻）
- 2000 年　博士（工学）（京都大学）
- 2000 年　日本学術振興会特別研究員
- 2001 年　金沢大学助手
- 2006 年　金沢大学助教授
- 2007 年　金沢大学准教授
- 2014 年　金沢大学教授
  　　　　現在に至る

朝倉 康夫（あさくら　やすお）
- 1979 年　京都大学工学部土木工学科卒業
- 1981 年　京都大学大学院工学研究科修士課程
  　　　　修了
- 1981 年　京都大学助手
- 1988 年　工学博士（京都大学）
- 1988 年　愛媛大学講師
- 1991 年　愛媛大学助教授
- 1998 年　愛媛大学教授
- 2002 年　神戸大学教授
- 2011 年　東京工業大学教授
  　　　　現在に至る

道路交通の信頼性評価
Reliability Assessment of Road Transportation

　　　　　　　　　　　　© Shoichiro Nakayama, Yasuo Asakura 2014

2014 年 9 月 26 日　初版第 1 刷発行　　　　　　　　　　★

検印省略	編著者	中 山 晶 一 朗
		朝 倉 康 夫
	発行者	株式会社　コロナ社
		代表者　牛来真也
	印刷所	新日本印刷株式会社

112-0011　東京都文京区千石 4-46-10

発行所　株式会社　コロナ社
CORONA PUBLISHING CO., LTD.
Tokyo Japan

振替 00140-8-14844・電話 (03) 3941-3131 (代)

ホームページ http://www.coronasha.co.jp

ISBN 978-4-339-05239-8　（高橋）　（製本：愛千製本所）
Printed in Japan

本書のコピー，スキャン，デジタル化等の無断複製・転載は著作権法上での例外を除き禁じられております。購入者以外の第三者による本書の電子データ化及び電子書籍化は，いかなる場合も認めておりません。

落丁・乱丁本はお取替えいたします

土木・環境系コアテキストシリーズ

（各巻A5判）

■編集委員長　日下部 治
■編集委員　小林 潔司・道奥 康治・山本 和夫・依田 照彦

共通・基礎科目分野

配本順			頁	本体
A-1 （第9回）	土木・環境系の力学	斉木　　功著	208	2600円
A-2 （第10回）	土木・環境系の数学 —数学の基礎から計算・情報への応用—	堀　宗朗／市村　強 共著	188	2400円
A-3 （第13回）	土木・環境系の国際人英語	井合　進／R. Scott Steedman 共著	206	2600円
A-4	土木・環境系の技術者倫理	藤原章正／木村定雄 共著		

土木材料・構造工学分野

B-1 （第3回）	構造力学	野村卓史著	240	3000円
B-2 （第19回）	土木材料学	中村聖三／奥松俊博 共著	192	2400円
B-3 （第7回）	コンクリート構造学	宇治公隆著	240	3000円
B-4 （第4回）	鋼構造学	舘石和雄著	240	3000円
B-5	構造設計論	佐藤尚次／香月智 共著		

地盤工学分野

C-1	応用地質学	谷　和夫著		
C-2 （第6回）	地盤力学	中野正樹著	192	2400円
C-3 （第2回）	地盤工学	髙橋章浩著	222	2800円
C-4	環境地盤工学	勝見　武著		

水工・水理学分野

配本順			頁	本体
D-1 (第11回)	水理学	竹原幸生著	204	2600円
D-2 (第5回)	水文学	風間聡著	176	2200円
D-3 (第18回)	河川工学	竹林洋史著	200	2500円
D-4 (第14回)	沿岸域工学	川崎浩司著	218	2800円

土木計画学・交通工学分野

			頁	本体
E-1 (第17回)	土木計画学	奥村誠著	204	2600円
E-2	都市・地域計画学	谷下雅義著	近刊	
E-3 (第12回)	交通計画学	金子雄一郎著	238	3000円
E-4	景観工学	川﨑雅史・久保田善明 共著		
E-5 (第16回)	空間情報学	須﨑純一・畑山満則 共著	236	3000円
E-6 (第1回)	プロジェクトマネジメント	大津宏康著	186	2400円
E-7 (第15回)	公共事業評価のための経済学	石倉智樹・横松宗太 共著	238	2900円

環境システム分野

			頁	本体
F-1	水環境工学	長岡裕著		
F-2 (第8回)	大気環境工学	川上智規著	188	2400円
F-3	環境生態学	西村修・山田一裕・中野和典 共著		
F-4	廃棄物管理学	島岡隆行・中山裕文 共著		
F-5	環境法政策学	織朱實著		

定価は本体価格+税です。
定価は変更されることがありますのでご了承下さい。

図書目録進呈◆

環境・都市システム系教科書シリーズ

(各巻A5判，14.のみB5判)

■編集委員長　澤　孝平
■幹　　　事　角田　忍
■編集委員　　荻野　弘・奥村充司・川合　茂
　　　　　　　嵯峨　晃・西澤辰男

配本順			著者	頁	本体
1.	(16回)	シビルエンジニアリングの第一歩	澤 孝平・嵯峨 晃／川合 茂・角田 忍／荻野 弘・奥村充司／西澤辰男 共著	176	2300円
2.	(1回)	コンクリート構造	角田 忍・竹村 和夫 共著	186	2200円
3.	(2回)	土質工学	赤木知之・吉村優治／上 俊二・小堀慈久／伊東 孝 共著	238	2800円
4.	(3回)	構造力学 I	嵯峨 晃・武田八郎／原 隆・勇 秀憲 共著	244	3000円
5.	(7回)	構造力学 II	嵯峨 晃・武田八郎／原 隆・勇 秀憲 共著	192	2300円
6.	(4回)	河川工学	川合 茂・和田 清／神田佳一・鈴木正人 共著	208	2500円
7.	(5回)	水理学	日下部重幸・檀 和秀／湯城豊勝 共著	200	2600円
8.	(6回)	建設材料	中嶋清実・角田 忍／菅原 隆 共著	190	2300円
9.	(8回)	海岸工学	平山秀夫・辻本剛三／島田富美男・本田尚正 共著	204	2500円
10.	(9回)	施工管理学	友久 誠司／竹下 治之 共著	240	2900円
11.	(10回)	測量学 I	堤 隆 著	182	2300円
12.	(12回)	測量学 II	岡林 巧・堤 隆／山田貴浩 共著	214	2800円
13.	(11回)	景観デザイン ―総合的な空間のデザインをめざして―	市坪 誠・小川総一郎／谷平 考・砂本文彦／溝上裕二 共著	222	2900円
14.	(13回)	情報処理入門	西澤辰男・長岡健一／廣瀬康之・豊田 剛 共著	168	2600円
15.	(14回)	鋼構造学	原 隆・山口隆司／北原武嗣・和多田康男 共著	224	2800円
16.	(15回)	都市計画	平田登基男・亀野辰三／宮ахсう和弘・武井幸久／内田一平 共著	204	2500円
17.	(17回)	環境衛生工学	奥村 充司／大久保 孝樹 共著	238	3000円
18.	(18回)	交通システム工学	大橋健一・栁澤吉保／髙岸節夫・佐々木恵一／日野 智・折田仁典／宮腰和弘・西澤辰男 共著	224	2800円
19.	(19回)	建設システム計画	大橋健一・荻野 弘／西澤辰男・栁澤吉保／鈴木正人・伊藤 雅／野田宏治・石内鉄平 共著	240	3000円
20.	(20回)	防災工学	渕田邦彦・疋田 誠／檀 和秀・吉村優治／塩野計司 共著	240	3000円
21.		環境生態工学	渡部 守義／宇野 宏司 共著		

定価は本体価格+税です。
定価は変更されることがありますのでご了承下さい。

◆図書目録進呈◆

土木系 大学講義シリーズ

（各巻A5判，欠番は品切です）

- ■編集委員長　伊藤　學
- ■編集委員　青木徹彦・今井五郎・内山久雄・西谷隆亘
  　　　　　　榛沢芳雄・茂庭竹生・山﨑　淳

配本順			頁	本体
2.（4回）	土木応用数学	北田俊行著	236	2700円
3.（27回）	測量学	内山久雄著	206	2700円
4.（21回）	地盤地質学	今井・福江 足立共著	186	2500円
5.（3回）	構造力学	青木徹彦著	340	3300円
6.（6回）	水理学	鮏川　登著	256	2900円
7.（23回）	土質力学	日下部　治著	280	3300円
8.（19回）	土木材料学（改訂版）	三浦　尚著	224	2800円
9.（13回）	土木計画学	川北・榛沢編著	256	3000円
10.	コンクリート構造学	山﨑　淳著		
11.（28回）	改訂 鋼構造学（増補）	伊藤　學著	258	3200円
12.	河川工学	西谷隆亘著		
13.（7回）	海岸工学	服部昌太郎著	244	2500円
14.（25回）	改訂 上下水道工学	茂庭竹生著	240	2900円
15.（11回）	地盤工学	海野・垂水編著	250	2800円
16.（12回）	交通工学	大蔵　泉著	254	3000円
17.（30回）	都市計画（四訂版）	新谷・髙橋 岸井・大沢共著	196	2600円
18.（24回）	新版 橋梁工学（増補）	泉・近藤共著	324	3800円
19.	水環境システム	大垣真一郎他著		
20.（9回）	エネルギー施設工学	狩野・石井共著	164	1800円
21.（15回）	建設マネジメント	馬場敬三著	230	2800円
22.（29回）	応用振動学（改訂版）	山田・米田共著	202	2700円

定価は本体価格+税です。
定価は変更されることがありますのでご了承下さい。

図書目録進呈◆

新編土木工学講座

(各巻A5判，欠番は品切です)

■全国高専土木工学会編
■編集委員長　近藤泰夫

配本順		頁	本体
1.（3回）	土木応用数学　近藤・江崎共著	322	3500円
4.（22回）	土木工学概論　長谷川　博他著	220	2200円
6.（29回）	測　量（1）(新訂版)　長谷川・植田・大木共著	270	2600円
7.（30回）	測　量（2）(新訂版)　小川・植田・大木共著	304	3000円
8.（27回）	新版 土木材料学　近藤・岸本・角田共著	312	3300円
9.（2回）	構造力学（1）──静定編──　宮原・高端共著	310	3000円
11.（11回）	新版 土質工学　中野・小山・杉山共著	240	2700円
12.（9回）	水　理　学　細井・杉山共著	360	3000円
13.（25回）	新版 鉄筋コンクリート工学　近藤・岸本・角田共著	310	3400円
14.（26回）	新版 橋　工　学　高端・向山・久保共著	276	3400円
15.（19回）	土木施工法　伊後・丹藤・片原・山島共著	300	2900円
16.（10回）	港湾および海岸工学　菅堀・野口・寺佐・西共著	276	3000円
17.（17回）	改訂 道路工学　安孫子・澤共著	336	3000円
18.（13回）	鉄道工学　宮原・雨宮共著	216	2500円
19.（28回）	新 地域および都市計画（改訂版）　岡崎・大橋・高竹・岸内共著	218	2700円
21.（16回）	河川および水資源工学　渋谷・大同共著	338	3400円
22.（15回）	建築学概論　橋本・大沢・渋谷本共著	278	2900円
23.（23回）	土木耐震工学　狩荒・俣川・音田共著	202	2500円

定価は本体価格+税です。
定価は変更されることがありますのでご了承下さい。

図書目録進呈◆

リスク工学シリーズ

(各巻A5判)

■編集委員長　岡本栄司
■編集委員　　内山洋司・遠藤靖典・鈴木　勉・古川　宏・村尾　修

配本順			頁	本体
1.（1回）	**リスク工学との出会い** 伊藤　誠・掛谷英紀・岡島敬一・宮本定明 共著	遠藤靖典 村尾　修 編著	176	2200円
2.（3回）	**リスク工学概論** 稲垣敏之・宮本定明・金野秀敏 岡本栄司・内山洋司・糸井川栄一 共著	鈴木　勉編著	192	2500円
3.（2回）	**リスク工学の基礎** 村尾　修・岡本　健・掛谷英紀 岡島敬一・庄司　学・伊藤　誠 共著	遠藤靖典編著	176	2300円
4.（4回）	**リスク工学の視点とアプローチ** ―現代生活に潜むリスクにどう取り組むか― 佐藤美佳・亀山啓輔・谷口綾子 梅本通孝・羽田野祐子 共著	古川　宏編著	160	2200円
5.	**あいまいさの数理**	遠藤靖典著		
6.（5回）	**確率論的リスク解析の数理と方法**	金野秀敏著	188	2500円
7.（6回）	**エネルギーシステムの社会リスク**	内山洋司 羽田野祐子 岡島敬一 共著	208	2800円
8.	**情報セキュリティ**	岡本栄司 瀟保雅浩 共著		
9.（8回）	**都市のリスクとマネジメント** 村尾　修・谷口綾子・鈴木　勉・梅本通孝 共著	糸井川栄一編著	204	2800円
10.（7回）	**建築・空間・災害**	村尾　修著	186	2600円

定価は本体価格+税です。
定価は変更されることがありますのでご了承下さい。

図書目録進呈◆

技術英語・学術論文書き方関連書籍

Wordによる論文・技術文書・レポート作成術
－Word 2013/2010/2007 対応－
神谷幸宏 著
A5／138頁／本体1,800円／並製

技術レポート作成と発表の基礎技法
野中謙一郎・渡邉力夫・島野健仁郎・京相雅樹・白木尚人 共著
A5／160頁／本体2,000円／並製

マスターしておきたい 技術英語の基本
Richard Cowell・余 錦華 共著
A5／190頁／本体2,400円／並製

科学英語の書き方とプレゼンテーション
日本機械学会 編／石田幸男 編著
A5／184頁／本体2,200円／並製

続 科学英語の書き方とプレゼンテーション
－スライド・スピーチ・メールの実際－
日本機械学会 編／石田幸男 編著
A5／176頁／本体2,200円／並製

いざ国際舞台へ！
理工系英語論文と口頭発表の実際
富山真知子・富山 健 共著
A5／176頁／本体2,200円／並製

知的な科学・技術文章の書き方
－実験リポート作成から学術論文構築まで－
中島利勝・塚本真也 共著
A5／244頁／本体1,900円／並製

日本工学教育協会賞（著作賞）受賞

知的な科学・技術文章の徹底演習
塚本真也 著
A5／206頁／本体1,800円／並製

工学教育賞（日本工学教育協会）受賞

科学技術英語論文の徹底添削
－ライティングレベルに対応した添削指導－
絹川麻理・塚本真也 共著
A5／200頁／本体2,400円／並製

定価は本体価格+税です。
定価は変更されることがありますのでご了承下さい。

図書目録進呈◆